Tout va bien !

4

Méthode de français

LIVRE DE L'ÉLÈVE

CLE
INTERNATIONAL

Coordination éditoriale : Anne-Sophie Lesplulier

Direction éditoriale : Sylvie Courtier

Correction : Hélène Lamassoure

Conception graphique et couverture : Zoográfico

Dessins : Bartolomé Seguí

Photographies : J. M. ª Escudero ; J. V. Resino ; S. Padura ; ACI AGENCIA DE FOTOGRAFÍA ;
ALBUM / Erich Lessing ; CORDON PRESS / REUTERS, GARO / PHANIE ; COVER / CORBIS
SYGMA / Alain Nogues, Éric Robert, Thierry Orban, Jeffrey Markowitz, Bernard Visón ; COVER /
CORBIS / Zefa / G. Baden, Zefa / Jon Feingersh, VIP Images / Éric Fougere, Paul J. Sutton,
Tim Pannell, Alain Nogues, Sophie Bassouls, Zefa / Blutgruppe, Mango Productions, Emma
Rian, Rick Gayle, James Ravilious, Adam Woolfitt, Christie & Cole, Beateworks / Adrian Wilson,
Eye Ubiquitous / James Davis, Robert Harding World Imagery / Guy Thouvenin, Gregor
Schuster ; EFE / EPA / Barbara Walton, Gildas Raffenel ; EFE / SIPA-PRESS / Alfred ;
FOTONONS-TOP / Sébastien Boisse, Ramón Puga Lareo, Patrick Clinton, Camille Moirenc,
Vincent Leblic, Sylva Villerot, Laurent Hamels, J-C.&D. Pratt, Walter Zerla, Alain Le Bot,
Hémispheres, Patrice Tourenne, Mermet, Banana, Onoky ; GETTY IMAGES SALES SPAIN / Taxi /
Navaswan ; HIGHRES PRESS STOCK / AbleStock.com ; INDEX / The Bridgeman Art Library ;
A. Garcia ; J. Cerezo ; ARCHIVO SANTILLANA

Nous avons demandé aux ayants droit correspondants l'autorisation d'utiliser tous les documents
reproduits dans ce livre.
S.E.S.L. s'engage à réparer toute éventuelle erreur ou omission.

Recherche iconographique : Mercedes Barcenilla

Coordination artistique : Carlos Aguilera

Direction artistique : José Crespo

Coordination technique : Jesús Á. Muela

Direction technique : Ángel García Encinar

ISBN : 978-2-09-035300-6

✓ TOUT VA BIEN ! 4 est une méthode pour adultes et grands adolescents étant parvenus au niveau « seuil » ou B1 et qui visent l'acquisition du niveau B2 (Utilisateur Indépendant) du Cadre Européen Commun de Référence pour les langues (CECR).

✓ Elle permettra aux apprenants de se préparer au DELF B2.

✓ Conçue pour un enseignement en groupes, elle laisse une large place à l'apprentissage autonome : tant par vocation méthodologique que par nécessité, puisque le niveau de compétence à atteindre est difficilement envisageable sans un travail individuel complémentaire de l'apprenant.

✓ Dans cette perspective, TOUT VA BIEN ! 4 offre un cadre solide mais aussi de nombreuses pistes pour l'apprentissage en autonomie et des outils spécifiques comme le Cahier d'exercices et le Porfolio.

✓ Elle suit un découpage régulier : 10 leçons débouchant chacune sur une tâche complexe où sont mobilisés les contenus nouveaux et ceux acquis au préalable, 10 bilans « langue » et 5 bilans « compétences ».

OBJECTIFS ET CONTENUS

Les objectifs et les contenus de la méthode ont été déterminés à partir du niveau B2 du CECR. Ils répondent aux besoins langagiers -tant écrits qu'oraux- d'un usager qui « peut gérer tout seul les situations de communication dans lesquelles il est impliqué ou qui est en mesure d'identifier et d'utiliser par lui-même les ressources nécessaires » à la maîtrise de ceux-ci.

TOUT VA BIEN ! 4, qui se situe dans le courant de la « méthodologie actionnelle », aide donc les étudiants à acquérir les **savoir-faire nécessaires à la vie privée, sociale, éducative et professionnelle**.

L'apprenant pourra diriger son apprentissage et approfondir sa capacité d'autonomie : la méthode l'invite à mettre en œuvre les **stratégies** appropriées et à **s'auto-évaluer** régulièrement. Dans le « Passeport » (Portfolio), il trouvera par ailleurs une activité qui lui permettra de s'auto-évaluer, compétence par compétence, et de se situer par rapport au niveau exigé pour l'examen **DELF B2**.

Pour le travail des **compétences**, TOUT VA BIEN ! 4 poursuit systématiquement la progression amorcée dans TOUT VA BIEN ! 1 et 2 et consolidée au niveau 3. La méthode propose un travail rigoureux et systématique qui porte sur **plusieurs compétences simultanément ou alternativement**. La langue écrite (presse et littérature) y est très présente et le discours oral (documents radiophoniques et documents « pris sur le vif ») également. Par ce travail, l'apprenant développe ses propres **stratégies de compréhension et d'expression**.

OUTILS D'APPRENTISSAGE

❖ **Dans le Livre et le Cahier**

• **Les documents et les tâches finales répondent à quatre critères :**
  - proposer à l'apprenant de gérer des situations de communication complexes dans lesquelles il pourra se trouver ;
  - le familiariser avec les médias et les types de textes qu'il devra maîtriser ;
  - l'habituer à la pratique des registres de langue grâce à des supports authentiques ;
  - renforcer sa motivation et lui apporter les éléments culturels indispensables qui faciliteront sa communication et ses relations avec les natifs.

• **Les activités, explications et conseils, répondent aux critères suivants :**
  - diversification en fonction du profil des apprenants ;
  - progression en spirale et reprise des contenus des niveaux inférieurs ;
  - variété des modes de travail : les activités de classe se font soit avec le groupe-classe dans son ensemble, soit en petits groupes, soit individuellement.

• **Les sections « outils » -***Grammaire*** et ***Lexique***- ont pour but de / d' :**
  - fournir aux apprenants les moyens dont ils ont besoin pour réaliser les activités ;
  - enrichir leur bagage ;
  - exercer leur esprit d'analyse et leur sensibilité face aux subtilités de la langue.

❖ **Dans le Portfolio :**

• **Les stratégies et critères d'auto-évaluation visent essentiellement :**
  - l'autonomie complète de l'apprenant par rapport à son apprentissage ;
  - l'acquisition des techniques d'expression et de travail indispensables pour un niveau B2.

• **Les « bilans-compétences » et le « Passeport » permettent à l'apprenant de / d' :**
  - prendre conscience de son profil langagier et de son parcours individuel ;
  - attester de son profil linguistique.

TABLE DES MATIÈRES / CONTENUS

OBJECTIFS

▸ Faire connaissance avec les membres du groupe.

▸ Parler de soi.

▸ Auto-évaluer ses capacités de compréhension et d'expression.

▸ Définir son profil langagier et ses objectifs d'apprentissage.

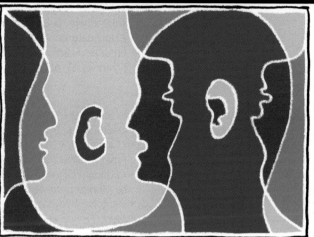

logo de la Journée européenne des langues

EO Prenez la parole !

1 Tu as dit *Valérie ?*

1) Par groupes de 2, posez-vous les questions suivantes.

    a) Quel est ton / votre prénom ?

    b) Qui te / vous l'a donné ?

    c) Pour quelle(s) raison(s) ?

    d) L'aimes-tu ? / L'aimez-vous ? Pourquoi ?

2) Individuellement, retrouvez à l'intérieur du groupe-classe les personnes dont les prénoms commencent par la même lettre que le vôtre ; notez-les sur une feuille de papier.

3) Chaque étudiant(e) dit son prénom et ceux qu'il / elle a notés à l'ensemble du groupe-classe. Au fur et à mesure, les personnes nommées se lèvent. Tout le monde est attentif !

4) Un(e) étudiant(e) signale au hasard une personne du groupe et l'appelle par son prénom. Celle-ci en signale une autre et fait de même. Ainsi de suite… L'étudiant(e) qui ne se rappelle pas un prénom a un gage ! Celui / Celle qui a des informations concernant le prénom d'un membre du groupe les apporte.

2 Le *questionnaire de Proust* (1886). Choisissez quatre « questions », préparez vos réponses et présentez-vous ainsi dans votre groupe.

Ce questionnaire est un test de personnalité devenu célèbre pour les réponses qu'y a apportées l'écrivain Marcel Proust.

Ma vertu préférée.	À part moi-même, qui voudrais-je être ?
Le principal trait de mon caractère.	Où aimerais-je vivre ?
La qualité que je préfère chez les hommes.	La couleur que je préfère.
La qualité que je préfère chez les femmes.	La fleur que j'aime.
Mon principal défaut.	L'oiseau que je préfère.
Ma principale qualité.	Mes auteurs favoris en prose.
Ce que j'apprécie le plus chez mes amis.	Mes poètes préférés.
Mon occupation préférée.	Mes héros dans la fiction.
Mon rêve de bonheur.	Mes héroïnes favorites dans la fiction.
Quel serait mon plus grand malheur ?	Mes compositeurs préférés.
	[…]

3 Et si la France n'était pas un pays… ?

Au cours de l'été 2006, plusieurs acteurs de la vie économique, politique et culturelle française interrogés par des journalistes du journal *Le Monde,* ont donné leur image de la France. Ils ont en particulier répondu au questionnaire appelé « le portrait chinois ».

1) À votre tour, répondez à ce questionnaire.
   - **a)** Si la France était un personnage de roman ?
   - **b)** Une œuvre d'art ?
   - **c)** Un style de femme ?
   - **d)** Un style d'homme ?

2) Lisez quelques-unes des réponses à la première question (1a), puis associez les noms des personnages proposés avec les justifications données dans les réponses.

1) D'Artagnan	**a)** *C'est l'image du peuple et de sa lente ascension sociale.*
	b) *C'est exactement la figure que les étrangers ont de la France. Un personnage bien élevé, un peu naïf, qui vit sur de vieux principes.*
2) Le Bourgeois Gentilhomme	**c)** *Il est confronté à des énigmes compliquées mais il finit toujours par les résoudre.*
3) Condorcet	**d)** *Le panache. Le petit jeune homme qui vient de Gascogne et qui monte à Paris. C'est : « tous pour un, un pour tous ».*
4) Arsène Lupin	**e)** *Il est gentleman et cambrioleur. En France, la séduction et le sens de l'humour donnent droit à tout.*
5) Maigret	**f)** *Un hybride de ses personnages. C'était un visionnaire et tous ses héros allient l'ingéniosité, l'esprit d'aventure et une certaine générosité.*
6) Jean Valjean	**g)** *Au cours de la Révolution française, il incarnait la plus grande des modernités. C'est lui qui a repris une déclaration des droits des femmes et qui a défendu un projet d'instruction civique. À ses yeux, pour être libre, il fallait être instruit.*
7) Jules Verne	

Pour vous aider…

1) Gentilhomme gascon, capitaine des Mousquetaires au service du Roi Louis XIV.

2) Personnage d'une pièce de Molière (1670) : bourgeois qui cherche à imiter la noblesse.

3) Philosophe, mathématicien et homme politique français (1743-1794).

4) Cambrioleur séduisant des romans policiers de Maurice Leblanc (1864-1941).

5) Commissaire de police, personnage des romans policiers de l'auteur belge Georges Simenon (1903-1989).

6) Personnage central du roman de Victor Hugo, **Les Misérables** (1862).

7) Écrivain passionné par les voyages d'aventures et les découvertes scientifiques (1828-1905).

3) Quelles « images » de la France et des Français se dégagent de ces réponses ? Ces représentations correspondent-elles aux vôtres ?

CE Ouvrez grand vos yeux !

Lu sur Internet : encyclopédie

Dom Pérignon était un moine bénédictin (Sainte-Menehould, 1639 - Abbaye Saint-Pierre d'Hautvillers, 1715) à qui on attribue couramment la découverte de la champagnisation. Presque exactement contemporain de Louis XIV, il n'était ni vigneron ni alchimiste. [...]

« Le champagne : c'est le seul vin qui laisse la femme belle après boire », disait de lui la marquise de Pompadour, qui s'en faisait livrer 200 bouteilles chaque année. « C'est le vin des civilités », ajoutait quelques décennies plus tard un autre grand amateur, Talleyrand, qui le consommait dans toutes les cours d'Europe. Vin des fêtes et des réjouissances, symbole d'un certain « art de vivre » à la française, le champagne a commencé à acquérir la notoriété planétaire qui est la sienne aujourd'hui au XVIIIe siècle avec l'apparition des premières maisons de champagne. Le succès, depuis, ne s'est pas démenti. 2 millions de cols vendus en 1800, 7 millions en 1840, 30 millions en 1900, 90 millions en 1950 ! Aujourd'hui, ce ne sont pas moins de 250 à 260 millions de bouteilles qui sont produites chaque année. [...] Derrière le champagne, se cache toute une économie.

Comme tous les produits de légende, le champagne a ses mythes. Ne dit-on pas ainsi que la forme de la coupe à champagne serait le résultat du moulage d'un sein de Marie-Antoinette ? Celui-ci aurait été effectué par un artiste de la manufacture de Sèvres qui s'en serait inspiré pour réaliser des coupes destinées à la « laiterie » de la reine au château de Rambouillet. [...]

http://fr.wikipedia.org/wiki/Dom

1 Lisez l'article ci-dessus, puis répondez aux questions.

1) Selon vous, l'article que vous venez de lire est plutôt :
   a) narratif.
   b) descriptif.
   c) explicatif et informatif.
   d) argumentatif.
2) Sous quelle rubrique pourriez-vous le trouver ?
   a) Finances et économie b) Arts et société
   c) Vins et spiritueux d) Sciences et culture

3) Quel serait le meilleur titre à donner à l'article ?
   a) Dom Pérignon : une biographie
   b) Découverte de la champagnisation
   c) Le champagne, un produit de légende
   d) Techniques de vinification
4) Cherchez dans le texte les expressions correspondant à
   a) *devenir mondialement connu* b) *il a continué à être très apprécié.*

Lu dans la presse

Texte 1

Deux jeunes crétins de 16 ans avaient décidé d'imiter Arsène Lupin et de cambrioler une maison. Le propriétaire étant absent et la demeure ne disposant d'aucun système de sécurité, la chose ne fut pas bien compliquée. Parmi les objets de valeur sur lesquels tombèrent les garnements, figurait un appareil photo numérique. « Oh, dis, si on se prenait en photo en plein cambriolage, ça nous ferait un chouette souvenir », proposa l'un d'eux. Aussitôt, des clichés furent pris où l'on voyait les loustics faire les zouaves. L'unique problème est qu'au moment de partir nos cambrioleurs en herbe ont tout simplement oublié l'appareil sur place ! Vu qu'ils avaient déjà eu affaire à la police pour divers larcins, il ne fallut guère plus d'un quart d'heure pour les retrouver. Résultat : ils vont encore poser... de face et de profil, un matricule à la main.

Marianne, du 17 au 23 décembre 2005

Texte 2

Voici une lettre envoyée au courrier des lecteurs du journal Le Monde, *le 21 octobre 2005 au sujet d'une proposition de loi visant à interdire de fumer dans les lieux publics. Cette loi a finalement été votée et est appliquée depuis février 2007.*

[...] Dans ce domaine (tabac) comme dans d'autres (alcool, etc.), nous sommes désormais condamnés à être, dès l'enfance, des gens raisonnables ! Je ne remets en cause ni les ravages du tabac ni ceux de l'alcool. Mais je m'étonne -le mot est faible- du silence devant les méfaits des interdits qui, désormais, jalonnent nos existences. Tous nos comportements en société tendent à être balisés. [...] Quel attrait va avoir la vie humaine si son destin est celui de l'eau pure de montagne canalisée dans des conduits ?

Corsetés par des lois, matraqués par des campagnes d'opinion, les hommes n'auront bientôt plus la possibilité de penser et d'agir autrement que ce qui a été défini pour eux. Est-ce sain ?

Bernard Massoteau (Angers), *Le Monde,* 21 octobre 2005

Texte 3

[…] Dans le manuel scolaire, il était écrit : « *Le Rouge et le Noir* est le roman de l'ambition quand *La Chartreuse de Parme* est le roman de la séduction ». À 15 ans, cette formule m'avait impressionnée et je justifiais ainsi mon attachement. Elle me parut soudain stupide. Après plus de vingt ans, donc, je relus *Le Rouge et le Noir*. Il est des coups de foudre à retardement.

Depuis, je ne jure plus que par ce livre. Sa grande réussite, c'est son héros. Julien Sorel est un être odieux, vaniteux, veule, idiot, empoté, qui ne cesse de se tromper, qui accumule les petitesses -et pourtant on l'aime. Mieux : on le comprend, on s'identifie continuellement à lui. […] Le roman de l'ambition ? Quelle sottise ! Il n'est pas de plus grand roman d'amour […].

Amélie Nothomb, *Muze,* septembre 2005

2 Effectuez une lecture rapide de ces trois textes, puis répondez aux questions.
   1) Pour chaque texte, diriez-vous que le ton est plutôt :
      a) humoristique **b)** nostalgique **c)** passionné **d)** polémique ?
   2) Les trois textes sont tirés de la presse. Dans quelle rubrique pourrait-on trouver chacun d'eux ?
      a) Courrier des lecteurs **b)** Éditorial **c)** Faits divers **d)** Actualité culturelle

3 Répondez aux questions suivantes.
   1) Texte 1 : l'auteure considère les cambrioleurs comme **a)** des individus ingénus et sots **b)** des personnages dangereux.
   2) Texte 2 : l'auteure est **a)** pour **b)** contre l'interdiction de fumer dans les lieux publics.
   3) Texte 3 : l'auteure apprécie le héros Julien Sorel **a)** bien qu'elle le trouve stupide **b)** parce qu'elle le trouve ambitieux.

4 Lisez les propos ci-dessous tenus sur un forum Internet et dites à quel registre de langue appartient chacun d'eux (standard, familier, soutenu).

Lu sur Internet : FORUM LITTÉRAIRE

1) Un livre magnifique que je vous conseille vivement. Vraiment formidable. Rien d'autre à dire. Découvrez ce bijou si vous voulez passer des heures exceptionnelles. N'hésitez pas à nous donner votre avis dès que vous l'aurez lu.

2) Génial, ce bouquin ! Ouais je craque, j'suis d'accord. Bon, ça fait rire que moi mais au moins je m'fends la pêche.

3) Son dernier roman, c'est l'histoire, racontée par elle-même, d'une jeune et riche new-yorkaise qui n'est pas heureuse chez elle, qui rêve de devenir une grande romancière et s'enfuit du domicile familial. Elle atterrit à Londres où elle fait la connaissance d'un groupe de musiciens…

4) Jeune mais déjà couronné de succès, Z. M. est l'un des écrivains de la rentrée dont on parle. Au-delà des mythes et des fantasmes idéologiques, il évoque dans son nouveau livre, de manière bouleversante, un père vieillissant et venimeux sans l'ombre d'une complaisance.

5) Beau mec, coupe de cheveux tendance, à sa vue les nanas tombent à genoux. Avec ça, cool, bien sapé, il faudrait pas oublier qu'il a pondu ce super ouvrage. À ne pas rater.

6) C'est le récit émouvant et minutieusement orchestré de la personnalité de Pablo. Ce n'est pas une recherche de la vérité. Il s'agit là d'une quête d'âme plus que d'identité. Désormais, c'est une voix intérieure qui nous découvre le personnage central du roman. […]

CO Ouvrez vos oreilles !

🎧 **1** Écoutez deux fois ce récit et dites si c'est vrai ou faux.
1) Quand le locuteur est parti en Afrique, il était dans sa vingtième année et il avait peu d'argent en poche.
2) Il a trouvé le premier pays moins passionnant que Paris.
3) Il cite trois pays d'Europe où il a voyagé.
4) Le voyage qui l'a le plus marqué est celui qu'il a effectué en Chine.
5) En Chine, il a peint surtout les paysages.
6) Là-bas, les gens se sont montrés indifférents.

2 Voici des phrases qui résument son expérience.
Dans quel ordre pourrait-on les trouver dans le texte ?
1) Il a découvert que la peinture est un moyen d'expression universel.
2) Le voyage en Europe ne s'est pas accompagné d'expériences marquantes.
3) Le paysage désertique était si fascinant qu'il y a placé les personnages à peindre.
4) Il a compris que, à l'échelle des grandes villes, le corps humain perd de son importance.

carnets d'un peintre

Patrick Jager

sur le chemin de Compostelle

Glénat

🎧 **3** Interview.
Écoutez deux fois cette interview de Claude Olivieri, qui répond à des questions sur la langue française. Ensuite, associez les questions suivantes à chacun des extraits que vous venez d'entendre.
1) Pourriez-vous nous citer un mot nouveau accepté par l'Académie ?
2) Que dire de la langue française et de son évolution ?
3) Tous les néologismes sont-ils également bien trouvés ?
4) Les néologismes sont-ils tous créés dans l'Hexagone ?
5) Pour quelles raisons adopte-t-on des néologismes ?

🎧 **4** Bulletin météo.
Ferez-vous votre randonnée demain ? Pour le savoir, écoutez deux fois ce bulletin météorologique et relevez au moins trois informations précises.

EE À vos plumes !

1 Récit. Rédigez un texte créatif de 90 à 100 mots sur le sujet suivant.
Les idées que l'on se fait des « étrangers » sont souvent des stéréotypes, des généralisations erronées ; racontez une anecdote vécue ou imaginée qui illustre cette affirmation. Vous pouvez choisir une des formules ci-dessous pour commencer votre récit.

Comme beaucoup de personnes de mon entourage / mon pays / ma famille..., je pensais / j'imaginais / j'avais entendu dire que les... étaient... / avaient tendance à...

Mais un jour, j'ai pu vérifier que cela était absurde. Voilà pourquoi / ce qui s'est passé :

2 Courriel amical (60 à 70 mots).
Vous aviez l'intention de partir camper en pleine nature ce week-end avec un(e) ami(e). Après l'écoute du bulletin météorologique, vous lui envoyez un courriel pour l'informer du temps annoncé et lui proposer de modifier le projet initial.

Ivo Rovira

OBJECTIFS

▸ Suivre le fil conducteur d'interviews et de conversations amicales ou professionnelles et comprendre les informations qu'elles contiennent.

▸ Comprendre le contenu argumentatif d'un article.

▸ Sélectionner des informations écrites en fonction d'une tâche professionnelle à réaliser (tourisme).

▸ Classer des arguments pour défendre un point de vue par écrit.

▸ Transmettre des informations à l'oral et à l'écrit (domaine touristique).

▸ Parler avec précision de ses passions, de ses goûts et de ses comportements (voyages, tourisme).

▸ Décrire un pays et un paysage ; présenter un itinéraire.

▸ Réagir par écrit à une lettre de réclamation envoyée par un client mécontent.

▸ Décrire les caractéristiques principales d'une province canadienne francophone (le Québec).

▸ Réfléchir à des stratégies de compréhension orale.

CONTENUS

Aspects langagiers

▸ Lexique : paysages ; sensations ; émotions ; passion pour le voyage.

▸ Grammaire : place de l'adjectif épithète ; proposition relative ; prépositions de lieu ; *Il est* / *C'est* + adjectif.

▸ Communication : paragraphe descriptif ; schéma argumentatif (écrit) ; marques de l'oralité ; accents.

Aspects culturels

Évolution de l'activité touristique ; informations sur le Québec.

Stratégies

▸ Vers le texte descriptif.
▸ Créer un « dictionnaire-répertoire ».

Tâche finale

Simulation : organisation d'un voyage au Québec (domaine professionnel).

CO On part en vacances ?

1 Préécoute : discutez à partir des questions suivantes.
1) Comment préférez-vous passer vos vacances ? Entre amis ? « En amoureux » ? En famille (enfants et / ou frères, sœurs, parents…) ?
2) Préférez-vous un séjour sédentaire (en France / à l'étranger) ou un voyage découverte (dans des pays exotiques ou non) ?
3) Imaginez que l'argent ne soit pas un problème pour vous. Quelle(s) destination(s) choisiriez-vous pour vos prochaines vacances ?
4) Les projets de voyages sont-ils faciles à faire à plusieurs ?

2 Écoutez cette conversation, puis répondez aux questions suivantes.
1) Quel titre conviendrait le mieux à ce document ? Justifiez votre choix.
   a) Projets de voyage
   b) Projets de vacances
   c) Conversation sur les vacances
2) Retrouvez l'ordre d'apparition des destinations suivantes dans le document.
   a) la montagne b) la France c) le désert d) l'Italie
   e) la campagne

3 Réécoutez cette conversation.
1) Associez les destinations indiquées ci-dessus aux activités ou voyages suivants : a) voyage culturel
   b) longues randonnées à pied et nuits sous la tente
   c) promenades d) trekking
2) Pour quelles raisons ces activités et voyages sont-ils proposés au cours de la conversation ? Pourquoi sont-ils refusés ?

4 Écoutez une troisième fois en lisant la transcription.
1) Vérifiez vos réponses.
2) Relevez les marques d'oralité et les expressions relevant du registre familier. Les comprenez-vous toutes ?

5 En grand groupe, commentez vos réponses, puis résumez cette conversation en deux phrases.

> **Cet enregistrement vous a-t-il semblé difficile à comprendre ? Pourquoi ? Quelles stratégies utilisez-vous pour comprendre des documents complexes ?**

CO Les vacances des Français

1 Écoutez cette interview dont les questions ont disparu. Qui parle ? Quels sont les sujets abordés ?

2 Réécoutez en prenant des notes sur ces sujets. Mettez en commun vos notes et imaginez les questions correspondant exactement aux propos entendus.

3 Mettez en commun vos questions. Lesquelles vous semblent convenir le mieux ? Pourquoi ?

4 Écoutez une troisième fois, puis répondez le plus exactement possible. Que dit la personne interviewée à propos des sujets ci-dessous ?
   a) Les habitudes des Français en matière de voyages (évolution, tendances).
   b) Les publics visés par les agences.
   c) Les destinations à la mode.
   d) Les Antilles.

5 Que signifient ces expressions utilisées par la personne interviewée ?
   a) *vacances printemps* b) *vacances ski* c) *le facteur prix* d) *le pouvoir d'achat* e) *le budget vacances*
   f) *les périodes creuses* g) *les coûts* h) *les frais*

6 Que pensez-vous des propos de cette professionnelle du tourisme ? À votre avis, la situation décrite correspond-elle à la situation actuelle dans votre pays ?

Le soleil se lève au-dessus de la terre, les ombres s'allongent sur le sable gris, sur la poussière des chemins. Les dunes sont arrêtées devant la mer. Les petites plantes grasses tremblent dans le vent. Dans le ciel très bleu, froid, il n'y a pas d'oiseau, pas de nuage. Il y a le soleil. Mais la lumière du matin bouge un peu, comme si elle n'était pas tout à fait sûre.

Le long du chemin, à l'abri de la ligne des dunes grises, Lalla marche lentement. De temps à autre, elle s'arrête, elle regarde quelque chose par terre. Ou bien elle cueille une feuille de plante grasse, elle l'écrase entre ses doigts pour sentir l'odeur douce et poivrée de la sève. Les plantes sont vert sombre, luisantes, elles ressemblent à des algues. Quelquefois il y a un gros bourdon[1] doré sur une touffe de ciguë[2], et Lalla le poursuit en courant.

Mais elle n'approche pas trop près, parce qu'elle a un peu peur tout de même. Quand l'insecte s'envole, elle court derrière lui, les mains tendues, comme si elle voulait réellement l'attraper. Mais c'est juste pour s'amuser.

Ici, autour, il n'y a que cela : la lumière du ciel, aussi loin qu'on regarde. Les dunes vibrent sous les coups de la mer qu'on ne voit pas, mais qu'on entend. Les petites plantes grasses sont luisantes de sel, comme de sueur. Il y a des insectes çà et là, une coccinelle[3] pâle, une sorte de guêpe[4] à la taille si étroite qu'on la dirait coupée en deux, un vieux scolopendre[5] qui laisse des traces fines dans la poussière ; et des mouches plates, couleur de métal, qui cherchent les jambes et le visage de la petite fille, pour boire le sel. [...]

J.M.G. LE CLÉZIO, *Désert*,
© Éditions GALLIMARD, 1980

[1] Gros insecte noir et jaune, voisin de l'abeille.
[2] Plante.
[3] Petit insecte rond, souvent rouge, avec des points noirs.

[4] Insecte jaune et noir dont la femelle porte un aiguillon.
[5] Sorte de mille-pattes.

1 Lisez le texte, puis répondez aux questions.
1) Paragraphe 1 : **état premier du paysage.**
   a) Quels sont les éléments qui composent ce paysage ?
   b) Relevez les mots qui se rapportent à la vue (couleurs, formes, mouvements…).
2) Paragraphe 2 : **un personnage apparaît.**
   a) Qui est Lalla ? Quel sont les verbes qui évoquent ses actions et ses gestes ?
   b) Relevez les éléments qui se rapportent à la vue, au toucher et à l'odorat.
3) Paragraphe 3 : **tout vit dans le paysage.**
   a) Montrez comment tout s'anime dans le paysage : les dunes, la mer, les plantes, les insectes.
   b) Relevez les éléments qui se rapportent à la vue, à l'ouïe, au toucher et au goût.

2 Relisez le texte pour le plaisir de la lecture.

3 **EE** Paragraphe descriptif. Décrivez un paysage ou un site urbain que vous aimez.

Description de paysages. Choisissez :

a) un point de vue (vue panoramique, vue aérienne, premier plan…) ;
b) la saison et le moment de la journée (ombres, lumières, couleurs…) ;
c) les principaux éléments (végétation, ciel, formes, volumes…).

Attention ! Le lecteur doit ressentir votre émotion devant ce site ou ce paysage.

↗ *Portfolio, page 4 : Vers le texte descriptif.*

DÉCRIRE DES LIEUX ET DES PERSONNES : LA PLACE DE L'ADJECTIF ÉPITHÈTE

1. Place des adjectifs épithètes

1) **La plupart des adjectifs** et participes employés comme adjectifs sont placés après le nom, en particulier les adjectifs de sens objectif (couleur, forme, nationalité, religion, domaine d'action) : *l'eau bleue, un village anglais, un circuit touristique, des montagnes enneigées…*

2) Certains adjectifs courants, courts et employés seuls, comme **beau, court, jeune, gentil,** etc. se placent généralement devant le nom : *un beau château, une vieille église…*

3) **Les adjectifs ordinaux** se placent toujours devant le nom : *mon premier voyage.*

2. Place et variation de sens

1) **La plupart des adjectifs de sens subjectif** peuvent se placer devant le nom. Ils acquièrent alors plus d'intensité ou créent un effet de style : *Nous avons vécu une aventure extraordinaire. / Voici les extraordinaires aventures de notre héros !*

2) Le sens de certains adjectifs varie selon leur place : *Ce pauvre enfant est malade. / Les enfants pauvres travaillent dans ce pays.*
   – Principaux adjectifs qui changent de sens : **ancien, certain, nouveau, pauvre, propre, rare, seul, simple, vrai…**
   – Les adjectifs **grand, bon, petit** changent de sens uniquement avec des noms désignant des êtres animés : *un grand poète* (un poète important) */ un homme grand* (un homme de grande taille).

3. Emploi de plusieurs adjectifs

1) **Les adjectifs cardinaux** se placent devant les autres adjectifs : *les **deux** dernières villes.*

2) **Les adjectifs directement liés au nom** le suivent en premier : *une notion **économique** complexe.*

3) Seuls les adjectifs de même espèce peuvent être **coordonnés** : *une journée longue et **difficile**.*

✎ ▪ **Paraphrasez l'adjectif dans les énoncés suivants.**
   1) a) Ce **pauvre** enfant m'a fait pleurer.　b) Il y a des gens **pauvres** dans ce quartier.
   2) a) Il n'a pas dit **un seul mot**.　b) Une femme **seule** s'est assise à la table d'à côté.
   3) a) Elle a vécu **une vraie aventure**.　b) C'est **une histoire vraie**.
   4) a) C'est **un bon médecin**.　b) C'est **un homme bon**.

FAIRE DES DESCRIPTIONS, APPORTER DES INFORMATIONS : LA PROPOSITION RELATIVE

1. Rôle de la proposition relative

Lisez cet extrait du texte d'Alphonse Daudet, intitulé « Le phare ».
Le phare était allumé. Laissant toute l'île dans l'ombre, le rayon allait tomber au large sur la mer et j'étais là, perdu dans la nuit, sous ces grandes ondes lumineuses qui m'éclaboussaient à peine en passant.

1) Comme l'adjectif, la proposition relative sert à apporter, en une seule phrase, un complément d'information à un nom.

2) Ayant la même fonction, l'adjectif et la relative peuvent être coordonnés : *un sentier sinueux et qui grimpe.*

2. Le pronom relatif *lequel* et ses variantes ↗ *Précis grammatical,* pages 136 et 143.

✎ ▪ **Observez ces phrases tirées d'un guide touristique.**
   1) On domine la vallée au fond de laquelle coule la rivière.
   2) On trouve un passage secret grâce auquel le prince pouvait rejoindre ses favorites.
   3) On y récolte des fruits avec lesquels on fabrique des confitures exquises.
   4) Vous verrez un pont près duquel se trouve l'entrée de la grotte.

Le pronom *lequel* sert à remplacer un nom et à relier deux propositions. Sa forme varie en fonction du nom qu'il remplace et, le cas échéant, de la préposition avec laquelle il se combine.

3. Propositions relatives déterminatives et explicatives

On distingue les relatives déterminatives, qui sont indispensables au sens de la phrase, des relatives explicatives qui peuvent être supprimées sans que le sens de la principale change. Les relatives explicatives sont séparées de la principale par une différence intonative à l'oral, et par des virgules à l'écrit.

Observez la différence :
- *Arrivés au carrefour, vous prendrez la route qui se trouve immédiatement sur votre droite* (déterminative).
- *Cette route, qui est étroite et sinueuse, est extrêmement dangereuse* (explicative).

◎ 2 **Dans les phrases suivantes, dites si la proposition relative est déterminative ou explicative.**
   1) La rivière, que franchissent deux ponts en pierre, sépare la plage du port.
   2) Le jardin public où se trouve l'église de style gothique est au nord de la ville.
   3) De là, on arrive au château, dont la façade a été refaite au XVIIIᵉ siècle.

◎ 3 **Écrivez une phrase descriptive en intégrant les informations données entre parenthèses.**
   1) Les oliviers des environs fournissent de l'huile (le commerce de l'huile a enrichi la ville).
   2) La décoration (les propriétaires l'ont fait refaire) est intéressante sur le côté sud (des anges y sont représentés).
   3) On traverse le pont (ce pont enjambe le torrent) et, à droite, on aperçoit le lac (une pittoresque petite route en lacets permet d'accéder à ce lac).
   4) On remarque la rue principale, bordée d'arcades (sous ces arcades s'ouvrent des chocolateries) (ces chocolateries ont donné son renom à la ville).

SITUER DANS L'ESPACE : PRÉPOSITIONS, LOCUTIONS PRÉPOSITIVES, ADVERBES

Les prépositions et locutions prépositives sont très nombreuses. ↗ *Précis grammatical*, page 145.
Elles prêtent souvent à confusion car certaines sont en concurrence entre elles et avec les adverbes correspondants :
sous, dessous, au-dessous (de), en dessous (de).

◎ 1 **Comparez.**
   1) **a)** Prends une chaise et monte dessus !   **b)** Le satellite passe au-dessus de la terre.
   2) **a)** Il a froid : bien sûr, il porte un sweat et rien dessous.   **b)** Au-dessous du pont, on voit le précipice.
   3) **a)** J'ai ouvert son sac : il n'y avait rien dedans.   **b)** La pyramide est dans la cour du Louvre.

DONNER UNE OPINION : *C'EST* + ADJECTIF (PHRASE SEGMENTÉE)

Pour donner une opinion, on peut utiliser une phrase comme *La vie est belle !* (langue standard) ou bien une phrase dite segmentée, propre à la langue parlée comme : *C'est beau, la vie !*

1. Emploi de *Il est* et de *C'est* + adjectif

1 **Comparez les phrases de la colonne a) avec celles de la colonne b).**
   1) **a)** Il est mignon, ce petit.   **b)** C'est mignon, les enfants !
   2) **a)** Elle est compliquée, ta copine.   **b)** C'est compliqué, la physique !
   3) **a)** Elles sont belles, ces villes du Nord !   **b)** C'est beau, les étoiles filantes !
   4) **a)** Ils sont utiles, les plans que tu m'as prêtés.   **b)** C'est utile, un film en VO !

Dans les phrases de la colonne a), les noms, les déterminants et la relative déterminative (4a) désignent des personnes / choses précises. On emploie donc *Il est* + adjectif. En revanche, dans la colonne b), les phrases ont valeur de vérité générale (articles définis et indéfinis). On utilise alors *C'est* + adjectif invariable.

2. *C'est* + adjectif à valeur neutre

C'est + adjectif invariable sert à qualifier, entre autres, les noms géographiques : *C'est beau, Venise !*

3. Ponctuation et intonation

À l'écrit, la virgule est indispensable dans les phrases segmentées ; à l'oral, c'est la pause et l'intonation qui leur donnent leur sens.

2 **Donnez votre avis, à l'aide de *C'est* ou *Il est,* selon que le sens du groupe nominal est précis ou général.**
   Exemple : passionnant / ennuyeux (les croisières) ➤ *C'est passionnant, les croisières !*
   1) risqué / excitant (un trekking dans le désert)   4) joli / intéressant (vos photos de vacances)
   2) passionnant / ennuyeux (le récit de cet aventurier)   5) amusant / enrichissant (la Cité des Sciences)
   3) ridicule / romantique (une promenade en gondole)   6) fatigant / tonique (les randonnées en montagne)

CHANSON *J'irai où tu iras* (paroles et musique de Jean-Jacques Goldman pour Céline Dion)

1 Voici le refrain de la chanson. Que vous suggère-t-il ?
À votre avis, qui parle à qui ?

J'irai où tu iras, mon pays sera toi
J'irai où tu iras, qu'importe la place
Qu'importe l'endroit.

2 Écoutez la chanson en notant les mots ou groupes de mots qui se rapportent à des endroits et à des éléments de description. Regroupez-les sous les rubriques *nord* et *sud*.

3 Mettez en commun vos notes.

4 Réécoutez la chanson en lisant la transcription (si nécessaire), puis complétez vos rubriques.

5 Expliquez la chanson et commentez-la. D'après vous, quel message contient-elle ?

6 Répondez aux questions suivantes.
1) Quelles sont les caractéristiques des paysages décrits ?
2) De quels pays francophones peut-il s'agir ? (Justifiez votre réponse.)
3) Quels éléments de description aimeriez-vous ajouter pour caractériser ces paysages et ces pays ?

LE LEXIQUE DU VOYAGE

1 Comment effectue-t-on les déplacements suivants ? Associez.

1) une randonnée
2) un périple
3) une excursion   a) à pied
4) une balade   b) en voiture
5) une croisière   c) en bateau
6) une exploration   d) à vélo
7) une traversée   e) à cheval
8) un rallye   f) en / à…
9) un tour
10) une virée

2 De ces trois formules de vacances, laquelle préférez-vous ? Justifiez votre choix à l'aide de trois adjectifs.
Exemple : *Un voyage organisé, c'est pratique, intéressant et sûr !*
a) partir à l'aventure dans différents pays
b) un séjour dans une station balnéaire
c) un stage d'escalade

3 Voici des verbes fréquemment utilisés quand on parle de voyages. Pouvez-vous donner leurs contraires (en proposer plusieurs quand c'est possible) ?
a) s'arrêter b) arriver c) décoller d) débarquer
e) revenir f) quitter l'hôtel

4 Comment choisissez-vous vos voyages d'habitude ? En surfant sur Internet ? En passant par une agence de voyages ? En consultant des brochures et des catalogues ? Grâce au bouche à oreille ?

5 Vous êtes un(e) adepte du covoiturage.
Rédigez un message pour trouver des compagnons de voyage dans la région ou le pays de votre choix.

LE LEXIQUE DES PAYSAGES

1 Choisissez l'un de ces trois paysages en fonction de vos préférences : *mer, campagne, montagne.*
Représentez-vous mentalement ce que vous voyez quand vous prononcez ce mot (site, bâtiments, éléments divers…)
et constituez un fonds de lexique vous permettant de nommer très exactement les éléments qui composent ces paysages.

2 Adjectifs.
1) Lesquels de ces adjectifs qualifient des formes ou des états, des effets visuels ou sonores ?

> pointu ; étincelant ; glauque ; bruyant ; aigu ; ovale ; éblouissant ; strident ; arrondi ; luisant ; élevé ; touffu ; chétif ; assourdissant

2) Trouvez, pour chacun de ces adjectifs, un nom qu'il puisse qualifier.

3 Verbes.
1) Quels verbes de la liste suivante pouvez-vous utiliser pour décrire… ?
a) une cathédrale b) une route c) des arbres d) un village e) une rivière f) une vallée

> zigzaguer ; s'élever ; mener à ; border ; s'étendre ; s'avancer (jusque) ; végéter ; se cacher ; s'abriter ; ombrager ; serpenter
> (le long de) ; entourer ; se dresser ; se percher ; contourner ; couler ; longer ; traverser ; pénétrer (dans) ; dominer

2) Remplacez, dans chacune de ces phrases, l'expression *il y a* par des verbes de la liste ci-dessus et effectuez les modifications nécessaires.
a) *Il y a* des platanes centenaires sur la place de ce petit bourg méridional.
b) Il pleut à verse, *il y a* des passants sous le porche de la cathédrale.
c) Ils ont trouvé refuge dans un vrai nid d'aigle qu'*il y a* sur le versant nord.
d) *Il y a* la plaine sur de nombreux kilomètres, puis ce sont les forêts qui commencent.
3) Pouvez-vous inventer des phrases pour les verbes restants ?

4 Quel type de climat correspond à chacun(e) de ces écosystèmes / plantations ? Pouvez-vous compléter ces listes ?
1) la forêt a) tempéré
2) la toundra b) doux et humide
3) la savane c) chaud et sec
4) la prairie d) équatorial
5) la forêt vierge e) polaire
6) la palmeraie f) désertique
7) la bananeraie g) froid et pluvieux

5 Décrivez en grand groupe la photo de la page 13.

LE LEXIQUE DES SENSATIONS, ÉMOTIONS ET IMPRESSIONS : QUELQUES VERBES

Choisissez, dans la liste suivante, le(s) verbe(s) qui convient / conviennent pour chaque phrase.

> émouvoir ; attrister ; étonner ; épouvanter ; bouleverser ; effrayer ; enthousiasmer ; impressionner ; dépayser ; séduire

1) Pour vos vacances, vous cherchez un pays qui vous…
2) Un gouffre, un ravin, un précipice, vous…
3) Une chute d'eau, une cascade, vous…
4) La source d'un fleuve, une petite fleur dans la neige, vous…
5) La pauvreté d'un hameau vous…
6) La présence d'une oasis au milieu du désert vous…
7) Les habitants de cette région vous…

PRÉFIXES ET SUFFIXES

1 Observez et répondez.
1) Déduisez le sens du préfixe *re- / ré-* à partir des verbes suivants : *redire, réécrire, reprendre, refaire.*
2) Dites le contraire de : *embarquer, emporter, emmener, emballer.*
3) Quel est le sens des verbes *transporter, transmettre, transhumer* ?

2 Pour les noms suivants, dites si le suffixe *-ard(e)* indique une nuance positive ou négative : *un(e) routard(e), un(e) traînard(e), un chauffard, un(e) motard(e)* ?

3 Quelle différence observez-vous entre *bleu* et *bleuâtre, rose* et *rosâtre, vert* et *verdâtre…* ?
↗ *Portfolio*, page 5 : *Créer son « dictionnaire-répertoire ».*

co Voile passion !

1 Les mots aussi voyagent. Essayez de deviner l'origine de ces mots.

1) zombie
2) éden
3) odyssée
4) caravane
5) rallye
6) île

a) persan
b) anglais
c) créole
d) hébreu
e) latin
f) grec

2 Écoutez cette interview, puis répondez en justifiant vos réponses.

1) La personne interviewée est de nationalité…
   a) anglaise.
   b) irlandaise.
   c) australienne.
2) Le marin explique ses débuts en deux étapes :
   a) Il est né en Irlande, à l'intérieur des terres.
   b) Il est né à Dublin et il a entraîné des jeunes dans un club nautique.
   c) Il est né en Irlande où il a commencé à naviguer dès l'enfance.
3) Ensuite…
   a) il a participé à plusieurs championnats de voile.
   b) il ne s'est pas intéressé à la technique navale.
   c) il s'est consacré exclusivement aux championnats de voile.
4) Quand il participait à des régates au large,…
   a) il ne voyait personne pendant la compétition.
   b) il était seul à bord de son bateau.
   c) un équipage de plusieurs marins l'accompagnait.
5) Le marin explique que pendant une régate,…
   a) il n'y a aucune solidarité entre les skippers.
   b) solidarité et compétition sont incompatibles.
   c) solidarité et compétition vont de pair.
6) Les sensations éprouvées par le marin, quand il s'approche de la terre, sont…
   a) des sensations délicieuses et légères.
   b) des sensations olfactives et auditives très fortes.
   c) les mêmes que celles qu'il ressent au large.
7) Lorsqu'il explique sa fascination pour la compétition, il laisse entendre que / qu'…
   a) il faut vivre l'expérience pour comprendre cette fascination.
   b) l'expérience des skippers est facile à faire partager.
   c) ce que vivent les skippers est une expérience commune à tous les sports.

3 Réécoutez l'interview, puis répondez.

1) Voici quelques marques fréquentes dans le discours oral : hésitations, répétitions, imprécisions, phrases inachevées, reprises… ; sans oublier l'effacement d'un élément de la négation ou de *il* dans *il y a*.
   a) Essayez de les retrouver dans ce document.
   b) En entendez-vous d'autres ? Lesquelles ?
2) Avez-vous détecté, dans les propos de Markus, des indices montrant que le français n'est pas sa langue maternelle ? Lesquels ?
3) Les régates, passionnantes pour les marins, ont également un côté très éprouvant. Relevez dans le document des mots qui le montrent.

4 EO C'est sa passion !

1) Vous venez d'écouter Markus, un marin passionné de voile. À votre tour, parlez de quelqu'un qui a vécu ou qui vit une grande passion : lecture, art, sport, musique… Évoquez les conditions dans lesquelles il la vit et les conséquences positives et négatives pour lui et son entourage.
2) Comparez les passions évoquées au sein du groupe-classe.

L'idiot du voyage

Voilà quinze ans, l'anthropologue Jean-Didier Urbain a publié un essai tonique qui garde toute son actualité. L'ouvrage avait pour titre *L'Idiot du voyage* et pour sous-titre *« Histoires de touristes »* (Petite Bibliothèque Payot). Ouvrage prémonitoire, car ces touristes auxquels était consacrée l'étude n'ont cessé d'augmenter. En 2003, ils étaient 75 millions en France et 700 millions sur la planète. Le chiffre d'affaires induit par ces déplacements est estimé, pour la seule Union européenne, à 213 milliards d'euros. C'est donc un secteur capital de l'économie.

Pourtant, comme le montrait l'essai, le touriste a mauvaise presse, surtout dans les sphères culturelles. Il ne voyage pas, *« il ne fait que circuler »* ; c'est un *« nomade aux pieds plats »* qui se déplace en hordes. Les griefs contre lui sont innombrables. Il est destructeur, use inconsidérément les monuments ou les sites qu'il regarde à peine et ne comprend guère. Il favorise la pollution, oblige à des aménagements inutiles et coûteux. Pour lui, une visite au Louvre se borne à une course effrénée avec halte obligée devant la *Joconde* et la *Vénus de Milo*, engorgeant les salles du musée au détriment des *« vrais visiteurs »*. C'est un adepte de la culture *« surgelée »*.

À cause de lui, les pays d'accueil se fabriquent des identités caricaturales et stéréotypées, les détournant de leur *« authentique culture »*. Enfin, le touriste peut être vécu comme un agresseur insupportable par certaines sociétés. Bref, le touriste est un envahisseur qui paye, ultime avatar de la mondialisation.

Mais qui est le touriste ? C'est toujours l'autre, alors qu'en réalité chacun d'entre nous est, a été ou sera un touriste. Plutôt que de vilipender cet empêcheur de voyager correctement, il vaut mieux s'interroger sur le statut du touriste dans notre société. *« Quelle est la valeur anthropologique de ce nomade inscrit au coeur d'une évolution sociale profondément marquée par le cosmopolitisme et le développement des voyages internationaux ? »* demandait Jean-Didier Urbain. En clair, l'anthropologue invitait à comprendre que le touriste participe à l'échange pacifique des civilisations. En se déplaçant, il perçoit, même fugitivement, même faussement, l'identité de l'autre. Ce n'est pas seulement un exportateur d'influence, c'est aussi un importateur. Il favorise les hybridations, les métissages. L'extraordinaire succès des *« musiques du monde »* lui doit beaucoup.

Le touriste est surtout un caméléon, qui accompagne l'élargissement de la notion de culture. Celle-ci a débordé de ses frontières traditionnelles, annexant désormais l'histoire récente, l'industrie, le social, l'urbanisme et la gastronomie. Le touriste suit le mouvement. Il ne visite plus seulement les châteaux de la Loire ou les pyramides d'Égypte. Il arpente les chantiers navals de Saint-Nazaire, les *« cités »* du 93, les ghettos de Soweto ou la prison de Mandela en Afrique du Sud, parcourt les rues dévastées de Belfast. Activités dérisoires, superficielles ? Ce peut être aussi une promesse.

Le Monde, 12 août 2005

---

1 Effectuez une lecture rapide de cet article, puis donnez l'ordre d'apparition des éléments suivants : a) arguments positifs b) arguments négatifs c) réalités économiques concernant le tourisme d) évocation d'une nouvelle tendance touristique.

2 Approfondissez la lecture et relevez…
a) une réalité économique en chiffres b) quatre ou cinq arguments négatifs c) deux ou trois arguments positifs d) une nouvelle tendance touristique

3 D'après le contexte, comment interprétez-vous cette phrase : *Le touriste, c'est l'autre* ?

4 EO Relevez les mots ou groupes de mots désignant le touriste (définitions, expressions…). Dans lequel de ces qualificatifs vous reconnaissez-vous ? Illustrez votre propos par une anecdote ou un exemple.

5 EE Voici le schéma argumentatif de ce texte. Réutilisez le même schéma dans un paragraphe où vous défendrez l'intérêt d'une activité, d'une initiative, etc.

Argumentation.

a) Présentation de données illustrant un fait de société et première conclusion ([…] *donc…*).
b) Présentation d'arguments négatifs donnés par d'autres que l'auteur (*Pourtant…*) et conclusion de cette partie (*Bref…*).
c) Présentation d'arguments positifs (*Mais…*).
d) Fin du texte : invitation à la réflexion en émettant une hypothèse positive ([…] *peut-être…*).

CE EO EE *Tâche finale*

Organisation d'un voyage au Québec

Vous travaillez à l'agence de voyages **Le Nouveau Monde**, qui lance un nouveau produit touristique : « Voyage au cœur de l'hiver québécois ». Le public visé est hétérogène : bourlingueurs infatigables, retraités cultivés et bons vivants, couples branchés et amoureux du risque.

Vous allez rédiger le dépliant publicitaire de ce voyage, accueillir les voyageurs à leur arrivée à Québec et réagir à la lettre de réclamation d'un client mécontent.

Les modalités de voyage fixées sont les suivantes :

- Prix TTC : à partir de 1195 euros.
- Voyage : Paris-Montréal, Québec-Paris (avions de lignes régulières).
- Séjour de 8 jours et 6 nuits en demi-pension (Hôtels***).
- Activités variées à la carte.
- Déplacements en minibus chauffé.

Tourisme : quelques arnaques
- vols annulés
- changement de modèle d'avion
- groupes très nombreux
- hôtels surbookés
- changement de catégorie d'hôtel
- climatisation en panne
- chambres minuscules
- chambres donnant sur un mur
- autocars non chauffés
- guides ne parlant pas la langue
- guides incompétents
- retards des vols retour
- …

PHASE 1 : ÉLABORATION DU DÉPLIANT

✎ **1** **Avant la rédaction.** Ce dépliant développera les rubriques suivantes : région, environnement, climat, cuisine, activités incluses et optionnelles, conseils aux voyageurs ; la rubrique « villes » est facultative. Constituez des sous-groupes en fonction de la / des rubrique(s) dont vous désirez vous charger.

✎ **2** **Recherche d'informations et rédaction.**
1) Chaque sous-groupe sélectionne les informations nécessaires pour chacune des rubriques (en tenant compte de l'hétérogénéité du public). Pour vous aider, vous pouvez consulter le document « Généralités sur le Québec » ci-contre et le site officiel du Québec : http://www.gouv.qc.ca.
2) Chaque sous-groupe rédige la / les rubrique(s) dont il est chargé.
3) Présentez vos rubriques et reconstituez en grand groupe le dépliant publicitaire.

PHASE 2 : DÉROULEMENT DU VOYAGE

Vous voici à Québec, vous accueillez les voyageurs à leur hôtel.
1) Vous allez devoir, en 4 ou 5 minutes…
   – vous présenter et prendre en charge votre groupe de voyageurs ;
   – leur expliquer en quoi consistera leur séjour au Québec et décrire la région (et éventuellement la ville de Québec) ;
   – les informer sur certains points (comment choisir les activités à la carte, quoi manger, quoi acheter, comment s'équiper…).
   – leur suggérer quelques activités pour leur temps libre.
   – leur donner quelques conseils pour qu'ils passent un agréable séjour.
2) Après avoir préparé votre « discours », prenez la parole. Les voyageurs vous poseront quelques questions.

PHASE 3 : APRÈS LE VOYAGE : lettre de réclamation

De retour à votre bureau, vous recevez la lettre d'un client mécontent du voyage.

Paul Dumond
18, rue Dubois
69 002 Lyon

M. le Directeur de l'Agence
Le Nouveau Monde

Lyon, le 10 février 2007

Monsieur le Directeur,

À la suite du voyage à Montréal et à Québec "Voyage au coeur de l'hiver québécois", je me vois dans l'obligation de me plaindre des conditions de transport et de l'accueil qui nous a été réservé. En effet, à Québec, l'hôtel initialement prévu étant complet, nous avons été logés dans un établissement de catégorie inférieure. D'autre part, loin de profiter de minibus chauffés, nous avons été entassés pendant tous les déplacements dans de vieux autocars sans chauffage. De plus, nos guides nous ont laissés seuls une grande partie du temps et n'avaient, du reste, aucune connaissance historique ni artistique sur le pays.

Étant revenu extrêmement mécontent, je vous serais obligé de bien vouloir faire au plus vite le nécessaire pour améliorer ces prestations, si importantes dans ce type de voyage.

Je vous prie aussi de me dédommager de 15 % sur le prix du voyage puisque vous n'avez pas tenu un certain nombre de vos engagements.

Veuillez agréer, Monsieur le Directeur, mes sincères salutations.

M. Paul Dumond

Par courriel, vous informez le directeur de l'agence au sujet de cette lettre, vous la résumez et vous demandez des directives pour la préparation du prochain voyage.

Quelques généralités sur le Québec

Carte d'identité du Québec

Superficie : 1 550 000 km² (3 fois la France !)
Population : 7,5 millions d'hab., dont presque la moitié vit dans la région de Montréal.
Capitale : Québec
Langue officielle : le français
Monnaie : le dollar canadien
Régime politique : démocratie parlementaire

Achats

– le sirop d'érable
– les catalognes en guenilles (couvertures tissées avec de vieux bouts de tissus de toutes les couleurs)
– l'artisanat indien
– bonnes affaires : jeans et disques très bon marché Surveillez les soldes !

Climat

Il peut faire très chaud en été, mais un pull pour les soirées et un imper en cas de pluie sont nécessaires. Pour ceux qui comptent entreprendre une excursion en Zodiac pour observer les baleines, soyez prudents : il fait très froid sur l'eau, même en été !
Dans la partie sud du pays : en juin, chaud. En juillet et août, très chaud, même si le temps commence à se rafraîchir dès la mi-août... En novembre, assez froid et début du gel. En décembre, janvier et février, très très froid, avec de superbes journées ensoleillées. C'est la saison du ski, des randonnées en motoneige ou des courses de raquettes.

Cuisine

Dans le bas de gamme, la gastronomie est d'inspiration américaine. Les « sous-marins » désignent d'énormes sandwichs garnis de toutes sortes de choses... Mais dès qu'on met quelques dollars de plus et dans les grandes villes, la diversité culinaire est étonnante : tous les pays sont représentés.
Spécialités : la tourtière, à l'origine réalisée à partir de plusieurs gibiers, à plumes et à poil. Le gibier : caribou, orignal. Du poisson aussi : le saumon sous toutes ses formes ; la morue et des fruits de mer en quantité.
Difficile à trouver : les bonnes fèves au lard ou les ragoûts de pattes de cochon. Plus facile, le canard au sirop d'érable et les excellentes tartes aux fruits.
La poutine est très à la mode en ce moment.

Sports et loisirs

Le sport national est le hockey sur glace. La « saison » se déroule d'octobre à mai.
Le base-ball est également assez apprécié des Québécois, de même que le football canadien.
L'été : circuits à vélo dans les villes bien équipées en pistes cyclables. Randonnées pédestres, canoë, kayak, équitation et bien d'autres activités encore.
L'hiver : beaucoup de stations de ski alpin et de fond, même s'il fait très froid. Les pistes de motoneige ont aussi la cote. Les balades avec chiens de traîneau sont une « spécialité » canadienne, à la journée ou avec nuit en igloo.

Dangers

En ville
Taux de criminalité faible, délinquance quasi inexistante. Les villes sont très sûres et la société canadienne n'est pas violente. Le soir, ne pas avoir peur de se promener dans les rues mais éviter toutefois les quartiers moins bien famés...
Dans la nature
De nombreux ours (notamment ours bruns et noirs) vivent en liberté. Même s'ils ne représentent que rarement un danger, il convient de faire attention. Les règles de base si vous vous retrouvez à proximité d'un ours en forêt : jeter toute nourriture que l'on tient dans la main, se mettre au vent pour qu'il puisse vous sentir ; ne le nourrir en aucun cas et ne pas trop s'approcher. Enfin, quand vous marchez, faites un peu de bruit pour les prévenir de votre présence.
Au Canada, plus particulièrement au nord, les forêts sont infestées de moustiques et de grosses mouches noires qui piquent férocement. Munissez-vous de crèmes, évitez de vous parfumer et de porter des vêtements aux couleurs foncées.
En voiture, l'entrée dans une zone protégeant des orignaux (élans d'Amérique) ou autres animaux est fréquemment indiquée par des panneaux. Respectez ces zones et roulez doucement, surtout la nuit.

Environnement

La forêt québécoise
Elle constitue 20 % du territoire forestier canadien ; plus de 50 espèces d'arbres sont recensées et le gouvernement québécois gère 90 % des ressources forestières.
Les parcs naturels
Au total : 39 parcs nationaux appartenant au réseau Parcs Canada auxquels viennent s'ajouter pour le Québec, 22 parcs nationaux et 16 réserves fauniques. Ils ont pour objectif d'assurer la protection des ressources naturelles (faune et flore) tout en permettant au visiteur de découvrir les richesses de la nature.

Le guide du routard, Québec et provinces maritimes (2005 / 2006) © Hachette Livre (Hachette tourisme), 2005

Choisissez l'option qui convient (a, b, c) pour compléter le texte suivant.

ZANSKAR AU CŒUR DE L'HIVER

Après de brusques secousses pour … (1) une zone encombrée de nuages, les lumières rosâtres du firmament laissent apparaître les imposants … (2) de la chaîne himalayenne. Au loin, … (3) nous apercevons une rivière gelée. Est-ce le Zanskar ?

Nous distinguons également une vallée immaculée…, c'est … (4) ! Penser que l'on va pénétrer … (5) au cœur de cette immensité montagneuse nous … (6) !

L'avion décrit un cercle et … (7) de près le monastère de Spituk. La piste d'atterrissage est très courte et demande au pilote beaucoup de dextérité. À la descente de l'avion, le froid nous saisit. … (8) Noël, la neige est tombée et le ciel est resté gris pendant les six ou sept jours qui ont suivi notre arrivée. Nous pensions à Tashi et à ceux … (9) devaient être en ce moment dans les gorges glacées du Zanskar pour venir à notre rencontre, à Tashi et à ses amis, … (10) l'aventure n'aurait pas été possible.

C'est au cours de l'été précédent que nous avons organisé cette … (11) et fait prévenir Tashi et sa famille … (12) nous serions hébergés. En hiver, et pendant neuf mois, la rivière Zanskar se couvre de glace et offre ainsi un étroit et dangereux … (13) vers le Ladakh. Chaque pas qui s'y hasarde se retrouve ainsi suspendu au destin d'un fleuve grondant … (14) la glace ne demande qu'à céder.

À huit heures ce matin du 2 janvier, nous attendons, … (15) une petite rue de Leeh, le camion qui doit nous emmener à une trentaine de kilomètres, là … (16) le fleuve Zanskar se jette dans l'Indus. Après quatre heures d'attente alors qu'il fait -21, le camion arrive enfin. Le paysage défile jusqu'à ce qu'une avalanche bloque la piste… !

En une heure la plaque de glace … (17) nous glissions paisiblement au rythme de nos pensées, fond et se dérobe sous nos pieds. Nos regards se font anxieux. Le silence … (18) nous respirons est riche. On apprend à se taire et à l'écouter. Il n'est … (19) que par le bruit de nos pas sur la glace, qui rythment l'univers … (20) nous nous aventurons.

Jacques et David Ducoin, *Récits et voyages*

1)	a) transporter	b) traverser	c) couler
2)	a) sommets	b) cimes	c) remparts
3)	a) au-dessus	b) au-dessous	c) ci-dessous
4)	a) belle	b) blanche	c) beau
5)	a) au pied	b) à pied	c) sur pied
6)	a) impressionne	b) imprime	c) implique
7)	a) s'élève	b) survole	c) longe
8)	a) C'est	b) Il est	c) On est
9)	a) que	b) qu'ils	c) qui
10)	a) sans que	b) sans lesquels	c) sans eux
11)	a) expédition	b) croisière	c) virée
12)	a) chez eux	b) chez qui	c) pour qui
13)	a) torrent	b) péage	c) passage
14)	a) sur lequel	b) sur qui	c) sur laquelle
15)	a) dedans	b) sur	c) dans
16)	a) que	b) où	c) dans
17)	a) sur quoi	b) dont	c) sur laquelle
18)	a) que	b) lequel	c) dont
19)	a) effrayé	b) bougé	c) troublé
20)	a) lequel	b) duquel	c) dans lequel

Ivo Rovira

OBJECTIFS

▷ Dégager le fil conducteur et les moments principaux de récits littéraires.

▷ Improviser une conversation téléphonique amicale.

▷ Participer à une discussion sur un sujet de société et défendre son point de vue en utilisant des informations données (tableau de statistiques).

▷ Résumer à l'écrit un texte narratif oral.

▷ Inclure une description dans un texte narratif.

▷ Décrire ses émotions et ses sentiments (domaine personnel).

▷ Organiser un projet d'écriture (recherche, planification, correction) : textes narratifs / argumentatifs.

▷ Appliquer des critères d'évaluation à l'écrit.

▷ Découvrir divers genres littéraires.

CONTENUS

Aspects langagiers

▸ Lexique : rencontres (émotions, sentiments, comportements).
▸ Grammaire : temps du passé (indicateurs temporels) ; nuancer l'expression (adverbes).
▸ Communication : les moments d'un récit ; description et narration ; schéma de conversation (contacts).

Aspects culturels

Rites sociaux (contacts) ; textes littéraires classiques.

Stratégies

▸ Le dictionnaire… pour quoi faire ?
▸ Fiche d'autocorrection (EE).

Tâche finale

Concours de textes créatifs / argumentatifs.

CO En apesanteur
(paroles et musique de Calogero)

En apesanteur
Pourvu que les secondes
Soient des heures
En apesanteur
Pourvu qu'on soit les seuls
Dans cet ascenseur

🎧 **1** Écoutez la chanson, puis résumez-la en une phrase.

🎧 **2** Réécoutez, puis répondez.
1) Que ressent le personnage principal ? Dites-le avec vos propres mots.
2) Quel est son plus grand souhait ?

🎧 **3** Retrouvez dans la chanson les expressions ou métaphores correspondant aux phrases suivantes.
1) Sa voix me bouleverse.
2) J'ai devant moi un être extraordinaire.
3) Je souhaiterais que le temps ne s'arrête jamais.
4) Je voudrais rester seul avec elle dans cet ascenseur.
5) Mon cœur et mes yeux ne font qu'un.

4 Comment comprenez-vous le titre de la chanson ? Pouvez-vous en proposer un autre ?

5 Imaginez trois dénouements possibles pour cette histoire : *Les portes de l'ascenseur s'ouvrent et…*

6 Cette chanson vous rappelle peut-être une histoire vécue ? Racontez.

CO Nadja

🎧 **1** Écoutez ce récit. Relevez le maximum d'informations sur la situation (personnages, relation entre eux, lieu, sujets de conversation…).

🎧 **2** Réécoutez extrait par extrait en prenant des notes.
1) Extrait 1 : relevez les éléments qui montrent que Nadja et la rencontre avec elle ont quelque chose d'étrange.
2) Extrait 2 : relevez les éléments qui accentuent le mystère de Nadja.
3) Extrait 3 : résumez le récit de Nadja.
4) Extrait 4 : quelle est la question que se pose Nadja ? Dites-le avec vos propres mots.

3 Mettez vos réponses en commun et commentez-les.

🎧 **4** Réécoutez le récit en lisant le texte.
1) Recherchez dans le texte au moins trois éléments qui justifient les illustrations.
2) Comment expliquez-vous l'interrogation finale de Nadja ? Qu'est-ce que cela nous dit sur le sentiment amoureux ?

5 EE Rédigez quatre phrases pour décrire une personne. Utilisez les modèles ci-dessous.

Pour faire le portrait d'une personne.

Observez les éléments de style :
a) « *Elle va **la tête haute*** » : description de l'allure.
b) « *… le bord des yeux si **noir pour une blonde*** » : contraste.
c) « ***Très émue**, elle m'interroge* » : description à l'aide d'un adjectif détaché.
Observez également :
d) « *La fille **aux yeux d'or*** » : caractérisation à l'aide de la préposition *à*.

6 EE Récit d'une rencontre.

Vous avez rencontré une personne dans des circonstances banales ou insolites ; ou peut-être vous a-t-on raconté une rencontre amusante, surprenante. Faites-en le récit en un court paragraphe : présentez la situation, décrivez la personne, et évoquez la suite de l'histoire.

André Breton
Nadja

2004

folio

[…] Je venais de traverser ce carrefour dont j'oublie ou 1
ignore le nom, là, devant une église. Tout à coup, alors
qu'elle est peut-être encore à dix pas de moi, venant en sens
inverse, je vois une jeune femme, très pauvrement vêtue, qui,
elle aussi, me voit ou m'a vu. Elle va la tête haute, 5
contrairement à tous les autres passants. Si frêle qu'elle se
pose à peine en marchant. Un sourire imperceptible erre
peut-être sur son visage. Curieusement fardée, comme
quelqu'un qui, ayant commencé par les yeux, n'a pas eu le
temps de finir, mais le bord des yeux si noir pour une blonde 10
[…]. Je n'avais jamais vu de tels yeux. Sans hésitation
j'adresse la parole à l'inconnue, tout en m'attendant, j'en
conviens du reste, au pire. Elle sourit, mais très
mystérieusement, et, dirai-je, comme *en connaissance de
cause*, bien qu'alors je n'en puisse rien croire. Elle se rend, 15
prétend-elle, chez un coiffeur du boulevard Magenta (je dis :
prétend-elle, parce que sur l'instant j'en doute et qu'elle
devait reconnaître par la suite qu'elle allait sans but aucun).
Elle m'entretient bien avec une certaine insistance de
difficultés d'argent qu'elle éprouve, mais ceci, semble-t-il, 20
plutôt en manière d'excuse et pour expliquer l'assez grand
dénuement de sa mise. Nous nous arrêtons à la terrasse d'un
café proche de la gare du Nord. Je la regarde mieux. Que
peut-il bien passer de si extraordinaire dans ces yeux ? Que
s'y mire-t-il à la fois obscurément de détresse et 25
lumineusement d'orgueil ? C'est aussi l'énigme que pose le
début de confession que, sans m'en demander davantage,
avec une confiance qui pourrait (ou bien qui ne pourrait ?) être mal placée elle me fait. À Lille, ville dont
elle est originaire et qu'elle n'a quittée qu'il y a deux ou trois ans, elle a connu un étudiant qu'elle a peut-
être aimé, et qui l'aimait. Un beau jour, elle s'est résolue à le quitter alors qu'il
s'y attendait le moins, et cela « de peur de le gêner ». C'est alors qu'elle 30
est venue à Paris, d'où elle lui a écrit à des intervalles de plus en plus
longs sans jamais lui donner son adresse. À près d'un an de là,
cependant, elle l'a rencontré par hasard : tous deux ont été très surpris.
Lui prenant les mains, il n'a pu s'empêcher de dire combien il la trouvait
changée et, posant son regard sur ces mains, s'est étonné de les voir si 35
soignées (elles ne le sont guère maintenant). Machinalement alors, à son tour, elle a regardé l'une des
mains qui tenaient les siennes et n'a pu réprimer un cri en s'apercevant que les deux derniers doigts en
étaient inséparablement joints. « Mais tu t'es blessé ! » Il fallut absolument que le jeune homme lui montrât
son autre main, qui présentait la même malformation. Là-dessus, très émue, elle m'interroge longuement :
« Est-ce possible ? Avoir vécu si longtemps avec un être, avoir eu toutes les occasions possibles de 40
l'observer, s'être attachée à découvrir ses moindres particularités physiques ou autres, pour enfin si mal le
connaître, pour ne pas même s'être aperçue de *cela* ! Vous croyez… vous croyez que l'amour peut faire de
ces choses ? ». […] 43

André BRETON, *Nadja*
© Éditions GALLIMARD
(1re édition : 1928)

Un peu plus tard…
Elle me dit son nom, celui qu'elle s'est choisi :
« Nadja, parce qu'en russe c'est le
commencement du mot espérance, et parce
que ce n'en est que le commencement ».

RACONTER AU PASSÉ : LE TEMPS DES VERBES

Dans les textes ci-dessous, relevez les verbes correspondant aux valeurs suivantes.
a) actions principales ou moments du récit b) « décor » de l'action ou situation c) habitudes situées dans le passé
d) éléments antérieurs au temps du récit

1) Les gens qui m'avaient connue à dix-sept ans lors de mon voyage en France ont été impressionnés quand ils m'ont revue, deux ans après, à dix-neuf ans.

(Marguerite Duras, *L'amant*)

2) Le dîner était presque achevé et la nuit était tombée quand M. Serge rentra au Relais d'Alsace. Il avait la tête si pleine de pensées qu'il ne regarda pas autour de lui comme il en avait l'habitude. Néanmoins deux choses le frappèrent : il y avait beaucoup de bruit, de la musique, des éclats de voix, des chants. N'avait-il pas oublié qu'on était samedi ?

(George Simenon, *Le Relais d'Alsace*)

3) Tout le monde voyageait à cette époque… La société romantique était extrêmement cosmopolite, on avait des maîtresses en Pologne ou à Vienne, Paris regorgeait d'immigrés de toutes les nationalités…

(Michel Le Bris, *L'homme aux semelles de vent*)

4) Colin, debout au coin de la place, attendait Chloé. La place était ronde et il y avait une église, des pigeons, un square, des bancs…
—Bonjour !
Chloé était arrivée par-derrière. Il retira vite son gant, s'empêtra dedans, se donna un grand coup de poing dans le nez, fit « Ouille… ! » et lui serra la main. Elle riait.

(Boris Vian, *L'écume des jours*)

1. Emploi des temps du passé

1) Toute narration au passé est composée d'une suite d'événements, de faits ou d'actions qui constituent les moments du récit. On emploie, pour les évoquer :
– **le passé composé** dans la langue orale, dans la langue écrite non littéraire, et dans certains textes littéraires modernes ;
– **le passé simple** dans la langue écrite littéraire, les récits historiques, les contes et dans certains textes journalistiques.

2) Dans tout récit, les faits et les actions sont mentionnés avec leurs circonstances et insérés dans un décor ou une situation. Pour évoquer ces éléments périphériques, on emploie **l'imparfait**. Il en est de même lorsque le narrateur décrit des personnages, leurs pensées et leurs sentiments.

3) Pour parler d'une action ou d'une circonstance antérieure à une autre dans le passé, on utilise **le plus-que-parfait**.
Remarque : Dans *Je venais de traverser ce carrefour […] Tout à coup […] je vois une jeune femme […]* (page 27), les événements sont situés au passé (*Je venais…*). Pourtant le fait principal, *je vois,* est au « présent de narration » : un recours stylistique qui actualise le moment du récit et le rend plus vivant (le narrateur semble avoir une vision).

2. Autres emplois de l'imparfait

1) Employé seul, il sert à évoquer des habitudes ou des états passés sans indication chronologique : *Quand il dormait chez sa grand-mère, il se couchait tard.*

2) Il sert aussi à décrire le « présent » d'une période passée : *Elle a regardé les mains qui tenaient les siennes.*

3) Il est utilisé au discours rapporté passé : *Il n'a pu s'empêcher de lui dire combien il la trouvait changée* (page 27).

1 Mettez les verbes au passé : passé composé, imparfait, plus-que-parfait.
1) À cette époque-là, elle lui … (envoyer) tous les jours des textos délirants, et puis un jour, sans explication, c'… (être) fini. 2) Pendant deux ans, il lui … (téléphoner) tous les jours : elle … (être) heureuse, jamais personne ne … (se montrer) aussi attentionné envers elle. 3) Elle me … (draguer) : je me … (laisser) faire parce qu'elle me … (plaire) ; il faut dire que je … (se sentir) seul à ce moment-là. Et puis, je … (tomber) amoureux pour de bon.

2 Mettez les verbes au temps qui convient : passé simple, imparfait, plus-que-parfait.
Le feu, à ce croisement de deux boulevards … (venir) de passer au rouge et, d'un coup de frein, j'immobilisai mon vélomoteur quand la jeune femme … (arriver) à quelques centimètres de moi sur sa Mobylette. Je la … (regarder) en souriant, attendri.
Jamais depuis des années, il ne … (faire) aussi froid. Moins de dix degrés sous zéro. Nous … (être) pratiquement seuls à défier ce froid en deux-roues. Mais nous … (se harnacher) en connaissance de cause […]. Je lui … (proposer) de prendre une boisson chaude dans le bistrot le plus proche. Elle me … (dire) qu'elle … (s'appeler) Aline, que son logement … (être) encore plus proche que n'importe quel bistrot et qu'elle m'… (inviter) à prendre un verre.

Jacques Sternberg, *Histoires à dormir sans vous* © Éditions Denoël, 1990

3. Passé composé (auxiliaires *être* ou *avoir*), et présent de résultat (auxiliaire *être*)

Ne confondez pas le passé composé *(Hier, je lui ai mal répondu : **il s'est fâché.**)* avec le présent de résultat *(Aujourd'hui, il ne répond pas à mes SMS : **il est fâché.**)*

🔗 **3** **Choisissez entre le passé composé et le présent de résultat, et complétez les phrases.**

1) Ils ont régularisé leur situation : ils … l'été dernier (se marier / être marié). 2) J'ai rencontré Pierre : il a suivi un traitement efficace et maintenant il … (guérir / être guéri). 3) Alain et Jeanne ? Non, je ne les ai pas invités ensemble, ils … depuis peu (se séparer / être séparé). 4) On se voit souvent : ils … à Nantes, deux ans après nous (s'installer / être installé). 5) Tu sais que tes amis … ? C'est dans le journal (se pacser / être pacsé). 6) Tu es folle de draguer ce type ! Il … (se marier / être marié). 7) Elle ne peut pas marcher : elle … à la jambe hier (se blesser / être blessé).

QUELQUES INDICATEURS TEMPORELS

1. Pour se référer à un moment passé

– *Il y a / Ça fait* … (registre familier) + **durée chiffrée / longtemps / un certain temps**… : se réfèrent à un moment ponctuel dans le passé et s'emploient avec les temps du passé : *On s'est connus il y a six mois.*
– *Dès* + **moment dans le passé** marque le point de départ d'un événement, car *dès* signifie *tout de suite après.* Il s'emploie avec tous les temps verbaux : *On est tombés amoureux dès qu'on s'est vus.*

2. Pour exprimer la durée

Depuis, il y a / ça fait … que + **temps écoulé** indiquent la durée d'une action : *Ils sont ensemble depuis quatre ans. / Ça fait quatre ans qu'ils sont ensemble.*

3. Pour se référer à un moment dans le passé et exprimer la durée

Depuis + **moment dans le passé** marque le point de départ d'une action qui dure et s'utilise surtout avec des verbes au présent ou à l'imparfait : *Depuis ce jour-là / cette rencontre / cette date, on est heureux ensemble.* On l'emploie aussi avec des verbes au passé composé, en particulier à la forme négative : *Ils ne se sont plus revus depuis leur divorce.*

🔗 ■ **Associez les énoncés des deux colonnes. Plusieurs combinaisons sont possibles.**

1) Il habite chez sa copine…   a) depuis le 1er janvier dernier.
2) Ils ont fait connaissance…   b) il y a trois semaines.
3) Ils ne se voient plus…   c) le 14 février 2001.
4) Il a vendu son appartement…   d) dès son retour de voyage.
5) On ne s'est pas revus…   e) depuis l'école maternelle.
6) Il a su qu'elle voulait le quitter…   f) depuis quinze jours.
7) Elle est mariée…   g) dès cet instant.

4. L'approximation avec la préposition *vers*.

Vers s'emploie avec un sens voisin pour l'espace et pour le temps : *J'ai entendu un bruit vers 2 heures du matin. - Il se dirigea vers une petite lumière qui brillait au loin.*

NUANCER L'EXPRESSION : QUELQUES ADVERBES

1. L'adverbe *peut-être (que)* et les registres de langue

■ **À quel registre (standard / familier / soutenu) appartient chacune de ces phrases ? Décrivez l'emploi de *peut-être* dans chaque registre.**

1) Peut-être qu'il voulait pas lui faire du mal.
2) Il avait peut-être peur de la faire souffrir.
3) Peut-être était-ce la crainte de la blesser.

2. Expressions et adverbes pour nuancer des affirmations ↗ *Précis grammatical*, page 141 : *Formation des adverbes.*

1) Pour atténuer : *pour ainsi dire, semble-t-il / il me semble*…

2) Pour renforcer : *bien entendu, absolument, certainement, effectivement, je te jure, tout à fait*…

« Mon bonheur est que tu sois heureuse,
ma joie que tu sois gaie, mon plaisir que tu en aies… »

(lettre de Napoléon à Joséphine de Beauharnais, au début de leur mariage vers 1796)

LES RENCONTRES

Les rencontres fortuites sont toujours les plus belles !

1 **Où et comment peut-on se rencontrer ?**
   a) Dans la rue ? Alors… l'avez-vous croisé(e), dépassé(e), bousculé(e), aidé(e) à se relever, à ramasser un objet ? Etc.
   b) Au cinéma ? Vous étiez assis l'un(e) à côté de l'autre ? Vous aviez pris sa place ? Vous vous étiez glissé(e) dans la queue ?
   c) Dans un gymnase ? Vous…
   d) Autres possibilités.

2 **Voici le récit d'un coup de foudre. Lisez-le, puis répondez aux questions.**

La première fois, il l'a aperçue courant à toute allure dans le couloir du métro et il l'a remarquée immédiatement. Le lendemain, il l'a guettée à la même heure et il a pris le métro avec elle. Il l'a regardée d'abord du coin de l'œil puis il lui a jeté, sans aucun résultat, des coups d'œil de plus en plus enflammés. Le surlendemain, il l'a suivie jusqu'à la porte de son magasin. Il a couru derrière elle au moment où elle allait entrer, il l'a abordée et lui a demandé où elle habitait. Elle n'a rien répondu. Pourtant, jour après jour, il persistait en se cachant, de plus en plus obsédé par elle. Tantôt il allait à sa rencontre, comme pour lui adresser la parole, et au dernier moment il faisait demi-tour ; tantôt il la suivait dans la rue, sans se faire voir, surveillant avec qui elle parlait, qui elle saluait… Il a fini par en tomber malade et il ne s'en est jamais remis.

   1) Quels éléments lexicaux définissent le comportement de cet amoureux ?
   2) Ce comportement vous semble-t-il normal ? Pourquoi ?
   3) À votre avis, comment aurait réagi l'autre personne, si elle s'était aperçue de son manège ?
   4) Quelle est, selon vous, la meilleure stratégie pour aborder quelqu'un ?

3 **Quel serait le comportement d'un(e) grand(e) timide lors de son premier rendez-vous ? Et celui d'une personne sûre d'elle ?**
   1) Choisissez des verbes de la liste suivante et ajoutez-en d'autres, si vous le désirez.

> transpirer, frissonner, bredouiller, plaisanter avec tout le monde, trembler (de), rougir, rire aux éclats, pâlir, se frotter les mains, balbutier, parler sans arrêt, avoir le cœur battant, chanter à tue-tête, bégayer, siffler…

   2) À quoi est due chacune de ces réactions ? À de la nervosité, de l'impatience, à un sentiment d'inquiétude, d'assurance… ?
   3) Que révèlent ces comportements : de l'aplomb ? de la gaucherie ? de l'aisance ? de la maladresse ? de la hardiesse… ?

4 **Pour aborder quelqu'un. Comment réagissez-vous si on s'adresse à vous dans ces termes ?**

> —On ne s'est pas déjà vus quelque part ?
> —Ça ne vous ennuie pas si je m'assois à côté de vous ?
> —Tiens, bonjour ! on s'est déjà rencontrés, je crois !
> —C'est quoi, ce que vous lisez, là ?
> —Excusez-moi, je cherche monsieur Brandt, qui arrive d'Allemagne. Est-ce que c'est vous ?
> —Excusez-moi, vous avez une minute ?
> —Ça fait un temps fou que je ne t'ai pas vu(e).

5 On peut aussi faire connaissance chez des amis, des parents, grâce à des relations communes… Par groupes de 3, imaginez de courtes scènes où vous utiliserez les expressions ci-dessous.

–Vous ne vous connaissez pas… François, Danièle…

–C'est madame Tremblay, dont je t'ai parlé, et qui habite au 3ᵉ étage.

–Permettez que je vous présente madame Rivière.

–J'ai le plaisir de vous présenter monsieur Ravail, mon collaborateur.

–J'aimerais que vous fassiez la connaissance de ma femme.

–Vous ne vous êtes jamais rencontré(e)s, je crois ?

–Je t'ai déjà parlé de Jacques ?

LA BEAUTÉ, CE N'EST PAS CE QUI EST BEAU, C'EST CE QUI PLAÎT

Elle souriait aussi à l'odeur de cet homme assis tout près d'elle.

Il portait un pull-over à col roulé noir…

Le col montait haut. Il soulignait le contour de sa mâchoire et donnait, au-dessous de son menton, la forme parfaite d'un triangle.

Et sur le côté, un triangle encore, plus petit, entre le lobe de l'oreille et la naissance des cheveux.

Emmanuelle BERNHEIN, *Vendredi soir*
© Éditions GALLIMARD

1 Et vous, lors d'une rencontre, à quoi êtes-vous le plus sensible ? Qu'est-ce qui vous fait « craquer » ?

1) La silhouette ? Voici quelques adjectifs pour qualifier quelqu'un. Quels sont leurs contraires ? *trapu(e), svelte, lourd(e), massif(ve), élancé(e), musclé(e), puissant(e), mince, baraqué(e)* (fam.)

2) L'allure, les gestes ? Cherchez des adjectifs pour qualifier une allure, des gestes.

3) Les traits du visage, les expressions ? Recherchez des adjectifs pour qualifier des lèvres, un nez, des oreilles, des cheveux…
Par exemple, les yeux peuvent être… *en amande, bridés, arrondis, globuleux, noisette, dorés, scrutateurs, vigilants, pétillants, rieurs, éteints…*

4) La manière de parler et la voix ? La voix peut être… *grave, aiguë, cassée, criarde, caverneuse, perçante, sourde, puissante, rauque, douce, charmeuse, sensuelle…*

5) Les traits de caractère que vous percevez déjà ?
La personne peut avoir l'air…
indolente, têtue, bavarde, exaltée, réservée, serviable, timide…
Elle peut sembler avoir *l'esprit d'aventure, le sens de l'humour…*

2 Décrivez la photo de la page 25 et / ou d'autres photos de visages de votre choix.

3 Pour décrire en nuançant.

1) Deux suffixes d'adjectifs ou de noms : *-ichon(ne), -et(te).*
Observez-les. Quelles nuances apportent-ils ?
a) *-ichon(ne) : maigrichon(ne), pâlichon(ne).*
Oh mon pauvre chou, tu es un peu pâlichon aujourd'hui, qu'est-ce tu as ?
b) *-et(te) : nymphette, jeunet(te), beurette, bichette*
Elle est bien jeunette pour travailler autant !

2) Deux suffixes de verbes : *-onner, -iller.*
Quelle différence observez-vous entre :
chanter et *chantonner, mâcher* et *mâchonner, mordre* et *mordiller, sauter* et *sautiller* ?

4 Pour décrire de manière plus imagée : les expressions comparatives.

1) Associez les éléments des deux colonnes pour retrouver les expressions.
1) frais / fraîche comme…   a) un clou ✓
2) nu(e) comme…   b) un pou ✓
3) maigre comme…   c) une rose ✓
4) laid(e) comme…   d) un ver ✓

2) En connaissez-vous d'autres pour qualifier le physique, le caractère ou le comportement d'une personne ?

EO Rencontres et séduction

◊ 1 Coup de téléphone. Improvisez une conversation téléphonique en tenant compte des indications données.
– Vous l'avez rencontré(e) dans la rue, dans un train de banlieue, chez des amis … ; il / elle a juste eu le temps de vous glisser son numéro de téléphone. Ému(e), curieux(se), vous décidez de l'appeler.
– Chacun(e) de votre côté, vous avez trois minutes pour caractériser votre personnage.

N'oubliez pas de décider à l'intérieur du groupe le type de relation que vous désirez engager et choisissez votre registre de langue.

Pour vous aider, des expressions en tout genre !

>>Prendre contact	>>Prendre rendez-vous	>>Prendre congé
– Moi, c'est Paul et toi ? – Vous ne me connaissez pas, mon nom est... – Bonsoir, je suis... – Coucou, c'est moi, le mec / la nana... ! – Bonjour, dès que je vous ai vu(e), j'ai eu envie de... – Bonjour, je ne sais pas trop comment...	– Qu'est-ce que tu fais ce soir ? – J'aimerais vous rencontrer pour bavarder un moment. – J'aimerais beaucoup qu'on se voie. – On peut se (re)voir ? – Rendez-vous à 7h, chez moi. – Est-ce que je peux passer te prendre à ton boulot ?	– Il faut que j'y aille. – À bientôt, je vous rappelle. – Excusez-moi mais il faut que je vous quitte. – À un de ces jours, peut-être. – J'aimerais avoir le plaisir de vous revoir. – On se rappelle. – Ce n'est pas la peine de chercher à me revoir.

Pour des conversations plus intimes, des petits mots tendres !

Ma petite souris   MON BIQUET   Mon cœur
Mon nounours   Mon chéri   Mon amour
Ma chérie   Ma biche   MON CHOU   Mon ange

◊ 2 Conversations.
1) Aimez-vous séduire ? Préférez-vous être séduit(e) ?
2) L'amitié occupe-t-elle une place importante dans votre vie ? Laquelle ? Pourquoi ?

◊ 3 Discussion - Argumentation. Organisez une discussion à partir de la question suivante et des données du tableau.
Question : Pensez-vous que, grâce à Internet, il est plus facile de se faire de nouveaux amis, de rencontrer des gens pour discuter ou de connaître quelqu'un pour construire un projet de vie à deux ?
Suggestion : Tenez compte de votre propre expérience et des résultats de l'enquête réalisée par la SOFRES en avril 2004 sur le thème : *les Français et les sites de rencontres sur Internet.*
Dans le chapitre consacré à l'évolution de la facilité à se rencontrer, on trouve les informations suivantes (en pourcentages) :

	Ensemble de l'échantillon	Ensemble des internautes	Célibataires de plus de 35 ans
Se faire de nouveaux amis			
Plus facile	24	29	16
Plus difficile	54	47	62
Sans opinion	22	24	22
Rencontrer des gens pour discuter, parler des problèmes de la vie			
Plus facile	31	39	21
Moins facile	52	42	63
Sans opinion	17	19	16
Rencontrer quelqu'un pour construire un projet de vie à deux			
Plus facile	21	24	15
Moins facile	52	48	58
Sans opinion	27	28	27

Échantillon de 1000 personnes

Apportez des arguments et des exemples pour défendre votre position.

co Rencontre d'un autre genre

🎧 **1** Écoutez ce document et remettez les membres de phrases ci-dessous dans leur ordre d'apparition.

1) [...] Lorsque ce mur a été photographié, je suis allé le présenter [...]
2) [...] Ensuite on était seize, presque toute la rédaction [...]
3) [...] je me suis fabriqué un petit théâtre avec heu... les passants qui passaient devant cette espèce de fond [...]
4) [...] on est allés prendre un repas solide. C'était le premier [...]

5) [...] et alors j'ai été reçu très prudemment, d'abord par deux jeunes personnages [...]
6) [...] si bien qu'il suffisait de se mettre en face et de voir les personnages se croiser devant ce mur, on avait une impression de théâtre [...]
7) [...] et puis de fil en aiguille euh... la décision s'est prise [...]
8) [...] je m'en suis sorti en m'avisant qu'un mur [...]

🖋 **2** Reconstituez rapidement l'essentiel de ce récit.

🎧 **3** Réécoutez ce document, choisissez les réponses correctes et justifiez votre choix.

1) Le narrateur, quand le récit commence...
   a) venait d'arriver à Tokyo.
   b) séjournait depuis quelque temps à Tokyo.
   c) ne dit absolument rien à ce sujet.
2) Le narrateur...
   a) se trouvait dans une période de très grande précarité.
   b) vivait depuis toujours dans la précarité.
   c) n'avait pas de problèmes d'argent.
3) Le mur et le trottoir dont il est question...
   a) étaient bien connus des photographes de la ville.
   b) servaient habituellement de scène de théâtre aux acteurs de la ville.
   c) ont brusquement donné au narrateur l'impression d'un décor de théâtre.
4) Ce mur avait été...
   a) décoré par des artistes « tagueurs » de la ville.
   b) envahi par les graffitis des passants.
   c) comme décoré par des coulées d'eau.
5) Le narrateur...
   a) s'est limité à photographier les gens qui passaient devant le mur.
   b) a fait passer des gens pour les prendre en photo devant le mur.
   c) a organisé des spectacles de rue devant le mur.

6) Il a eu l'intuition que ses photos...
   a) seraient amusantes et auraient peut-être du succès.
   b) recevraient un accueil favorable en Europe.
   c) le sortiraient de la situation dans laquelle il se trouvait.
7) Il a été reçu par les journalistes de la revue *Bunge Shunju* avec prudence car...
   a) les décisions au Japon se prennent dans le respect de la hiérarchie.
   b) il était maigre et avait l'air malade quand il s'est présenté.
   c) il était sale et mal habillé quand il s'est présenté.
8) Les personnes qui ont regardé les photos étaient étonnées car le photographe...
   a) ne semblait pas très bien connaître la ville.
   b) leur apportait une nouvelle vision de ce qu'ils connaissaient déjà.
   c) leur faisait découvrir un nouveau quartier de la ville.

🖋 **4** **EO** Ce texte est autobiographique. Qu'est-ce qu'il nous apprend sur la personnalité de Nicolas Bouvier ?

🖋 **5** **EE** Racontez cette histoire en 8 ou 10 lignes avec vos propres mots et en utilisant les connecteurs appropriés.

CE Rencontres... Rencontres...
Rencontres... Rencontres...

Texte 1

À une passante
La rue assourdissante autour de moi hurlait.
Longue, mince, en grand deuil, douleur majestueuse,
Une femme passa, d'une main fastueuse
Soulevant, balançant le feston et l'ourlet ;

Agile et noble, avec sa jambe de statue.
Moi, je buvais, crispé comme un extravagant,
Dans son œil, ciel livide où germe l'ouragan,
La douceur qui fascine et le plaisir qui tue.

Un éclair... puis la nuit ! – Fugitive beauté
Dont le regard m'a fait soudainement renaître,
Ne te verrai-je plus que dans l'éternité ?

Ailleurs, bien loin d'ici ! trop tard ! *jamais* peut-être !
Car j'ignore où tu fuis, tu ne sais où je vais,
Ô toi que j'eusse aimée, ô toi qui le savais !

Charles Baudelaire, **Les Fleurs du mal,** 1857

Texte 2

Je t'ai découvert dans les pages des livres où tu te cachais, ô mon beau parler français, et ce fut le coup de foudre. Au vrai, je t'ai découvert en deux fois : d'abord le parler de la vie, et puis le parler des livres.
Je parlais comme un enfant. Par imitation. Le français était ma langue maternelle et exclusive [...]. C'était aussi la langue de la rue où nous traînions entre galopins, car tous les petits Ritals, passé la porte de chez eux, ne connaissaient que le français, ou plutôt l'argot des faubourgs. L'italien était pour moi une langue secrète et prestigieuse que parlait mon père avec ses camarades et que je ne comprenais pas.

Je me suis abandonné à la magie des mots, au balancement rythmé de la phrase. Je trouvais dans les mots plus que le sens des mots. J'entendais la musique des mots, je voyais le dessin des mots, et la couleur des mots, autant que les êtres qu'ils évoquaient, autant que l'histoire qu'ils racontaient. Plus tard, ô ma langue bien-aimée, j'ai dû apprendre tes lois et tes rituels, et, si je n'ai pas toujours été un bon élève, car j'étais fort turbulent, je les ai du moins reçus comme les règles d'un jeu fascinant, je n'y voyais ni contrainte ni arbitraire, mais logique et cohérence. [...] Tu y resplendissais et l'éclairais car c'est par toi qu'on me l'expliquait.

Cavanna, *Mignonne, allons voir si la rose...*
© Albin Michel, 2001

Texte 3

Henri Beyle (1783-1842), plus connu sous le pseudonyme de « Stendhal », publie à l'âge de 34 ans son premier ouvrage Rome, Naples et Florence, *dans lequel il raconte une expérience tout à fait intéressante...*

J'étais dans une sorte d'extase, par l'idée d'être à Florence, et le voisinage des grands hommes dont je venais de voir les tombeaux. Absorbé dans la contemplation de la beauté sublime, je la voyais de près, je la touchais pour ainsi dire. J'étais arrivé à ce point d'émotion où se rencontrent les sensations célestes données par les Beaux-Arts et les sentiments passionnés. En sortant de Santa Croce, j'avais un battement de cœur, la vie était épuisée chez moi, je marchais avec la crainte de tomber.

Stendhal, *Rome, Naples et Florence,* 1817

1 Premier regard.
1) Lequel de ces textes avez-vous préféré ? Pourquoi ?
2) De quel genre de rencontre ces trois auteurs nous parlent-ils ?

2 En parcourant les textes.

Texte 1
1) Qu'est-ce qui s'est passé lors de cette « rencontre » ?
2) Comment le poète transmet-il son émotion : images, ponctuation, rythme, interjections… ?
3) Quelles sont les images qui vous attirent le plus ?
4) Lisez le poème à haute voix, d'une manière expressive. Faites ressortir l'émotion de l'auteur.

Texte 2
1) Comment s'est passée cette « rencontre » ? Justifiez votre réponse.
2) Le français est pour Cavanna une « langue bien-aimée ». Relevez tous les termes qui le montrent.
3) Et vous, quels mots préférez-vous en français ?

Texte 3
1) Qu'est-ce qui provoque chez Stendhal cette émotion ? Comment se manifeste-t-elle ?
2) Avez-vous déjà ressenti ce genre d'expérience, plus connue sous le nom de « syndrome de Stendhal » ?

EE *Tâche finale*

Concours de textes créatifs / argumentatifs

Vous allez rédiger un texte d'environ 200 mots en 60 minutes.

Deux sujets vous sont proposés : choisissez celui qui vous semble le plus motivant.

Vous corrigerez ensuite vos textes individuellement, puis par petits groupes, et vous choisirez les meilleurs.

PHASE 1 : CHOIX DU SUJET

Choisissez un des deux sujets ci-dessous.

1) Avez-vous déjà éprouvé une forte émotion, une mystérieuse agitation lors d'une rencontre avec quelqu'un, ou avec… une œuvre d'art, une musique, une langue étrangère… ?
Racontez la situation. Où étiez-vous ? Quand cela s'est-il passé ? Qu'est-ce qui a provoqué en vous cette forte émotion ? Décrivez la personne ou la chose qui vous a si profondément bouleversé(e) et dites ce que vous avez ressenti. Enfin, expliquez comment s'est terminée cette rencontre et quelles en ont été les conséquences dans votre vie.

2) Certains croient au hasard, d'autres non. Et vous, qu'en pensez-vous ? Illustrez vos arguments avec quelques anecdotes. Pour enrichir votre texte, vous pouvez inclure…
   a) des phrases ou expressions toutes faites : *Le hasard fait bien les choses. Le hasard gouverne le monde. Les caprices du hasard. Un heureux hasard. Un hasard malheureux. Un coup de hasard…*
   b) des citations : *« Les gens ont peur de reconnaître que le hasard joue un rôle très important dans la vie. C'est effarant de penser qu'il y a tant de choses qui échappent à notre contrôle. »* (Woody Allen)
   c) des locutions adverbiales : *au hasard, par hasard, à tout hasard…*

PHASE 2 : PRÉPARATION

↗ *Portfolio*, page 6 :
Le dictionnaire… pour quoi faire ?

1 Une fois votre sujet choisi, notez les idées qui vous viennent à l'esprit.

2 Recherchez et rassemblez le lexique qui vous sera utile.

3 Élaborez le plan de votre texte.

Pour rédiger.

• Recherchez des idées personnelles, originales, amusantes… pour traiter votre sujet.
• Pensez à tout ce que vous avez acquis dans cette leçon mais aussi auparavant.
• Faites le plan détaillé de votre texte : idées principales et idées secondaires.
• Rédigez au brouillon une introduction et une conclusion.
• N'hésitez pas à introduire des phrases complexes, des images, etc.
• Gérez votre temps. Vous devez pouvoir relire votre texte au moins une fois.

PHASE 3 : RÉDACTION

À vos plumes ! Rédigez votre texte.

PHASE 4 : CORRIGEZ VOS ERREURS ↗ *Portfolio*, page 7 : *Fiche d'autocorrection.*

Individuellement, reprenez votre texte afin de corriger vos erreurs, puis complétez vos corrections par petits groupes.

PHASE 5 : LES MEILLEURES PRODUCTIONS

Choisissez celles qui vous semblent les meilleures, notez-les et affichez-les sur un mur de la classe.
↗ *Portfolio*, page 30 : *Grille d'évaluation (EE).*

Choisissez l'option correcte (a,b,c) pour compléter le texte suivant.

Dans cet extrait, Marc Blancpain décrit la naissance de l'amour chez Louis, jeune garçon d'une dizaine d'années. Ce grand timide … (1) un vif sentiment d'admiration pour sa cousine Coralie, plus âgée que lui.

Cependant, la nuit s'approchait à grands pas ; une crainte vague nous … (2) plus vite en avant. Nous avions faim aussi et on nous attendait à. (3) la maison ! Peut-être aurions-nous fait demi-tour si les flonflons de l'orchestre et la marée des paroles et des rires n'étaient pas venus à notre … (4) et comme pour nous prendre (5) la main.

Enfin, ce fut la clairière ! D'un arbre à l'autre, ils … (6) des fils où pendaient des lampes multicolores et mille drapeaux qui … (7) dans la brise du soir. C'était si beau que … (8).

Toutes les filles et tous les garçons qui tournaient là, nous les … (9) ; mais sans les reconnaître tout à fait parce que les beaux atours et l'éclat du plaisir les changeaient. Les filles, surtout, … (10) plus grandes, plus libres et comme souveraines.

Ma cousine du manoir, Coralie, était brune comme aile de merle, ce qui est rare dans nos contrées. Elle … (11) dans ses cheveux, je vous le … (12), une rose rouge ! Elle dansait au bras d'une autre fille que je … (13). J'ai eu mal et j'ai eu … (14) de moi, de mes culottes courtes, de ma brutalité, de mon prénom sans grâce et de la médiocrité de ma maison.

Dans l'hiver qui suivit, … (15) abattre tous les ormes* à cause d'un mal mystérieux qui … (16) leur puissance.

Un bal, dans le secret de mon cœur, c'est toujours, … (17) ce soir-là, comme une belle promesse de joie, tentatrice et menacée. Mais je n'ai pas trouvé … (18) de me dire, ce soir-là, que je l'aimais, ma cousine … (19) cheveux noirs, Coralie, la grande et … (20) jeune fille du manoir.

Marc Blancpain, *La femme d'Arnaud vient de mourir*, © Éditions Denoël, 1981

* Orme : arbre haut de 20 à 30 mètres.

1)	a) sent	b) éprouve	c) tient
2)	a) a poussé	b) avait poussé	c) poussait
3)	a) dans	b) en	c) à
4)	a) rencontre	b) recherche	c) trouvaille
5)	a) de	b) par	c) à
6)	a) avaient tendu	b) ont tendu	c) tendaient
7)	a) ont bruissé	b) bruissaient	c) avaient bruissé
8)	a) nous nous tairions	b) nous nous taisons	c) nous nous sommes tus
9)	a) avons connu	b) connaissions	c) avions connus
10)	a) paraissaient	b) ressemblaient	c) se ressemblaient
11)	a) plantait	b) a planté	c) avait planté
12)	a) jure	b) raconte	c) rappelle
13)	a) ne voyais pas	b) n'avais jamais vue	c) n'ai jamais vue
14)	a) honte	b) peur	c) fierté
15)	a) il a fallu	b) il faudra	c) il fallait
16)	a) a rongé	b) rongeait	c) rongerait
17)	a) dès	b) en	c) depuis
18)	a) l'audace	b) le plaisir	c) l'idée
19)	a) avec les	b) aux	c) des
20)	a) triste	b) laide	c) mince

L1-2 BILAN COMPÉTENCES 1 : PORTFOLIO, PAGE 15

OBJECTIFS

- ▸ Retrouver d'après une conversation professionnelle le statut hiérarchique des interlocuteurs et leurs prises de position.

- ▸ Saisir à l'oral et à l'écrit les prises de position et les idées essentielles qui sous-tendent les propos des intervenants.

- ▸ Comprendre des informations écrites et des données statistiques et les reformuler (domaine économique).

- ▸ Réagir à un problème de société et donner son opinion (lettre au courrier des lecteurs).

- ▸ Exprimer son opinion et faire entendre sa voix dans une négociation.

- ▸ Rédiger le compte rendu d'une séance de travail.

- ▸ Auto-évaluer sa compétence linguistique orale.

- ▸ Commenter des caractéristiques de la « société du travail » et les comparer avec celles de son pays.

CONTENUS

Aspects langagiers

- ▸ Lexique : professions ; vie de l'entreprise ; expressions pour exprimer la cause.
- ▸ Grammaire : expression de la cause ; mise en relief ; quelques indéfinis.
- ▸ Communication : schéma argumentatif (conversation et débat) ; justification d'une opinion et débat.

Aspects culturels

Réalités et valeurs de la « société du travail ».

Stratégies

Parler pour se faire entendre.

Tâche finale

Simulation : la négociation (domaine professionnel).

CO Au bout du fil

1 Écoutez cette conversation téléphonique.
1) Résumez-la en trois ou quatre phrases.
2) Répondez aux questions suivantes.
    a) Comment définiriez-vous les rapports entre M. Laurent et Myriam : familiers, cérémonieux, distants… ?
    b) Comment M. Laurent réagit-il aux propos de Myriam ? Pourquoi ?
    c) Myriam change-t-elle de décision au cours de la conversation téléphonique ?
    d) Que va-t-il se passer, selon vous, à la suite de cet échange ?
3) Comparez et commentez vos résumés et vos réponses.

2 Réécoutez en prenant des notes.
1) Dans le tableau ci-contre, remettez dans l'ordre les phases de la « négociation » entre M. Laurent et Myriam.
2) Pour chacune, retrouvez la phrase prononcée par Myriam et dites comment réagit M. Laurent.

Phases de la « négociation »

a) Myriam propose des solutions alternatives à M. Laurent.
b) Exposition d'une de ces solutions et salutations.
c) Présentation du problème.
d) Allusion à une autre difficulté dont Myriam n'est pas responsable.
e) Circonstances qui aggravent le problème initial.
f) Proposition d'une autre solution.

3 Réécoutez en prenant des notes.
1) Notez le vocabulaire qui se rapporte au travail dans l'entreprise.
2) Notez les expressions révélatrices des rapports professionnels entre M. Laurent et Myriam. Cette manière de s'adresser l'un à l'autre vous semble-t-elle naturelle, habituelle, insolite… ?

4 Que pensez-vous de la situation illustrée par cet échange téléphonique ?

CO Débat sur le travail

Dire pour réagir est une émission radiophonique où sont débattus tous les jours deux sujets d'actualité.

C'EST DONC VOTRE PREMIÈRE PREMIÈRE EMBAUCHE ?

PANCHO

1 Écoutez, puis répondez.
1) Quels sont les deux sujets de débat proposés par l'animateur ?
2) Lequel est abordé en premier ?
3) Qui sont, à votre avis, les intervenants ?
4) Comment les deux personnes extérieures au débat interviennent-elles ?
5) Quelles sont les deux questions essentielles posées par l'animateur ?
6) Les intervenants se mettent-ils d'accord à la fin du débat ?

2 Réécoutez l'enregistrement. Les affirmations suivantes sont-elles vraies ou fausses ? Justifiez vos réponses.
1) Le contrat qui oppose les intervenants s'appelle contrat « nouvelles embauches ».
2) Selon l'intervenante, ce contrat permet à l'employeur de garder un(e) salarié(e) à l'essai pendant six mois.
3) Les deux personnes extérieures au débat partagent cette opinion.
4) Les points qui opposent les intervenants sont : la précarité du travail et le problème du nombre d'heures travaillées.
5) Selon la représentante syndicale, un patron sera tenu de garder l'employé(e) à la fin de sa période d'essai.
6) Selon le porte-parole du gouvernement, les personnes visées par ce contrat appartiennent à toutes les catégories : jeunes en fin de formation, salariés désirant changer de métier et demandeurs d'emploi de tout type.

3 EO Comparez vos réponses et retrouvez les idées maîtresses du débat, puis commentez vos conclusions

4 Réécoutez (avec la transcription, si nécessaire). Retrouvez les phrases qui permettent de recentrer le débat.

1 Avant de lire l'article ci-dessous, observez les titres. Quel est, à votre avis, le sujet traité ?

L'HEBDO DE L'EMPLOI

SONDAGE

Quelle plus-value féminine ?

pamper Chouchouter les femmes est à la mode. Des accords d'égalité professionnelle aux campagnes de recrutement de l'industrie ou du BTP*, le monde économique réalise qu'il ne peut se priver durablement de la moitié des intelligences. Encore faut-il savoir ce que les femmes apportent à l'entreprise. C'est l'objectif visé par l'association Arborus, créée il y a dix ans par Christina Lunghi pour promouvoir ses semblables dans les sphères de décision. Elle a interrogé avec la Chambre de commerce et d'industrie de Paris les représentants -aux trois quarts masculins- de 140 entreprises franciliennes de moins de 500 salariés. Avec une petite idée derrière la tête : évaluer les performances des femmes par rapport à celles des hommes et les comparer aux facteurs jugés indispensables au dynamisme de l'activité.

Que disent donc ces messieurs ? L'étude, qui sera présentée mardi 5 juillet à l'Assemblée nationale, révèle que, pour une grande partie d'entre eux, les femmes valent les hommes sur le plan intellectuel et professionnel, en termes de qualités managériales et de quantité de travail. Ouf ! Une majorité de sondés pensent même qu'elles ont un meilleur relationnel, plus d'aptitudes en organisation-planification et en gestion du temps. En revanche, les femmes trouvent moins grâce à leurs yeux lorsqu'il s'agit de mobilité, de maîtrise des émotions, de motivation et de niveau de présence. Mais, quand on leur demande quelles sont les compétences essentielles au dynamisme de leurs affaires, nos sondés placent en tête... celles qui sont reconnues en priorité aux femmes.

Cela n'empêche nullement 70 % des entreprises interrogées de compter moins de 40 % de femmes dans leur encadrement ! Joli paradoxe. « La prise de conscience se fait progressivement et il faut du temps pour passer à l'acte », constate Christina Lunghi. Les Français ne sont pas dupes : selon une étude Ipsos pour la CGPME**, ils sont deux-tiers à estimer que les entreprises ne respectent pas l'égalité hommes-femmes pour les opportunités de carrière. Pour les femmes, une solution serait d' « oser aller vers la création ou la reprise de PME, plutôt que d'attendre une hypothétique promotion », estime Nicole Barbin, vice-présidente de la CGPME Auvergne. À méditer cet été.

Valérie Lion, **L'Express,** 4 juillet 2005

* BTP : Bâtiment / travaux publics
**CGPME : Confédération générale des petites et moyennes entreprises

2 Répondez aux questions.
1) Quel sous-titre pourrait-on donner à chaque paragraphe ?
2) Quel problème de fond l'ensemble du texte soulève-t-il ?
3) Quelle est la solution proposée dans l'article ?
4) Quelle est la position de la journaliste ? Quel ton adopte-elle ? Justifiez votre réponse.

3 **EO** Et vous, que pensez-vous de la situation décrite ? Est-ce la même dans votre pays ?

JUSTIFIER, EXPLIQUER, CONVAINCRE : L'EXPRESSION DE LA CAUSE

Il convient de distinguer les notions de cause, de conséquence et de but.

1 Observez les phrases ci-dessous. Qu'expriment les groupes en italique (la cause, la conséquence ou le but) ?
   1) La négociation avait été bien préparée, *c'est pourquoi ils sont arrivés à un accord.* — conséquence.
   2) Il a rempli son dossier *en vue de son inscription dans cette école.* — but
   3) Elle a été licenciée *pour faute grave.* — conséquence cause.

1. Conjonctions

1) Conjonctions courantes

– **Parce que** introduit une cause neutre : *Le travail administratif est perçu comme pénible parce qu'il n'est pas enrichissant.*
– **Comme, puisque** et **car** précisent l'intention du locuteur et ont une valeur argumentative :
   Comme s'emploie lorsque le locuteur veut souligner le lien entre les deux parties de la phrase : *Comme la durée du travail a diminué et que les entreprises n'ont pas embauché, les cadres doivent travailler doublement.* Lorsqu'elle exprime la cause, la conjonction *comme* est toujours en tête de phrase.
   Puisque s'emploie lorsque la cause est connue du locuteur et de l'interlocuteur : *Tu as droit à quinze jours puisqu'il s'agit d'un congé de paternité.*
   Car s'utilise souvent dans le registre soutenu et après une pause : *De nouvelles règles sont nécessaires car la conjoncture a changé.* La proposition introduite par *car* est toujours en fin de phrase.

2) Expression de la cause intensifiée

Pour renforcer une affirmation, on peut introduire une causale par **d'autant (plus / moins) que** : *C'est injuste qu'il n'y ait qu'une femme directrice, d'autant (plus) que beaucoup de femmes expérimentées sont toujours cantonnées à des postes d'adjointes.*
Le groupe introduit par *d'autant (plus / moins) que* est toujours en fin de phrase.

2. Prépositions et locutions prépositionnelles

1) À cause de

Cette locution introduit une cause neutre, parfois négative : *Elle est mal vue **à cause de** son mauvais caractère.*

2) Nuances et registres : quelques prépositions et locutions prépositionnelles

2 Recherchez le sens ou l'emploi des prépositions et locutions prépositionnelles causales dans les phrases ci-dessous.
   (expression d'un manque / cause positive / constat / cause contestée / langue orale / langue juridique)
   1) Il a pu rebondir **grâce à** un coach qui lui a offert un accompagnement sur mesure. — Cause posit ✓ ✓
   2) Les carrières des ouvrières sont souvent bloquées **faute de** formations adaptées. expression de man ✓
   3) Elle est partie en avance **sous prétexte** d'aller voir un client. — cause contestée ✓
   4) Le syndicat rappelle que les patrons n'ont pas le droit de lire les e-mails du personnel **en vertu du** respect de la vie privée. — juridique ✓
   5) **Vu** la gravité de ma situation, je me suis dit qu'il me fallait les conseils d'un « pro ». Constat. orale
   6) **Étant donné** votre parcours professionnel, vous pouvez prétendre à un autre salaire. cause positive Constat

3. Emplois de *par* et de *pour*

– **Par + nom sans article** exprime une cause liée à une attitude ou à un sentiment : *par erreur, par négligence, par mégarde, par amour, par envie… : Ce courrier a été envoyé par erreur.*
– **Pour + nom** et **pour + infinitif passé** indiquent le motif d'une sanction ou d'une récompense : *condamné pour fraude, décoré pour services rendus à la patrie, licencié pour avoir divulgué un secret de fabrication.*
– Autres expressions avec *pour* : **pour quel motif, pour ce motif, pour quelle raison, pour cette raison.**

4. Autres moyens d'exprimer la cause

On peut aussi exprimer la cause sans mots grammaticaux spécifiques.

3 Retrouvez la cause dans chacune de ces phrases. Comment est-elle exprimée ?
   1) Le marché du téléviseur étant saturé en France, les entreprises cherchent à exporter dans les pays de l'Union européenne.
   2) Rebutés par la pratique de la science qu'ils jugent peu rentable, les étudiants s'orientent vers d'autres domaines comme le droit, par exemple.
   3) Une démarche de ce genre est utile : elle vous donne prise sur l'événement.
   4) De nombreux salariés, qui se sentent victimes de la mondialisation, ont décidé de voter blanc aux élections.

4 Associez (trouvez le maximum de possibilités).

1) Il a été licencié…

2) Elle a été embauchée…

a) à force de démarches auprès du DRH.
b) en raison de ses idées politiques.
c) à cause des mauvais résultats de sa gestion.
d) par erreur.
e) faute de postulants plus diplômés.
f) du fait de son incompétence notoire.
g) grâce à ses appuis auprès de la direction.
h) pour avoir su répondre avec humour aux questions-pièges.
i) à la suite d'un congé de maladie de 18 mois.

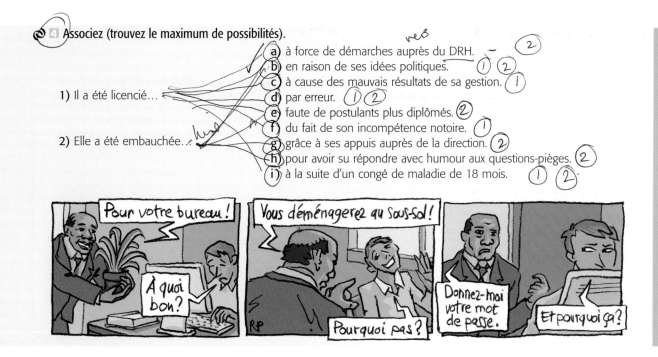

FAIRE REMARQUER, INSISTER : LA MISE EN RELIEF

Pour mettre en relief un mot ou un groupe de mots, le locuteur dispose de plusieurs moyens, surtout dans la langue orale.

1. Déplacement du groupe mis en relief

1 **Comparez les phrases de chaque colonne.**

1) a) Une folie, cette décision !   b) Cette décision est une folie !
2) a) Ça court pas les rues, les patrons sympas !   b) Les patrons sympathiques sont rares.
3) a) Les indemnités, c'est le département comptable.   b) Voyez le département comptable qui s'occupe des indemnités.

2. Emploi de certains « présentatifs »

Voilà la seule belle idée de ce débat ! - Il y a le directeur qui veut te parler.

3. La tournure présentative C'est … qui / que… ou Ce qui / que / dont…, c'est…

2 **Trouvez la phrase correspondante sans mise en relief, puis comparez.**

1) **C'est** la qualité du produit **qui** fait la différence.
2) **C'est** avec ce spot **que** l'entreprise a lancé son nouveau produit.
3) **C'est** parce qu'ils ne trouvent pas de travail ici **que** ces jeunes émigrent au Canada.
4) **Ce qui** est inadmissible, **c'est** ce ton méprisant !
5) **Ce que** les salariés n'admettent pas, **c'est que** le patronat ignore les syndicats.
6) **Ce dont** on doit parler, **c'est** de la discrimination à l'embauche.

EXPRIMER LA QUANTITÉ : LES INDÉFINIS

Il convient de souligner l'importance des indéfinis pour exprimer la quantité. À noter que certains adjectifs qualificatifs en tiennent parfois lieu : *différents, nombreux.*

1 **Classez par ordre croissant les adjectifs indéfinis suivants.**

a) *tous* les managers b) *quelques* ingénieurs c) *plusieurs* experts d) *aucun* contrat e) *la plupart des* magasins f) pour *différentes* raisons g) *de nombreuses* sociétés

2 **Remplacez le groupe de mots souligné par un groupe de même sens contenant l'adjectif *tout* et modifiez la phrase s'il le faut.**

1) Il consulte le site <u>chaque</u> jour.
2) L'équipe nous donne <u>**entière**</u> satisfaction.
3) Elle n'articule pas et elle parle <u>très vite</u>.
4) <u>L'ensemble</u> des personnes est d'accord.
5) <u>Nous cinq</u>, on entrera <u>**ensemble**</u> dans son bureau.
6) Ils boivent du café à <u>**n'importe quelle**</u> heure.

MÉTIERS ET PROFESSIONS
Nouvelles tendances

Les entrepreneurs fortunés d'aujourd'hui ont débuté il y a dix, quinze ou vingt ans. Mais ceux dont on admirera les exploits en 2015, quels projets lanceront-ils aujourd'hui ? Quels sont les métiers, les secteurs ou les tendances émergentes ? Voici, parmi des dizaines d'autres, trois exemples de « vagues porteuses ».

Tendance « DD » (développement durable)	Tendance « en ligne »	Tendance « nouvelle convivialité urbaine »
– Diagnostic énergétique pour appartements. – Textiles bio ou recyclés. – Panneaux et fours solaires, géothermie, éoliennes. – Tourisme « équitable ». – Nouveaux matériaux de construction.	– Éditeur de blogs spécialisés (financés par la publicité). – …	– Laverie-bar. – Restaurant-librairie-cours de cuisine. – Clubs d'achat de fruits et légumes biologiques. – Réseaux de distribution reposant sur la vente à domicile. – Services à la personne (soins de beauté ou sport à domicile).

« Où sont les marchés de demain », *L'entreprise* - janvier 2006

1 Lisez le texte et le tableau ci-dessus, puis répondez aux questions.
1) Quel sens donnez-vous à l'expression « vague porteuse » ? Quelles sont les « vagues porteuses » citées par le journaliste ?
2) En quoi consistent les services et les activités envisagés dans les tendances « DD » et « nouvelle convivialité urbaine » ? Quelle évolution de la société reflètent-ils ?
3) Quels peuvent être les autres services proposés par la tendance « en ligne » ?

Parcours professionnels et entreprises : *Faire fortune en partant de zéro*

2 Recherchez dans le récit des deux parcours professionnels ci-dessous les mots qui se rapportent au fonctionnement des entreprises et à leur système de financement.

Olivier Baussan, 53 ans, l'Occitane en Provence

L'histoire de l'Occitane en Provence remonte à 1976. Olivier Baussan [...] achète un jour un vieil alambic [...]. « J'ai distillé du romarin, de la lavande, fait les marchés et fourni les drogueries », se souvient-il. [...] Ses savons naturels et ses crèmes font un malheur ! En 10 ans, l'Occitane atteint 29 millions de francs de chiffre d'affaires. Pour financer ses ambitions, O. Baussan ouvre son capital [...], le regrette, et trouve finalement son sauveur en la personne de R. Geiger, l'actuel PDG. Tout baigne à nouveau pour l'Occitane, qui compte actuellement 650 boutiques dans le monde. Dégagé des soucis financiers, le poète savonnier est aujourd'hui actionnaire minoritaire et directeur artistique de l'Occitane. Il a créé une nouvelle enseigne [...] consacrée à l'huile d'olive.

Philippe Bosc, 41 ans, Viadom

Sans diplôme, sans emploi et sans environnement favorable, Philippe Bosc est vraiment parti de rien. Il doit sa fortune à une idée toute simple [...]. En 1985, il s'installe en solo comme coiffeur à domicile. Au bout de 7 ans, il crée une SARL qui va salarier d'autres figaros à domicile. Il profitera à plein de la vague des services à la personne, un secteur d'une rare vitalité qui connaît depuis 1990 une croissance ininterrompue de 5,5 % par an en moyenne. [...] Après avoir mis sa société en bourse, [...] en 1998, il revend le gros de ses parts en 2002 contre un chèque de 51 millions d'euros. Le groupe P. Bosc, devenu Viadom, élargit depuis ses activités à domicile au jardinage, au ménage, à l'esthétique. Il a encore enregistré une hausse de 10 % de son activité en 2005.

« Où sont les marchés de demain », *L'entreprise* - janvier 2006

3 Complétez ce texte en vous aidant du lexique des documents précédents.
La petite entreprise familiale … (1) à la fabrication du miel et autres produits naturels que nous avons … (2) il y a déjà 10 ans connaît actuellement … (3) considérable. Notre budget initial était pratiquement inexistant car nous partions … (4). Nous devons notre succès à notre intuition d'une conjoncture favorable et au fait que, dès que cela a été possible, nous avons … (5) nos activités. L'entreprise s'est développée sans aucun … (6) financier grave, nous avons bénéficié d'aides diverses de l'État. Actuellement, nous pensons mettre notre société … (7) car nous avons … (8) 200 millions de … (9). Plus tard, nous envisageons de revendre … (10) pour enfin nous reposer un peu !

LA VIE ÉCONOMIQUE

GABS.

1 Quels sont, actuellement, les grands sujets de débat liés au monde du travail et à la vie économique dans votre pays ? Utilisez le maximum de mots donnés ci-dessous.

2 Les longues études et les diplômes débouchent-ils systématiquement sur un emploi ?
↗ *Cahier d'exercices*, page 23.

Ressources humaines

– la main d'œuvre, les salariés, les cadres, les supérieurs hiérarchiques, les subordonnés...

– le recrutement, l'embauche / la compression du personnel, la suppression de postes, le licenciement...

– les études (BAC+1...), la formation, l'expérience...

– les jours de congé, les rotations, les RTT, l'arrêt maladie, le congé de maternité...

Gestion financière

– le chiffre d'affaires, la marge bénéficiaire, les cotisations sociales, les coûts salariaux...

– casser, écraser les prix

– déposer le bilan, faire faillite

– rembourser sa dette

– la revalorisation des (bas) salaires, la hausse, le gel des salaires

Gestion commerciale

– les ventes chutent / grimpent

– prendre son essor / décliner

– délocaliser

– prévoir sur le court / long terme

– s'approvisionner auprès de fournisseurs

– s'emparer (de 40 %) du marché

– la concurrence

– la perte de marchés

LA LANGUE DE L'ENTREPRISE : QUELQUES APERÇUS

Observez ces exemples, puis répondez aux questions.
- Le lexique de « la forme » : *À 50 ans, il **a la pêche** ! - C'est un cadre très **performant** !*
- Le franglais : *J'**ai briefé** le stagiaire avant la réunion. - Je vais **me relooker** pour le dîner avec le patron.*
- Des sigles : *Je reviens de l'**ANPE** ; ils n'avaient rien à me proposer ! - Le **DRH** va monter une formation personnalisée.*
- Des euphémismes : *Il y a plusieurs millions de **demandeurs d'emploi**. - Tous les matins, les **techniciens de surface** nettoient notre quartier.*

1) Comprenez-vous les expressions et les sigles ci-dessus ? En connaissez-vous d'autres en français liés au monde du travail ?
2) Pouvez-vous remplacer les euphémismes par d'autres expressions ?
3) Y a-t-il aussi dans votre pays une « langue de l'entreprise » ? Qu'en pensez-vous ? Comment la définiriez-vous ?

DES EXPRESSIONS POUR EXPRIMER LA CAUSE DE MANIÈRE NUANCÉE

Observez les tableaux ci-dessous, puis répondez aux questions.

le pourquoi / la cause / la raison (de)	- J'ai compris le pourquoi / la cause / la raison de son silence.
L'explication (de)	- L'explication qu'il m'a fournie est inacceptable.
Le fondement (de)	- Le fondement de ses croyances est attribué à...
Le motif (de)	- Le motif de ma protestation est le suivant...
La source / l'origine (de)	- La source / l'origine du conflit remonte à...

Découler / dériver (de)	- ....
Émaner de	- Il émane de sa personne une joie profonde.
Être tiré(e) de	- Ce texte est tiré du premier chapitre.
Être dû / due à Être attribué(e) (à)	- .... - On lui a attribué trois crimes.
Provenir (de)	- Son erreur provient d'une confusion.
Être causé(e) / produit(e) (par)	- ....
S'expliquer (par)	- ....

1) Lisez le premier tableau et inventez d'autres exemples.
2) Dans le deuxième tableau, lisez les expressions verbales, puis observez les exemples donnés pour certaines d'entre elles. Commentez les nuances qui les distinguent, puis inventez des exemples pour les verbes qui n'en ont pas.

CE

Les Français
et le commerce équitable

Voici des résultats issus de deux enquêtes réalisées par la Sofres en 2006, l'une pour Malongo et l'autre pour Pèlerin et le CCFD (Comité catholique contre la faim et pour le développement) auprès d'un échantillon national de 1000 personnes représentatif de l'ensemble de la population âgée de 18 ans et plus, interrogé par téléphone. Méthode des quotas (sexe, âge, profession du chef de ménage -Profession et Catégorie Sociale-) et stratification par région et catégorie d'agglomération. Les résultats sont en pourcentages.

1 On parle aujourd'hui de commerce équitable. Vous personnellement, avez-vous le sentiment de savoir exactement, assez bien, assez mal ou très mal ce qu'est le commerce équitable ?

Exactement	10
Assez bien	37
Assez mal	29
Très mal	21
Sans opinion	3

Baromètre du commerce équitable - mars 2006 - Malongo

2 On parle aujourd'hui beaucoup de commerce équitable. Vous-même, comment définiriez-vous les produits issus du commerce équitable ? Pour vous, ce sont avant tout des produits...

	Ensemble
Qui assurent une juste rémunération aux producteurs des pays pauvres	41
Qui garantissent le respect des droits de l'homme	35
Qui pèsent peu dans les échanges commerciaux entre pays riches et pays pauvres	19
Encore trop chers	18
De très bonne qualité	17
Qu'on a du mal à trouver	14
Qui favorisent la préservation de l'environnement	13
Qui ne sont pas liés aux entreprises multinationales de l'agroalimentaire	12
Dont on parle trop	3
Rien de tout cela (non suggéré)	2
Sans opinion	9

Le total des % est supérieur à 100, les personnes interrogées ayant pu donner plusieurs réponses.

Pèlerin et CCFD

3 Au cours des 12 derniers mois, avez-vous acheté un produit issu du commerce équitable ?

Oui, plusieurs fois	33
Oui, une seule fois	9
Non	50
Sans réponse	8

Pèlerin et CCFD

✎ 1 Examinez point par point les résultats ci-dessus.
   1) Discutez-en et donnez votre point de vue.
   2) Transmettez vos observations à l'ensemble de la classe et échangez vos impressions.

✎ 2 EE Rédigez, pour une revue de quartier, un bref compte rendu pour présenter les idées essentielles à retenir de ces données. Réutilisez les expressions rencontrées dans l'article de Valérie Lion : *Quelle plus-value féminine ?*, page 39.

✎ 3 EO Traitez les sujets suivants.
   1) **Discussion.** Que pensez-vous de ce slogan : *L'homme n'est pas une marchandise.*
   2) **Coup de téléphone.** Vous appelez votre chef pour lui expliquer que vous ne pouvez pas venir travailler. Vous négociez…
   3) **Description.** Décrivez l'illustration page 37.

La défaite de la parole

[…] Des conflits au travail, il y en a de moins en moins : le nombre de journées de grève est en baisse. Sur les lieux de travail, dans les usines, dans les bureaux open space, sur le parvis de la Défense, l'ordre règne. […] Comment se révolter contre un discours lisse qui n'offre aucune prise, contre la « modernité », contre « l'autonomie », contre la « transparence », contre la « convivialité » ? Que faire face à des pouvoirs et à des institutions qui ne cessent de répéter qu'ils ne sont là que pour « prendre acte des évolutions », répondre au mieux à la « demande sociale » et aux « besoins des individus » ?

En théorie, chacun peut s'exprimer. Le bureau du manager est ouvert, tout le monde a le loisir d'aller lui parler ; on se tutoie, et celui-ci endosse le rôle de gentil animateur, de copain, voire de thérapeute, pourquoi pas ! Une ou deux fois par an, le salarié « fait le point sur sa situation », ce qui aboutit à « une appréciation globale ».

Comment des salariés auxquels on accorde le droit de porter un jugement sur eux-mêmes et sur les autres pourraient-ils faire front commun contre la hiérarchie ? La parole est, certes, libre, mais c'est là qu'est le piège, elle est sans résultat aucun : cause toujours, tes mots et tes avis ne causeront jamais rien. « Paroles, paroles, paroles », comme le susurrait la chanteuse Dalida dans les années 1970 dans un duo mémorable avec le bel Alain Delon…

Car en France, depuis Louis XIV, rien n'a changé : la façon d'exercer l'autorité est la plus centralisée possible. Rares sont les décisions qui sont prises collectivement, l'entreprise a horreur du face-à-face, et refuse des discussions qui pourraient mener à des compromis grâce à la participation de toutes les parties aux différends. Et puis, la langue de bois est un discours à sens unique qui, confisquant la langue normale et la discréditant, n'admet pas de réplique : la communication est court-circuitée, et le salarié se trouve frappé d'aphasie. Enfin, si un véritable déballage public s'ensuivait, les valeurs françaises de bon goût, de mesure, d'équilibre, ne s'en verraient-elles pas bousculées ?

Corinne Maier, *Bonjour paresse*, © Éditions Michalon, 2004

1 Lisez ce texte, puis répondez.
   1) Son titre vous semble-t-il pertinent ? Imaginez d'autres titres possibles.
   2) Recherchez les causes de la *défaite de la parole*.

2 Quel est le ton adopté par l'auteur ? Que révèle-t-il de son point de vue ? Justifiez votre réponse.

3 Relevez deux ou trois exemples de la langue de bois propre à l'entreprise. Quelles sont les conséquences de cette manière de parler ?

4 Associez les mots ci-dessous à leur définition.
   1) discours lisse
   2) aucune prise
   3) convivialité
   4) prendre acte
   5) faire le point
   6) porter un jugement
   7) différends
   8) discréditer

   a) rapports positifs entre personnes au sein de la société
   b) constater légalement
   c) préciser la situation où l'on se trouve
   d) aucun point d'appui
   e) exprimer une opinion favorable ou défavorable sur quelqu'un ou quelque chose
   f) porter atteinte à la réputation de quelqu'un, le dénigrer
   g) désaccords, mésententes
   h) propos ne contenant rien qui puisse choquer

> **Pour vous aider !**
> **Lettre au courrier des lecteurs.**
>
> Rappelez le titre de l'article, dites pourquoi vous y répondez et donnez votre opinion (accord, désaccord). Illustrez vos propos par des anecdotes, des exemples…

5 **EE** Écrivez au courrier des lecteurs de *l'Express* pour réagir à l'article de la page 39.

EO CO EE *Tâche finale*

Négociation

Pour sa nouvelle campagne publicitaire radiophonique, le grand magasin **Connect** (situé dans la galerie marchande Galeries du Palais) a signé un contrat avec l'agence de publicité PUBLIPLUS.

Cette · dernière vient d'envoyer les trois spots élaborés à partir des accords passés entre Connect et les créatifs de l'agence.

En tant que membre de l'encadrement, vous êtes convoqué(e) par l'un(e) des dirigeants de l'entreprise : vous écouterez et analyserez les produits en question et vous négocierez avec l'ensemble des cadres pour juger de leur qualité.

↗ *Portfolio, page 8 : Parler pour se faire entendre.*

PHASE 1 : PRÉPARATION DE LA SÉANCE DE TRAVAIL

✑ **1** Choisissez, parmi vous, celui ou celle qui va assumer le rôle de dirigeant(e) et qui mènera cette réunion. Celui-ci / Celle-ci choisira à son tour un(e) assistant(e). Les autres se constituent en petits groupes de collaborateurs / trices.

2 Réfléchissez individuellement aux caractéristiques psychologiques du personnage que vous allez représenter.

✑ **3** Information par le / la dirigeant(e) du déroulement de la séance de travail.
1) Il / Elle présente à ses collaborateurs une fiche de critères correspondant aux exigences de l'entreprise et que l'agence a acceptées (voir fiche ci-dessous). Il / Elle précise que, selon le contrat, l'entreprise peut renvoyer les publicités à l'agence si elle détecte de graves erreurs de réalisation.
2) Il / Elle propose la marche à suivre pour ce travail d'analyse. Les collaborateurs devront :
   a) écouter les pubs ;
   b) débattre par petits groupes et formuler des conclusions acceptées par tous les membres ;
   c) présenter les conclusions de chaque groupe devant l'ensemble des collaborateurs.
3) Il / Elle fixe le temps octroyé pour mener cette négociation en sous-groupes et insiste sur le fait que les collaborateurs devront réaliser leur travail d'analyse en recourant :
   a) aux points précisés sur la fiche ;
   b) à des critères plus subjectifs (exemple : tendances des consommateurs).

FICHE DE CRITÈRES

Objectifs de la campagne
- Faire connaître Connect qui a ouvert ses portes récemment.
- Faire décoller les ventes du printemps et du début de l'été.
- Introduire de nouveaux services.

Publics visés
- Jeunes à partir de 14 ans.
- Familles au budget limité.
- Femmes branchées de tout âge.

Image de marque de l'entreprise
- Dynamique et imaginative.
- Jouant la carte du client.
- Veillant au budget des familles.

Autres points à observer : _____
_____
_____

✑🎧 PHASE 2 : AUDITION ET DÉBAT

Chaque groupe écoute les spots publicitaires, les analyse, argumente, puis nomme un porte-parole pour transmettre les résultats de ses analyses aux autres collaborateurs. Pendant ce temps, le / la dirigeant(e) et son assistant(e) passent de groupe en groupe pour recueillir des informations et en faire part à tous.

Pour participer à un débat.

Voici des expressions pour s'exprimer de manière exacte et nuancée ! ↗ *Cahier d'exercices*, page 23.

▶ Pour prendre la parole
Je suis persuadé(e) que…
À mon avis,…
D'après moi,…
Ce qui me semble
  important, c'est que…
J'ai l'impression que…
En ce qui me concerne,…

▶ Pour montrer son hésitation
Oui, peut-être, je ne sais
  pas, moi…
Je ne sais pas trop si…
C'est peut-être vrai mais…
Bof ! vous savez,
  j'ai mes doutes.

▶ Pour montrer son accord
Je suis tout à fait d'accord
  avec…
Vous avez raison !
Bien sûr !
C'est évident !
C'est exactement ce que je
  pense !
C'est bien vrai !
C'est justement ce que je
  voulais dire !

▶ Pour insister
Vous n'ignorez pas que…
Vous savez bien que…
Je veux vous dire une
  chose…
Écoutez-moi bien…

▶ Pour montrer son désaccord
Je ne suis absolument pas
  d'accord avec…
Je ne suis pas d'accord du
  tout !
Vous avez tort quand…
Vous n'allez pas me faire
  croire que…
J'ai le regret de vous faire
  remarquer que…

▶ Pour réfuter
Vous avez peut-être raison
  mais…
Il est absurde de dire que…
Ce n'est pas mon avis !
Absolument pas !
Je voudrais vous faire
  remarquer que…

▶ Pour demander des précisions
Qu'est-ce que vous voulez
  dire par…
Pourriez-vous m'expliquer…
Je voudrais poser une
  question…
Je ne sais pas si j'ai
  bien compris mais…

▶ Pour faire des concessions
Effectivement,…
Certes,…
En principe,…
J'admets que…
En effet,…

PHASE 3 : MISE EN COMMUN DES CONCLUSIONS

✎ **1** Le / La dirigeant(e) réunit ses collaborateurs afin qu'ils résument les résultats de leur analyse et donnent les conclusions auxquelles ils sont arrivés.

✎ **2** Les porte-parole interviennent chacun leur tour.

✎ **3** Le / La dirigeant(e) reprend la parole et, pour prendre la décision finale, demande à l'ensemble de ses collaborateurs :
- si les trois spots les ont finalement séduits ou convaincus ;
- s'il faut exiger des rectifications. Si oui, lesquelles, et quels arguments utiliser pour convaincre l'agence publicitaire de les effectuer ?

PHASE 4 : RÉFLÉCHISSONS !

Répondez aux questions suivantes.
- Avez-vous participé activement aux discussions et à la mise en commun ?
- Avez-vous utilisé les expressions qui vous ont été proposées ? Peu ? Souvent ? Facilement ? Difficilement ?
- Si vous ne les avez pas utilisées : pourquoi ? Comment pourriez-vous les intégrer à votre discours ?
- Évaluez-vous ↗ *Portfolio*, page 29 : Grille d'évaluation (EO).

PHASE 5 : COMPTE RENDU DE SÉANCE

Vous êtes chargé(e) de rédiger le compte rendu de la séance qui sera remis aux directeurs de votre entreprise.

Expressions utiles.

- Monsieur / Madame… ouvre la séance…
- Il / Elle passe la parole à…
- Par ailleurs, monsieur / madame… tient à souligner que…
- Après avoir évoqué les points positifs, il / elle rappelle que…
- Il / Elle propose que…
- Il / Elle tient à préciser que…
- Pour clore la réunion, il / elle demande de mettre à l'ordre du jour de la prochaine réunion…
- Reprenant ces (deux) points, monsieur / madame… procède au vote pour l'approbation de…
- Dans le débat général, il apparaît finalement que…

Pour un compte rendu de séance facile à lire.

Le compte rendu est un document interne à une entreprise.
a) Indiquez très clairement :
  - le service dont il émane, la personne qui en est responsable.
  - l'objet du compte rendu, la date et le nom du rédacteur.
b) Développez avec rigueur le sujet du compte rendu :
  - suivez la chronologie de la réunion ;
  - séparez les paragraphes ;
  - rendez très apparent le plan : numérotez les points abordés et soulignez les titres.

1 Choisissez l'option qui convient (a, b, c) pour compléter le texte suivant.

Quel est le travail le plus étrange que vous ayez fait ?

– J'aurais pu être inspecteur des finances ou grand fonctionnaire de l'État, ce qui aurait été étrange, … (1) je n'en avais aucune envie. Mais personne n'en aurait conçu l'incongruité. En revanche, lorsque j'ai été le premier à … (2) de l'ENA en cours d'année d'études, j'ai été pris pour un fou, … (3) j'y étais très bien classé. Le directeur m'a … (4) : « Je vous félicite. » Il a fallu que le Ministre de l'Intérieur de l'époque, Michel Debré, accepte ma démission. J'ai du mal à me dire que je travaille et que j'ai travaillé toute ma vie. Je n'en ai jamais eu le sentiment, … (5) mon activité ne connaît pas d'interruption. Même quand je dors, j'en rêve. […]

Interview mystère, *Libération*, 21 juillet 2005

1)	a) comme	b) étant donné	c) puisque
2)	a) démissionner	b) renoncer	c) abandonner
3)	a) grâce à	b) d'autant que	c) comme
4)	a) prié	b) consulté	c) convoqué
5)	a) sous prétexte que	b) puisque	c) en raison de

2 Complétez les deux extraits suivants à l'aide des mots ou expressions qui vous sont donnés dans le désordre.
sur le marché, la population, le leitmotiv, offres d'emploi, les recruteurs, le candidat, d'entre eux, succès, se méfient, les esprits, le taux, les jeunes, C'est qu', acquérir, un discours

Sont-ils victimes d'une discrimation ?

En 2004, … (6) de chômage des moins de 30 ans actifs (ceux qui se présentent … (7) du travail) a atteint, en France, 18 %, le double de celui de … (8) en général et trois points de plus qu'en 2002, vient de rappeler l'Insee. Examen des dysfonctionnements ravageurs qui, une fois de plus, font descendre … (9) dans la rue.

Une discrimination anti–débutants

« Cherche junior cinq ans d'expérience » est … (10) de toutes les petites annonces et … (11). L'obsession monomaniaque du « junior-expérimenté », c'est Kafka chez … (12) : pas d'embauche sans expérience, mais pas d'expérience sans embauche. … (13) en période de basses eaux pour les jobs, l'employeur peut aller au plus confortable : prendre … (14) le plus rapidement opérationnel. Alors que font les jeunes pour … (15) cette fichue expérience ? Des stages, des stages et encore des stages. Gratuits ou payés une misère. Une poignée … (16) a appelé sur Internet à une révolte qui a connu son … (17) au moins médiatique (www.generation.precaire.org). Du coup, les jeunes développent … (18) très « anti-entreprise », et les chefs d'entreprise … (19) de ces candidats qu'ils croient hostiles. L'annonce par Villepin que les stages de plus de trois mois seraient payés n'a pourtant pas calmé … (20). « Payés combien ? », demandent les jeunes.

Patrick Fauconnier et Jacqueline de Linares, *Le Nouvel Observateur*, du 2 au 8 février 2006

LEÇON 4 / La vraie vie

OBJECTIFS

- Saisir l'implicite dans la communication orale et écrite.
- Participer à un débat et faire valoir son point de vue.
- Participer à une discussion et donner son opinion en la justifiant (faits de société / livres).
- Repérer des caractéristiques textuelles (biographies).
- Rédiger une notice biographique / fiche de lecture.

- Parler de son comportement et de ses sentiments dans une conversation amicale.
- Lire une œuvre littéraire et la présenter.
- Auto-évaluer sa capacité d'expression orale.
- Découvrir quelques rituels sociaux.
- Évoquer des mythes populaires (monde francophone) et les comparer à ceux de sa propre culture.

CONTENUS

Aspects langagiers

- Lexique : les moments de la vie ; euphémismes ; éléments pour une biographie.
- Grammaire : rapports temporels ; discours direct et discours rapporté.
- Communication : justification d'une opinion ; récit de vie objectif / subjectif ; appréciation critique.

Aspects culturels

Rites sociaux ; mythes populaires ; œuvres littéraires francophones.

Stratégies

Fiche de lecture.

Tâche finale

Lire et donner envie de lire.

CE Le test de l'île

« Connais-toi toi-même », dit le Sage. Qui êtes-vous vraiment ?
Quel regard portez-vous sur votre vie en ce moment ? Petit test pour le savoir…

1. Imaginez que vous vous trouvez sur une île :
comment la voyez-vous ?
Choisissez deux ou trois qualificatifs parmi ceux-ci :
a) déserte
b) pittoresque
c) plate, sans relief
d) habitée
e) à la végétation tropicale
f) proche du continent
g) cultivée par l'homme
h) située au milieu de l'océan

2. Vous vous promenez sur l'île et vous découvrez
un arbre : comment est-il ?
Décrivez-le brièvement.

3. Vous arrivez au bord d'un lac : que faites-vous ?
Répondez rapidement.

4. Vous trouvez un coffre avec une clé :
comment est la clé ?
Trouvez trois indications pour la décrire.

5. Que contient le coffre ?
Donnez une ou deux réponses.

6. Un bateau accoste : que faites-vous ?
a) Vous embarquez et repartez à son bord.
b) Vous y montez mais il reste là.
c) Vous n'y montez pas et le laissez repartir.
d) Il vous laisse une petite barque et repart.

Pour interpréter vos réponses, reportez-vous à la page 168.

◈ Répondez individuellement aux questions de ce test, puis commentez les résultats.

CO Le menteur

🎧 **1** Écoutez ce monologue théâtral en entier. Quel est le
sujet abordé ? Comment le personnage en parle-t-il ?

🎧 **2** Réécoutez chaque extrait séparément.
1) Le personnage ment-il volontairement ? Justifiez.
2) Comment s'y prend-il pour essayer de se corriger ?
3) De quoi le « menteur » accuse-t-il les autres ?
4) À la fin du monologue, il évoque des aspects
positifs du mensonge. Lesquels ?

🎧 **3** Réécoutez le monologue en recherchant dans le texte
les groupes de mots ou expressions correspondant aux
équivalents ci-dessous.
Extrait 1
a) Le mensonge entraîne de gros problèmes.
b) Ça ne demande pas d'efforts.

Extrait 2
a) Quoique je m'adresse des conseils ou des
reproches…
b) Je montre de façon ostensible mon gros défaut…

Extrait 3
J'ai la sincérité de me dire à moi-même que je mens.

Extrait 4
…des mensonges charitables…

4 Vérifiez vos réponses en lisant le texte.

5 Avez-vous aimé ce texte ? Pourquoi ?

◈ **6** À vos masques ! Choisissez un extrait et préparez une
lecture expressive du texte. Munissez-vous d'un masque
et… jouez.

◈ **7** **EO** Débat. De « pieux mensonges ».
Y a-t-il des circonstances où les mensonges sont
nécessaires ou acceptables ?
Au cours du débat, illustrez vos arguments à l'aide
d'anecdotes et, pour mieux convaincre vos partenaires,
reprenez leurs arguments en y opposant les vôtres.

Pour faire valoir votre point de vue.

- Tu dis que… mais…
- Il est vrai que… mais…
- On peut admettre que… ; pourtant…
- Je comprends bien… ; en revanche…
- Plutôt que de… il vaut mieux…
- Ce n'est pas parce que… que…

8 **EE** À vos plumes ! Racontez en 70 mots environ un « pieux mensonge » qu'il vous est arrivé de dire ou que l'on vous a raconté.

LE MENTEUR

Je voudrais dire la vérité. J'aime la vérité. Mais elle ne m'aime pas. Voilà la vérité vraie : la vérité ne m'aime pas. Dès que je la dis, elle change de figure et se retourne contre moi. J'ai l'air de mentir et tout le monde me regarde de travers. Et pourtant, je suis simple et je n'aime pas le mensonge. Je le jure. Le mensonge attire toujours des ennuis épouvantables et on se prend les pieds dedans et on trébuche et on tombe et tout le monde se moque de vous. Si on me demande quelque chose, je veux répondre ce que je pense. Je veux répondre la vérité. La vérité me démange. Mais alors, je ne sais pas ce qui se passe. Je suis pris d'angoisse, de crainte, de la peur d'être ridicule et je mens. Je mens. C'est fait. Il est trop tard pour revenir là-dessus. Et une fois un pied dans le mensonge, il faut que le reste passe. Et ce n'est pas commode, je vous le jure. C'est si facile de dire la vérité. C'est un luxe de paresseux. […]

J'ai beau me sermonner, me mettre devant l'armoire à glace, me répéter : tu ne mentiras plus. Je mens. Je mens. Je mens. Je mens pour les petites choses et pour les grandes. Et s'il m'arrive de dire la vérité, une fois par hasard, par surprise… elle se retourne, elle se recroqueville, elle se ratatine, elle grimace et elle devient un mensonge. Les moindres détails se liguent contre moi et prouvent que j'ai menti. […]
Je ne suis pas méchant. Je suis même bon. Mais il suffit qu'on me traite de menteur pour que la haine m'étouffe. Et ils ont raison. Je sais qu'ils ont raison, que je mérite les insultes. Mais voilà. Je ne voulais pas mentir et je ne peux pas supporter qu'on ne comprenne pas que je mens malgré moi et que le Diable me pousse. Oh ! Je changerai. J'ai déjà changé. Je ne mentirai plus. Je ne mentirai plus. Je trouverai un système pour ne plus mentir. […]
Je guérirai. J'en sortirai. Et, du reste, je vous en donne la preuve. Ici, en public, je m'accuse de mes crimes et j'étale mon vice. Et n'allez pas croire que j'aime étaler mon vice et que c'est encore le comble du vice que ma franchise. Non, non. J'ai honte. Je déteste mes mensonges et j'irais au bout du monde pour ne pas être obligé de faire ma confession.

Et vous ? Dites-vous la vérité ? Êtes-vous dignes de m'entendre ? Au fait, je m'accuse et je ne me suis pas demandé si le tribunal était en mesure de me juger, de me condamner, de m'absoudre. Vous devez mentir ! Vous devez mentir tous, mentir sans cesse et aimer mentir et croire que vous ne mentez pas. Vous devez vous mentir à vous-mêmes. Tout est là ! Moi je ne me mens pas à moi-même. Moi j'ai la franchise de m'avouer que je mens, que je suis un menteur. Vous, vous êtes des lâches. […] Vous m'écoutiez, vous vous disiez : quel pauvre type ! et vous profitiez de ma franchise pour dissimuler vos mensonges. Je vous tiens ! Savez-vous Mesdames, Messieurs, pourquoi je vous ai raconté que je mentais, que j'aimais le mensonge ? Ce n'était pas vrai. C'était à seule fin de vous attirer dans un piège et de me rendre compte, de comprendre. Je ne mens pas. Je ne mens jamais. […]

Et maintenant je vois vos visages qui se décomposent. Chacun voudrait quitter sa place et redoute d'être interpellé par moi. Madame, vous avez dit à votre mari que vous étiez hier chez votre modiste. Monsieur, vous avez dit à votre femme que vous dîniez à votre cercle. C'est faux. Faux. Faux. […] C'est admirable ! Je ne mens jamais. Vous entendez ? Jamais ! Et s'il m'arrive de mentir, c'est pour vous rendre service, pour éviter de faire de la peine… pour éviter un drame. Forcément, il faut mentir. Mentir un peu… de temps à autre. De pieux mensonges. […]
Tenez. L'autre jour - mais non, vous ne me croiriez pas. Du reste, le mensonge… le mensonge, c'est magnifique ! Imaginer un monde irréel et y faire croire ! Mentir ! […]

Le menteur, Jean Cocteau © Éditions du Rocher

SITUER DANS LE TEMPS : EXPRESSION DES RAPPORTS TEMPORELS

On peut situer une action ou un fait dans le temps, à une date ou à un moment précis : *Elle est née le 6 juin, à 8 h 45. Ce jour-là, il s'est produit un grand événement…*

On peut établir des rapports temporels divers entre différents faits. Ces rapports sont marqués par des indicateurs temporels (voir Leçon 2) et des conjonctions de subordination.

1. Rapports d'antériorité

L'action du verbe de la proposition principale est antérieure à celle du verbe de la subordonnée.
– ***Avant que*** : *On a pu apercevoir les lumières avant que les portes (ne) se referment.*
– ***En attendant que*** exprime un rapport d'antériorité qui a une fin : *Une jeune fille au pair s'occupait d'eux en attendant que je rentre le soir.*
– ***Jusqu'à ce que*** exprime la continuité de l'action jusqu'à un point limite : *Il m'a aidée jusqu'à ce qu'il juge que je pouvais me débrouiller seule.*

2. Rapports de postériorité

L'action du verbe de la proposition principale est postérieure à celle du verbe de la subordonnée.
– ***Après que*** : *Il est très rare que je ressorte après qu'il s'est endormi.*
– ***Dès que, aussitôt que*** expriment un rapport de postériorité immédiat proche de la simultanéité : *Dès que / Aussitôt que je ferme les yeux et que je respire cette odeur, je retrouve mon enfance.*

▪ **Comparez les phrases a, b et c pour chaque série. Qu'observez-vous sur les emplois de *après* et *avant* ?**

1) Elle a ouvert la lettre…	**a)** après l'appel de son mari.
	b) après avoir vérifié qu'elle était seule.
	c) après que les enfants sont partis à l'école.
2) Vous devrez partir…	**a)** avant cinq heures.
	b) avant de déjeuner.
	c) avant qu'il (ne) se mette à pleuvoir.

3. Rapports de simultanéité

– ***Quand, lorsque*** (plus soutenu) expriment des rapports temporels au sens large : *Quand on se baigne, il est midi et l'eau du lac est calme. - Lorsqu'il eut envie d'avoir un chien, il fallut céder à ce nouveau caprice.*
– D'une manière générale, ***comme*** (langue soutenue), ***alors que, tandis que*** expriment l'action en train de se dérouler dans la subordonnée : *Comme / Alors que / Tandis que je m'engageais dans l'allée, l'animal a surgi devant moi.*
– Avec ***pendant que***, l'action de la principale et celle de la subordonnée se déroulent parallèlement : *On reste dans l'eau pendant que les autres retournent sur la plage.*
– ***À mesure que, au fur et à mesure que*** impliquent que les deux actions évoluent en même temps : *À mesure qu'il retrouvait les traces de ses ancêtres, il se désintéressait du présent.*
– Avec ***tant que, aussi longtemps que*** les actions ont la même durée et sont simultanées : « *Nul ne se connaît tant qu'il n'a pas souffert.* » (Alfred de Musset)
– ***À chaque fois que, toutes les fois que*** expriment l'habitude et la répétition : *À chaque fois que nous revenions à la maison, elle nous accueillait sur le seuil.*
– ***Depuis que*** établit un point de départ : *Elle était devenue son amie depuis qu'il était son voisin de palier.*

4. Rapports temporels et modes verbaux

1) Antériorité

Les conjonctions marquant l'antériorité sont suivies du **subjonctif,** l'action de la subordonnée étant à venir : *Nous partirons avant qu'il (ne) fasse nuit.*

2) Postériorité et simultanéité

Les conjonctions marquant la postériorité et la simultanéité sont toujours suivies de **l'indicatif,** même quand il s'agit d'une action future : *Je vous rejoindrai dès que je pourrai. - On se mettra au travail quand on arrivera.*
Comme (temporel) est toujours suivi de l'imparfait : *Comme ils gravissaient les rochers, ils entendirent la mer.*

5. Emploi du pronom relatif *où*

Employé seul ou dans des expressions de temps, ***où*** marque le temps : *Ah ! ces nuits où nous dormions à la belle étoile dans le silence du grand désert ! - Au moment où il dissertait sur les valeurs de la vie, une bombe explosa.*

6. Coordination de deux subordonnées temporelles

Observez comment on coordonne deux subordonnées temporelles : ***Quand*** *il les a revus le lendemain* ***et qu'***il*s lui ont raconté leur mésaventure, il a bien ri.*

2 Choisissez la conjonction qui convient.

1) Il a découvert par hasard l'origine de son nom *alors qu' / depuis qu' /* il établissait son arbre généalogique.

2) Il a reconnu l'art de la cantatrice *après qu' / dès qu' /* il a entendu les premières mesures.

3) *Après que / Avant que* son enfant est né, elle a décidé de ne plus revoir cet homme.

4) Il a beaucoup changé *tant qu' / depuis qu' /* il a été malade.

5) Les pensionnaires se séparèrent *jusqu'à ce que / avant que* l'année scolaire ne soit finie.

6) *Lorsqu' / Alors qu' /* ils sont partis, les soldats se croyaient invincibles.

7) *Tant qu' / Jusqu'à ce qu' /* il y aura des acteurs pour ces rôles, il n'y aura pas de crise du théâtre.

8) Avec courage, elle a filé les agresseurs *pendant qu' / jusqu'à ce qu' /* ils soient arrêtés par les forces de l'ordre.

9) *À mesure que / Pendant que* je grandissais et que je mûrissais, je m'éloignais d'elle.

10) *Comme / À mesure qu' /* il naviguait sur le fleuve, sa barque a été prise dans un tourbillon.

Philippe Geluck, *Le chat est content* © Éditions Casterman

RAPPORTER DES PAROLES : DISCOURS DIRECT ET DISCOURS INDIRECT

Dans une narration, à l'oral ou à l'écrit, on peut reproduire des paroles telles qu'elles ont été dites (c'est le « style ou discours direct ») ou en les intégrant au récit (c'est le « style indirect » ou « discours rapporté »).

Passage du discours direct au discours indirect

1 Comparez les deux formes de discours illustrées dans ce tableau et répondez à la question ci-dessous.

Discours direct	Discours rapporté correspondant
1) a) Il posa sa sacoche près de moi et me demanda : *Puis-je m'asseoir ?*	**b)** Il posa sa sacoche près de moi et me demanda s'il pouvait s'asseoir.
2) a) Il se retourna vers moi : *Vous allez voir passer une des plus vieilles péniches de la Seine.*	**b)** Il se retourna vers moi et me dit que j'allais voir passer une des plus vieilles péniches de la Seine.
3) a) Il dit : *C'est dommage.* Puis avec un petit sourire : *Vous avez donc des heures précises ?*	**b)** Il dit que c'était dommage, puis il me demanda avec un petit sourire si j'avais des heures précises.
4) a) *J'ai eu de la chance dans la vie,* ajouta-t-il, *mais tout cela ne compte plus pour moi.*	**b)** Il ajouta qu'il avait eu de la chance dans la vie, mais que tout cela ne comptait plus pour lui.
5) a) Comme dans la chanson, je me demande : *Et maintenant, que vais-je faire ?*	**b)** Comme dans la chanson, je me demande ce que je vais faire maintenant.
6) a) *Rappelez-moi la semaine prochaine quand vous aurez lu le dossier,* a-t-elle dit au stagiaire.	**b)** Elle a dit au stagiaire de la rappeler la semaine suivante quand il aurait lu le dossier.

Quels éléments diffèrent dans les deux types de discours pour chacune des phrases ci-dessus ? ↗ *Précis grammatical*, page 138.

a) La ponctuation : présence / absence de certains signes de ponctuation.

b) Les verbes de parole qui annoncent ou introduisent le discours : présence / absence, place des verbes introducteurs.

c) Les mots grammaticaux qui introduisent les deux types de discours : conjonction *que*, mots interrogatifs, préposition *de*.

d) La place du pronom sujet.

e) Les pronoms personnels et les possessifs.

f) Le temps des verbes (au discours rapporté passé).

g) La correspondance impératif / infinitif dans les phrases injonctives.

h) Certains adverbes ou expressions de temps et de lieu.

2 Retrouvez les paroles prononcées par les personnages dans les phrases ci-dessous.

1) Je lui demandai s'il vivait là, sous ce pont, et ce qu'il faisait de ses journées.

2) Il me dit qu'il avait beaucoup lu et me demanda à son tour quel livre je lisais.

3) Il ajouta qu'il m'attendrait là le lendemain, et qu'on reparlerait de tout ça.

4) L'agent leur dit de se taire et de le suivre au commissariat.

LA RONDE DE LA VIE ET DE LA MORT

Les naissances

Notre étoile est née le 7 septembre dans la nuit.

STELLA

scintille de mille éclats, chez **Richard, Cléo et Arnaud Dujardin.**

Nathalie et Guillaume Jactat ont étroitement collaboré pour arriver le même jour, le 1ᵉʳ septembre 2006, aussi bien que possible pour une naissance gémellaire.

Félicitations !

Théo

est éclos le 10 août 2006 chez **Pierre et Manon Fahys.**

Marine et Patrick Pesches sont des parents heureux depuis l'arrivée de leur

Anthony

adoré qui est né à l'hôpital le 21 août 2006 à 12h25. Le bébé pèse 3,300 kg pour 52 cm.

Marie et Dominique Séguy ont la joie d'annoncer la naissance de leur petite fille

Lilly

née le 20 septembre 2006 à Paris chez **Isabelle et Frédéric.**

Amandine

n'a pu attendre le 3 août pour naître.

Elle a pris sa liberté le 20 juillet pour le plus grand bonheur de **Caroline et Bruno Nguyen.**

Bienvenue à

Alexia

née à l'hôpital de Beauvais, le 3 août 2006.

Ses parents, **Thomas et Sandra Rouvier,** sont ravis.

Oscar, Caroline et Yasmina

ont le bonheur de vous annoncer l'arrivée sur terre le 2 août 2006 de

Merlin,

l'enchanteur de Coco et Samuel.

1 Répondez aux questions.
1) Quelle(s) annonce(s) préférez-vous ? Pourquoi ?
2) Par quels mots ou expressions les familles expriment-elles leur joie ?
3) Relevez les mots ou expressions utilisé(e)s pour parler des nouveaux-nés et de leur naissance.
4) Que pensez-vous du style de certaines annonces que vous venez de lire ?
5) Rédigez une annonce de naissance (pour un enfant, un animal de compagnie…).

Les décès

Mme Michou Carrière, née Marque, son épouse, les familles Carrière, Levy et Poher, ses enfants et petits-enfants ont la profonde tristesse de faire part du décès de

Jean-Marc Carrière,

Chevalier de la Légion d'Honneur survenu le 2 mai 2006.

La cérémonie religieuse réunira sa famille et ses amis, le samedi 6 mai au temple, 15, rue Grignan à Marseille, suivie de l'inhumation au cimetière de Draguignan.

Bordeaux (33)

Mme Christophe Lelong, Cécile Lelong, Odile Lelong, Antonio Perez et leurs enfants ont la douleur de faire part du décès de

Christophe Lelong

survenu le 16 mai 2006. L'incinération a eu lieu, selon ses vœux, dans la plus stricte intimité.

Bayonne (64), Mérignac (33), Perpignan (66)

Jon Laborde, son époux, Jacqueline, sa fille, Maritchu et Jean Estel, ses neveux et ses nièces, parents et amis ont la douleur de vous faire part du décès de

Céline Laborde, née **Doireau.**

Ses obsèques seront célébrées le 20 mai 2006. On se réunira à 10 h15 au cimetière Saint-Léon (porte de la rue Baltet) de Bayonne. Ni fleurs ni couronnes.

Maurice Froidevaux, ses enfants et petits-enfants ont la douleur d'annoncer que

Marie Froidevaux, née **Dailcroix,**

nous a quittés le 3 mai 2006. Une cérémonie religieuse aura lieu en l'église Saint-Vincent de Mérignac (Gironde) le samedi 6 mai à 10 heures.

Cet avis tient lieu de faire-part.

2 Quels sont les différents mots utilisés pour nommer la cérémonie liée à la mort de quelqu'un ? Ces mots recouvrent-ils la même réalité ?

3 Complétez le texte ci-dessous en utilisant les mots suivants. Certains peuvent être utilisés plusieurs fois.
cendres, dépouille, disparu, enterré(e), incinéré(e), inhumation, rite funéraire, urne
Savez-vous ce qu'est devenue la … (1) mortelle de Flocon de neige, le grand singe albinos fétiche des Catalans ? Il a été … (2) et ses … (3) recueillies dans la première … (4) Bios. L'… (5) Bios est un peu futuriste ; en effet, elle est intégralement fabriquée avec des matériaux biodégradables : de la tourbe et une graine d'arbre essentiellement. Elle contient aussi les … (6) du …(7), qui contribueront à faire pousser l'arbre une fois l'urne … (8). Les concepteurs pensent de cette manière développer un nouveau … (9), plus en accord avec l'environnement et aussi transformer le rite de l' … (10) en rite de la renaissance.

Euphémismes et images liés à la naissance et à la mort

4 Pour parler plus légèrement des réalités de la vie, parfois dures : l'euphémisme. Est-ce que les verbes utilisés dans les expressions suivantes ont leur sens habituel ?

perdre son père / la vie, rendre son dernier soupir / l'âme, trouver la mort, s'éteindre

5 Pour parler avec poésie ou avec humour (souvent noir) de ces mêmes réalités : les images.

1) Quel est le sens habituel du verbe *éclore,* que vous avez lu dans un faire-part de naissance ? Que signifient les expressions : *donner un fils / une fille à…, faire un enfant ; mettre au monde* ?

2) Quels sont, dans la liste suivante, les équivalents des verbes *naître* et *mourir* ? À quels registres appartiennent-ils ? Quelles images contiennent-ils ?

venir au monde, claquer, casser sa pipe, passer l'arme à gauche, voir le jour, manger les pissenlits par la racine

DANS L'ENTRE-DEUX : LA VIE À VIVRE

Un beau soir, l'avenir
S'appelle le passé, c'est alors
Que l'on se tourne
Et que l'on voit sa jeunesse.

Louis Aragon

Il y a vie et vie !

1 Laissez-vous guider par votre intuition : que signifient les expressions suivantes ?

Mener…
une vie de <u>patachon</u>
une vie de <u>dingue</u> — isolated
une vie d'ermite — difficile
une vie de <u>chien</u>
la vie de <u>château</u>
la belle vie — grand life.
Quelle vie menez-vous
en ce moment ?

Expressions pour une biographie

2 Dans la liste suivante, quelles expressions permettent d'évoquer a) l'âge b) les origines d'une personne c) un moment ?

– L'écriture […] **l'occupa plus de** 10 ans.
– Fils d'un polytechnicien, le petit Alain…
– Les vacances en … **à la fin des années 60** furent…
– Plus tard, **vers 17 ans**…
– Il a 11 ans lorsque la guerre éclate…
– Issu d'un milieu aisé et cultivé, il…
– **C'est alors que commence** un long exil…
– **De 13 à 23 ans**, elle est allée dans une école de…
– Depuis, **il n'a pas cessé de voyager**…

– **Environ** soixante-cinq ans **plus tard, lors de** mon premier retour au village…
– À l'âge de 16 ans, il a songé à…
– Vers l'âge de 13 ans…
– Peu après / trois mois après le naufrage…
– C'est la période où je me suis sentie…
– Il a commencé alors à exercer la médecine.
– **Nous avons mis** des mois à nous libérer de…
– Vers le milieu du XXe siècle, cet écrivain…

Temps et contretemps de la vie

3 Choisissez trois mots dans les listes suivantes et inventez une courte histoire.

un aveu, une blessure intérieure, un compromis, un défi, un démenti, la haine, une imposture, le mensonge, un piège, un soupçon

douter (de), faire le deuil (de), (se) nourrir (de + nom), porter le deuil, regretter, révéler, se sentir concerné (par), toucher, tricher, tromper

CE # Galerie de portraits

CURIE (MARIE) née **Sklodowska.** Physicienne française d'origine polonaise (Varsovie, 1867 - Sallanches, 1934). Intéressée par le phénomène de la radioactivité (auquel elle donna son nom), elle entreprit, conjointement avec son mari Pierre Curie, des recherches sur la pechblende[1], qui les conduisirent à la découverte du *radium* et de ses propriétés (1898). Elle fut la première femme nommée professeur à la Sorbonne, la première à recevoir le prix Nobel de physique en 1903 (qu'elle partagea avec Pierre Curie et Henri Becquerel), puis le prix Nobel de chimie en 1911. Elle mourut de leucémie en 1934. En avril 1995, ses cendres et celles de son mari furent transférées au Panthéon de Paris.

À l'âge de quinze ans, lors d'un congrès de jeunes chrétiens à Assise, Henri Groues, connu sous le nom d'ABBÉ PIERRE, ressentit « l'émotion indescriptible » de la révélation.

Au cours de la Seconde Guerre mondiale, il s'engagea dans la Résistance et aida plusieurs personnes à passer en Suisse. De cette époque lui resta son nom de résistant : « Abbé Pierre ».

C'est en 1949 qu'il fonda l'association Emmaüs, une communauté de chiffonniers se consacrant, entre autres, à la construction de logements provisoires pour les sans-abri.

Pendant l'hiver rigoureux de 1954, il lança à la radio un appel en faveur des sans-logis, déclenchant ainsi un grand mouvement de solidarité. Le gouvernement mit alors sur pied un programme de 12 000 logements d'urgence. Le 1er février 2004, il réitéra son appel et s'engagea avec Emmaüs pour un nouveau « Manifeste contre la pauvreté », dans un pays où il y a cinq millions d'exclus.

Le mouvement Emmaüs, laïque, est actuellement constitué de 84 communautés où vivent et travaillent 4 000 personnes, réparties dans trente pays et sur cinq continents.

L'Abbé Pierre était une personnalité extrêmement populaire, que beaucoup de Français appréciaient pour son franc-parler et pour son engagement en faveur des plus pauvres. Il s'est éteint à l'âge de 94 ans à Paris, en janvier 2007.

AIMÉ CÉSAIRE (1913, Martinique) : poète francophone antillais, homme engagé dans les combats politiques de sa région, c'est lui qui a forgé le concept de *négritude*[2] avec son ami Léopold Sédar Senghor. Proche des surréalistes, il a été reconnu dès 1941 comme un grand poète par André Breton ; ses recueils de poèmes permettent d'apprécier un style pur émaillé d'images originales et de bribes de culture africaine. Il s'est également essayé au théâtre, et a publié des essais sur le colonialisme.

Œuvres principales - poésie : *Cahier d'un Retour au Pays Natal* (1939) ; *Soleil Cou Coupé* (1948) ; *Moi, laminaire* (1982) - théâtre : *La tragédie du roi Chistophe* (1963)

[1] Pechblende : minerai renfermant une forte proportion d'uranium (*Le Petit Robert*).
[2] Négritude : ensemble des caractères, des manières de penser, de sentir propres à la race noire ; appartenance à la race noire (*Le Petit Robert*).

---

1 Lisez ces textes, puis relevez les informations essentielles concernant chacune des personnes évoquées.

2 Où peut-on trouver de telles biographies ? Justifiez votre réponse pour chaque texte.
a) Dans une histoire de la littérature. b) Dans un dictionnaire des noms propres. c) Dans une encyclopédie générale.

3 Relevez les expressions de temps utilisées.

4 EE Rédigez, pour une encyclopédie générale, la biographie d'une personne ou d'un personnage célèbre et représentatif de votre pays (10 à 15 lignes).

Pour une biographie.

Décidez quels éléments vous introduirez dans votre texte : faits marquants, dates clés, œuvres et réalisations, influence exercée, déclarations, etc.

CO La mauvaise vie

Frédéric Mitterrand est interviewé sur France Inter à propos de son livre autobiographique La mauvaise vie.

🎧 **1** Écoutez, puis répondez aux questions.

1) **Extrait 1**
   a) Première écoute : F. Mitterrand donne une définition de la vie. Laquelle ?
   b) Deuxième écoute : quelles difficultés de l'existence évoque-t-il ?

2) **Extrait 2**
   a) Première écoute : il décrit les sentiments complexes qu'il éprouvait enfant. Quels sont-ils ?
   b) Deuxième écoute : relevez les termes qui qualifient sa stratégie de séduction.
   c) Quelles étaient les causes de son angoisse ?

2 Choisissez un adjectif dans chaque série pour caractériser la personne interviewée. Justifiez votre réponse.

1) a) jeune   b) d'âge mûr
2) a) célèbre   b) inconnu du public
3) a) d'un milieu aisé   b) modeste
4) a) réaliste   b) idéaliste
5) a) sensible   b) froid
6) a) aveugle sur lui-même   b) lucide

3 Trouvez dans l'interview l'équivalent des mots ou expressions en caractères gras.

a) la vie **s'écoule**   d) une **série de malheurs**
b) **dépasser** ces deuils   e) **j'avais très peur**
c) **j'étais coupable**   f) une **gouvernante très dure**

CO CRÉATION D'UN MYTHE

🎧 **1** Écoutez ce document en prenant des notes, puis répondez aux questions.

1) Le journaliste cite différentes « destinées ». Lesquelles ?
2) Quels personnages mythiques français nomme-t-il ? À quels moments de l'histoire appartiennent-ils ?
3) Quelle définition du mythe donne-t-il ?
4) Sur quels arguments s'appuie-t-il pour affirmer que Zidane est un mythe ?
5) D'où est tiré l'article cité par le locuteur ?
6) Quels sont les principaux moments de la biographie de Zidane cités dans l'article ? Quelle année le journaliste met-il en valeur ? Pourquoi ?
7) Comment présente-t-on le caractère de Zidane ?
8) Quels éléments donnent les psychologues et les sociologues pour faire comprendre la création du « mythe Zidane » ?
9) Pourquoi continuons-nous, de nos jours encore, à construire des mythes ?

2 Comment comprenez-vous les éléments de phrases suivants ?

1) [...] *un gamin de Marseille qui va se construire* **en club et en bleu** *un palmarès* [...]
2) [...] *93 sélections avec* **le coq sur la poitrine** *et 26 buts.*
3) [...] *meneur de jeu qui* **quitte la pelouse** [...]
4) [...] *né et élevé* **dans une cité HLM d'un quartier périphérique** *de Marseille.*
5) *Il est beur.*
6) *Pendant* **l'entre deux tours des élections présidentielles** *de 2002.*

3 Répondez aux questions.

1) Avez-vous entendu parler de Jeanne d'Arc et de Mandrin ? Peut-on les comparer à des personnages mythiques de votre culture ?
2) Connaissez-vous d'autres personnages francophones que vous considérez comme des mythes ?

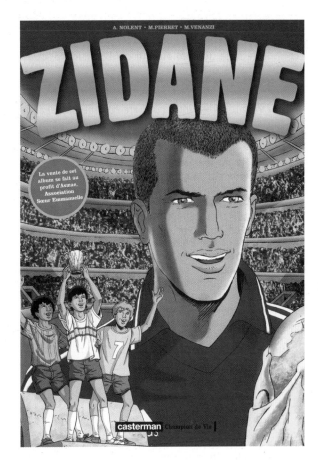

A. NOLENT • M.PIERRET • M.VENANZI
ZIDANE
La vente de cet album se fait au profit d'Asmae, Association Sœur Emmanuelle
casterman Champion de Vie

4 EE Rédigez en 150 mots environ la biographie d'une personne de votre entourage dont la vie vous a marqué(e), vous a semblé intéressante voire bouleversante. Utilisez des expressions et des images pour l'évoquer.

5 EO Jeu de l'autoportrait. À votre tour de vous faire connaître, mais en mélangeant le vrai et le faux !
Énoncez dix affirmations vous concernant (vie, caractère). Les membres du groupe doivent vous arrêter quand ils pensent que vous mentez.

CE

Secrets intimes sous projecteurs : Le grand déballage

Ils n'oublieront jamais. L'expérience est unique, bouleversante. Même si la confession publique a pris des allures ordinaires, dévoiler son intimité n'est pas un acte anodin. Banal peut-être, mais pas facile. Ni sans conséquence.

« *J'ai réfléchi très longtemps, mais quand je me suis lancé, je savais exactement pourquoi je le faisais* » , se souvient **Christophe,** 25 ans, qui a annoncé, en février 2002, son homosexualité à la télévision. Le secret qu'il portait était devenu trop lourd.

La veille de l'enregistrement, il prévient ses parents : « *Je vais passer à la télé pour dire ce que je n'arrive pas à vous dire : je suis homosexuel.* » Pourquoi faire alors ce coming-out devant des millions de personnes ? « *C'était une façon de me réapproprier la parole et l'image, je voulais que les autres me voient comme je suis.* » Et puis : « *Choisir une émission de télé m'empêchait de me défiler au dernier moment. Cela officialisait la chose. Impossible après de dire : non, vous avez mal compris. Expliquer que j'avais toujours menti m'interdisait tout mensonge futur.* »

Une mise au pied du mur qu'il considère, quatre ans plus tard, comme salvatrice. « *C'était comme une thérapie de choc, super rapide mais très efficace. Tout a été bouleversé : j'ai pu enfin vivre ma vie au grand jour, ça a été comme une seconde naissance.* » Il y a bien eu des dégâts familiaux, des regards en coin dans le village des parents et même, « *plusieurs années après, une lettre anonyme de menaces* », mais aussi tous ces gens qui dans la rue, au supermarché, à la fac, lui disent qu'il a été courageux ou bravo. Même la mise en scène de son témoignage dans l'émission l'a laissé de marbre : « *Ils cherchent à vous caricaturer, c'est sûr, mais au bout du compte c'est moi qui ai manipulé la télé bien plus que l'inverse !* »

Christelle, 30 ans, anorexique depuis son adolescence, ne retournerait, elle, pour rien au monde à la télévision. Au début de l'année, elle décide de témoigner : « *Je voulais parler de mon vécu de mère de famille, dire que ce n'était pas qu'une maladie d'adolescente.* » L'équipe débarque chez elle plusieurs fois, tourne jusque tard dans la nuit. Pose des questions, insiste en vain pour

l'accompagner chez ses médecins, lui propose de reprendre une thérapie chez un psy. « *Ils étaient à l'affût de moments forts, ils voulaient des larmes.* »

Impossible de visionner les images avant l'enregistrement en plateau, « *pour qu'on réalise de façon spontanée* ». Résultat : « *Ils ont raconté une histoire qui n'était pas la mienne avec des bouts de choses filmées chez nous. Comme j'avais refusé qu'ils m'accompagnent chez le médecin, ils laissaient entendre qu'égoïstement je ne faisais rien pour me soigner et que mon mari, comme un pauvre gars, subissait. J'étais très choquée, je l'ai dit, mais tout a été coupé au montage.* » Christelle dit aujourd'hui qu'elle a failli replonger : « *Je n'osais plus sortir, mon mari a fait une dépression.* » Le miroir qu'ils avaient cru se tendre à eux-mêmes était déformant. Il leur a fait du mal. Maigre consolation : « *J'ai au moins permis à des mères anorexiques de se sentir moins seules.* »

Isabelle Monnin, *Le Nouvel Observateur*,
du 22 au 28 avril 2004

---

1 Dites si les affirmations suivantes sont vraies ou fausses. Justifiez vos réponses.

1) Les deux participants étaient sûrs de leur décision.
2) Le secret de Christophe était trop lourd à porter.
3) Christelle voulait parler d'une maladie qui ne concerne que les adolescentes.
4) Le fait de passer à la télévision a changé la vie de Christophe.
5) L'équipe de tournage a respecté les paroles de Christelle.
6) Christophe est persuadé qu'il a été manipulé par la télé.
7) Christelle a très mal vécu son expérience sous les projecteurs.
8) La confession publique a eu le même effet de thérapie pour les deux participants.
9) Christelle est convaincue qu'elle a aidé des gens à surmonter leur anorexie.
10) Si c'était à refaire, Christelle ne recommencerait pas.

2 Comment expliquez-vous que ces deux personnes aient vécu les choses différemment ?

EO Identités

1 Débat. La téléréalité : un phénomène de société.
Que pensez-vous de ce phénomène qui consiste à dévoiler son intimité en public ? Quelles sont les raisons qui poussent les gens à participer à ce genre d'émissions ? Argumentez.

2 Discussion : question de nom. Lisez le texte ci-contre. Que pensez-vous de la réforme de la législation française sur le nom de famille, entrée en vigueur le 1er janvier 2005 ?

> **Cette loi** substitue à la notion de patronyme celle **de nom de famille** qui peut devenir un nom double. Sous réserve de remplir certaines conditions, elle signifie que :
> • Depuis le 1er janvier 2005, les parents peuvent choisir, pour leur **premier enfant commun né après cette date**, un nom de famille **parmi les quatre possibilités** suivantes : le nom du père (règle en vigueur jusqu'au 31 décembre 2004), le nom de la mère, le nom du père + le nom de la mère, ou le nom de la mère + le nom du père.
> • En l'absence de choix, le patronyme est attribué par défaut.
> • Le nom choisi pour le premier enfant commun sera attribué à tous les membres de la même fratrie.
> Pour plus de renseignements,
> http://vosdroits.service-public.fr/particuliers/n151.html

3 **EE** Dans cette leçon, vous avez débattu du vrai et du faux, du mensonge, de la pudeur et de l'impudeur dans les révélations. Faites un résumé des éléments qui vous ont intéressé(e) au cours des débats et des autres activités.

EO EE *Tâche finale*

Atelier de lecture : lire et donner envie de lire
Chaque sous-groupe présentera devant le groupe-classe le livre qu'il aura choisi et lu.
Puis chacun de ses membres rédigera une fiche de lecture.

PHASE 1 : PRÉSENTATION DU LIVRE DEVANT LE GROUPE-CLASSE

1 Présentez le livre sélectionné de manière fluide et cohérente. Chaque membre du groupe aura choisi et préparé au préalable un des aspects retenus pour la présentation (intrigue, personnages, style…).

2 Devant le groupe-classe, improvisez entre vous, un bref échange sur le sens et l'intérêt du livre, pour finalement en recommander (ou en déconseiller) la lecture.

3 Répondez aux questions du groupe-classe.

> **Pour donner son avis sur un livre.**
>
> Ça se lit d'une traite !
> C'est vraiment passionnant !
> Ça ne vaut pas pipette !
> C'est un peu trop complexe !
> L'intrigue est très bien construite.
> C'est un sujet très actuel !
> C'est très émouvant !
> C'est un vrai pavé !
> C'est un peu indigeste !
> J'ai été emballé(e) !

PHASE 2 : RÉDACTION DE LA FICHE DE LECTURE

Élaborez individuellement votre fiche de lecture. ↗ *Porfolio, page 9 : Fiche de lecture.*

1 Choisissez l'option qui convient (a, b, c) pour compléter les textes suivants.

Yves Montand, chanteur, acteur populaire engagé (1921 - 1991)

De son vrai nom Ivo, il … (1) dans un village toscan, en Italie, le 13 octobre 1921.

Il … (2) le 9 novembre 1991 dans l'Oise, à Senlis.

Ils disent de lui… (forum Internet)

J'ai été bouleversée … (3) j'ai appris son décès. Je me suis dit : c'est le départ d'un grand homme !

… (4) parcouru sa biographie, j'ai découvert l'homme qu'il était.

… (5) un de ses films est programmé, je ne le manque pas.

Je le vénère … (6) je l'ai vu dans le superbe film *Le salaire de la peur.*

… (7) le temps passe, mon admiration pour lui grandit. Son talent est inégalable.

C'est fou ce que je peux aimer ses chansons ! Je veux acquérir tous ses CD… (8) les stocks s'épuisent.

… (9) il y aura des acteurs comme lui, le cinéma se portera bien.

Félicitations ! En 1988, il est devenu père pour la première fois de sa vie … (10) il tournait *Manon des Sources.*

1)	**a)** voit le jour	**b)** né	**c)** ouvre les yeux
2)	**a)** mort	**b)** s'éteint	**c)** s'en va
3)	**a)** comme	**b)** lorsque	**c)** depuis que
4)	**a)** Après avoir	**b)** Pendant que	**c)** Tant que
5)	**a)** Depuis qu'	**b)** Tant qu'	**c)** Dès qu'
6)	**a)** quand	**b)** depuis que	**c)** dès que
7)	**a)** Pendant que	**b)** Comme	**c)** À mesure que
8)	**a)** avant que	**b)** pendant que	**c)** jusqu'à ce que
9)	**a)** Pendant qu'	**b)** Lorsqu'	**c)** Tant qu'
10)	**a)** alors qu'	**b)** aussitôt qu'	**c)** après qu'

2 Choisissez l'option qui convient (a, b) pour compléter le texte suivant.

Brève interview de Valérie Babot, une comédienne jeune et enthousiaste.

–Pouvez-vous nous parler de votre … (11) ?

–Dès … (12), j'ai commencé à faire des études de danse classique. … (13) je suis devenue danseuse professionnelle.

–Aujourd'hui, vous êtes comédienne…

–C'est ça. J'ai … (14) le rôle d'une courtisane dans la pièce *La vie ne vaut rien,* d'un auteur peu connu.

–Dites-nous comment cela … (15).

–Eh bien… très bien ! Super, même ! Depuis, je n'ai pas arrêté… je voyage sans arrêt. Tout le temps dans les avions… Une vraie vie … (16) !

–Au fait, parlez-nous de votre vie … (17) dans ce petit village perdu dans la montagne…

–Vous savez, c'était … (18) j'avais vraiment besoin de m'isoler.

–Et pour finir, racontez-nous … (19) vous attendez de votre avenir.

–Oh ! Je ne sais pas au juste où l'aventure de la vie … (20).

11)	**a)** course	**b)** parcours
12)	**a)** l'âge de 12 ans	**b)** les 12 ans
13)	**a)** Dès ce moment	**b)** Plus tard
14)	**a)** joué	**b)** développé
15)	**a)** s'est-il passé	**b)** s'est passé
16)	**a)** de dingue	**b)** de château
17)	**a)** de chapelle	**b)** d'ermite
18)	**a)** la période où	**b)** comme
19)	**a)** ce que	**b)** qu'est-ce que
20)	**a)** me mènera	**b)** me mènera-t-elle

L3-4 BILAN COMPÉTENCES 2 : **PORTFOLIO, PAGE 17**

LEÇON 5 / L'air du temps

OBJECTIFS

- Saisir le message implicite contenu dans certains documents présentant des sujets de société.

- Comprendre les informations essentielles de brèves interviews et d'un extrait de conférence.

- Identifier les procédés de l'argumentation à l'écrit et à l'oral.

- Apprécier l'humour et l'expressivité dans un document oral et dans une BD.

- Réagir par écrit à un sujet de société : courriel, lettres.

- Présenter oralement ou par écrit une argumentation structurée sur un sujet de société.

- Auto-évaluer sa capacité à argumenter (exposé).

- Identifier des phénomènes de société dans un contexte étranger et établir des comparaisons avec son propre pays.

CONTENUS

Aspects langagiers

- Lexique : environnement ; habitat ; soins du corps ; nuances dans l'expression de la comparaison et de la concession.
- Grammaire : opposition ; concession ; comparaison.
- Communication : structuration d'un exposé ; prise de position ; registres.

Aspects culturels

Quelques caractéristiques de la société actuelle.

Stratégies

L'argumentation : mode d'emploi.

Tâche finale

Exposé : parler pour convaincre.

CE Un p'tit tour dans le futur

© SEFAM, extrait de « Souriez, vous êtes radiés » de Ness, Paris 2003

1 Décrivez avec précision la planche de BD qui se trouve ci-dessus.

2 Résumez en trois phrases l'histoire qu'elle raconte.

3 Quel est son message ? Par quels procédés le dessinateur le transmet-il ?

4 **EO** Partagez-vous la vision de l'auteur ? Renvoie-t-elle à une réalité ou à une évolution possible de la société ?

CO Des goûts et des couleurs

🎧⊘ **1** Écoutez deux fois ces trois mini-interviews sur la notion de « look » et relevez le maximum d'informations pour chaque jeune interviewé(e).

1) Classez-les en fonction des rubriques suivantes : **a)** définition du look **b)** accessoires **c)** sortes de looks.
2) Mettez en commun vos résultats. Que pensez-vous des réponses de ces jeunes ?
3) Comment s'expriment-ils ? Sauriez-vous identifier leur accent ?

🎧 **2** Écoutez deux fois les propos d'une jeune fille qui décrit sa tenue vestimentaire. Relevez le maximum d'informations. Qu'est-ce qui vous semble original dans sa façon de s'habiller ? Quelle image gardez-vous d'elle ?

CE Villes et cités

LA MIXITÉ marseillaise

À Marseille, il n'y a pas eu de voitures brûlées[1]. Peut-on y voir un signe ? Pourtant, Marseille n'est pas mieux lotie que les autres villes en cités[2] délabrées. Je me souviens, dans la zone nord, des « barres »[3] avec les ascenseurs sabotés, transformés en pissotières. À Marseille, j'ai participé, en vingt ans, à sept concours d'architecture ou d'urbanisme. Ça n'a jamais marché, d'ailleurs…

Mais, comme beaucoup, j'aime cette ville. Je sens une identité très forte d'un bout à l'autre et une culture de la mixité. Le centre n'y est pas fermé aux pauvres et arrogant de richesse, tout le monde peut s'y reconnaître. Les quartiers, plus ou moins bourgeois ou populaires, semblent se répartir en patchwork. On n'y éprouve pas l'effet centrifuge de la plupart des villes, qui exclut.

Ce qui est le plus important, c'est sans doute un certain sentiment d'appartenance. Appartenance à un groupe, à une cité, à quelque chose de particulier. Une fois adopté, il paraît qu'on est marseillais pour de bon, et quelquefois rapidement. Alors qu'ailleurs beaucoup ont du mal à se sentir français même après une génération.

Partout les villes ont tendance à se murer, classe contre classe. Il y a des rues pour les uns et d'autres pour les autres. Si l'on a honte d'habiter dans un quartier, comment parler d'appartenance, de citoyenneté, de dignité ?

Marseille nous rappelle ainsi que l'urbanisme de la mixité est un enjeu crucial, une condition pour ne pas empêcher pour toujours l'évolution sociale.

Christian de Portzamparc, **Le Monde,** 14 janvier 2006

1. Allusion aux émeutes urbaines de novembre 2005, où des groupes de jeunes des banlieues ont manifesté violemment (notamment en brûlant des voitures) contre leurs conditions de vie et contre la politique du gouvernement.
2. Cité : ensemble de logements économiques dans les quartiers périphériques des villes.
3. Barre : immeuble parallélépipédique construit en longueur.

1 Lisez l'article ci-dessus, puis répondez.
1) Quelle est l'intention de l'auteur ?
2) **Paragraphe 1 :** l'auteur présente une opposition entre deux faits. Lesquels ?
3) **Paragraphe 2 :** quelles sont les deux caractéristiques positives de Marseille selon l'auteur ?
4) **Paragraphes 2 à 4 :**
   a) Comment se définit « l'urbanisme de la mixité » ? (Recherchez une image.) À quoi s'oppose-t-il ? (Relevez une expression.)
   b) La question finale exprime indirectement l'opinion de l'auteur : reformulez-la de manière affirmative. Pourquoi a-t-il préféré une question ?

2 Recherchez dans le texte les adverbes équivalents à…
a) cependant **b)** probablement **c)** réellement **d)** dans tout autre endroit que celui où je suis **e)** dans tous les endroits **f)** de cette manière

⊘ **3** **EO** Cet « urbanisme de la mixité » existe-t-il dans votre pays ?

4 **EE** Lettre.
Vous avez obtenu un emploi ou un stage à Marseille pour une durée de six mois. À la recherche d'un logement, vous écrivez à l'Office de tourisme pour obtenir des informations sur les foyers, les organismes de colocation, les résidences universitaires…

EXPRIMER L'OPPOSITION ET LA CONCESSION

1 Observez les marques grammaticales de l'opposition et de la concession dans ces phrases.
1) Tous ses copains sont plutôt négligés. **Lui,** il soigne son look métrosexuel.
2) Elle est blonde comme les blés **tandis que,** chez elle, ils sont tous archibruns !
3) Elle ne porte que des fringues de récup **mais** elle a **quand même** un style moderne.
4) **Bien qu'**ils aiment la compagnie des femmes, ils adorent se retrouver entre hommes.

Il y a **opposition** quand on met en valeur des différences entre deux faits (phrases 1 et 2), et **concession** quand un fait n'a pas lieu comme la logique l'exigerait (phrases 3 et 4). Ces notions peuvent être à peine marquées grammaticalement (phrase 1), ou marquées par des conjonctions spécifiques (phrases 2, 3, 4), et des adverbes (phrase 3).

1. L'opposition

1) Conjonctions
– *Alors que* (+ indicatif), *tandis que*[1] (+ indicatif) : *Les salariés ont des contrats précaires alors que les managers sont protégés par des contrats en or.*

2) Adverbes et locutions adverbiales
– *Au contraire :* *Quelle orientation pour ces cliniques : proposer une chirurgie esthétique à bas prix ou au contraire, miser sur le haut de gamme ?*
– *En même temps* (langue parlée) : *Je rêvais d'une famille normale et, en même temps, j'adorais ce milieu bohème.*
– *En revanche, par contre :* *Dans les villes, on vit dans l'anonymat. Dans les villages, en revanche, on se réfère toujours à « l'Anglais », par exemple, pour désigner une personne étrangère.*

3) Locution prépositionnelle + nom
– *Contrairement à :* *La carte biométrique ne sera pas obligatoire, contrairement au projet initial.*

2. La concession

1) Conjonctions
– *Bien que* (+ subjonctif), *quoique* (+ subjonctif) : *Le mot d'origine anglaise, « smoking », est utilisé en français quoiqu'on lui donne un sens différent.*
– *Alors que*[2] (+ indicatif) : *Nos patients se croient déprimés alors qu'ils sont seulement très fatigués.*
– *Même si :* *Il m'a fait visiter l'usine, puis on a discuté. Même si l'entretien était formel, j'ai senti qu'on pourrait bien s'entendre.*
– *Quel(s) / Quelle(s) que soi(en)t* (+ nom) : *Le comportement des parents est le même, quel que soit le niveau d'études.*

2) Adverbes et locutions adverbiales
– *Pourtant :* *Mon coloc' a raté la pizza, et même la salade ! Pourtant, on a bien ri ce jour-là !*
– *Quand même* (langue parlée), *néanmoins, cependant, toutefois* (registre soutenu) : *Le comique en littérature, ce n'est pas ce que je recherche. Néanmoins, j'ai bien ri en lisant* Don Quichotte.

3) Prépositions + nom
– *Malgré, en dépit de* (registre soutenu) : *Malgré ma formation d'assistant de production, on ne me propose que des postes de régisseur.*

4) L'expression *avoir beau*
– *Avoir beau* (+ infinitif) : *Cette top-modèle a beau être une des filles les mieux habillées, ce jour-là, elle portait n'importe quoi.*

2 Répondez. Quelle est l'idée implicite contenue dans les phrases suivantes ?
1) Quoique militaire, il est indiscipliné dans la vie de tous les jours.
2) Elle est intelligente et cultivée, bien qu'elle ait été élue Miss France.

3 Pouvez-vous citer quelques paradoxes à partir des modèles suivants ?
1) Les gens s'alimentent de plus en plus mal alors que la diététique est à la portée de tous !
2) Cette équipe n'a obtenu aucun résultat alors que c'est la mieux payée au monde !

---

[1] Certaines conjonctions ont des sens différents selon les contextes : *tandis que* peut aussi exprimer un rapport temporel (voir Leçon 4).
[2] Cette conjonction peut marquer les deux notions (temps et concession).

3. Le choix entre opposition et concession dépend de l'intention de communication
- « Le gouvernement ordonne des démolitions, alors que 60 000 personnes sont mal logées ! » (opposition)
- Ce représentant du DAL (Droit au logement) fait remarquer que le gouvernement poursuit sa politique de démolitions à grande échelle, bien que le nombre de mal-logés s'alourdisse de jour en jour. (concession)

4. Sens et emplois de la conjonction *mais*
- Elle marque **l'opposition** (*Il fait beau mais demain il pleuvra.*) ou **la concession** (*Il est riche, mais il vit simplement.*).
- On l'utilise aussi pour **faire ressortir un groupe de mots après une négation** : *Actuellement, ce ne sont pas les locataires qui choisissent un appartement mais les propriétaires qui choisissent leurs locataires.*

COMPARER : SIMILITUDES, DIFFÉRENCES, PROPORTIONS

1 Que signifient ces expressions ? Expriment-elles des similitudes, des différences, des proportions ?
1) Tel père, tel fils.
2) Plus on est de fous, plus on rit.
3) On n'est jamais aussi bien servi que par soi-même.
4) C'est simple comme bonjour !
5) Parler, c'est bien, se taire, c'est mieux.
6) C'est plus fort que moi.

1. Similitudes

1) Comparaison simple
- ***Comme, tel(s) quel(s) / telle(s) quelle(s)*** : *Ils ont pris l'autoroute comme tant de Franciliens.*
- ***Au même titre que*** (registre soutenu), ***de même que, ainsi que*** : *Ici, la liberté d'expression est niée, au même titre que les autres libertés individuelles.*

2) Comparaison combinée à d'autres notions (hypothèse, but, temps…)
- ***Comme si / pour / quand*** : *L'animal s'est approché d'elle, comme pour la mordre.*

3) Équivalence en quantité ou en qualité
- ***Autant de*** (+ nom) ***que, (tout) aussi*** (+ adjectif) ***que*** : *On dirait qu'il y a autant de chiens que d'habitants !*

4) Comparaison et opposition
- ***Autant… autant*** : *Autant avant elle soignait son look, autant maintenant elle se laisse aller.*

2. Différences, supériorité et infériorité

1) Exprimer des différences
- ***Autre chose que, plutôt que*** : *La dépression est (bien) autre chose que la simple fatigue.*

2) Exprimer la supériorité et l'infériorité
- ***(Bien / Beaucoup) plus / moins, (bien) davantage que*** : *Elle s'ennuie (bien) moins qu'elle (ne) le dit.*

3. Proportions, progressions

- ***Plus … plus / moins … moins / plus … moins / moins … plus*** : *Plus le besoin de plaisir s'accroît, plus les dépendances sont nombreuses.*

4. Le superlatif : **↗** *Précis grammatical*, page 141.

- ***Le plus / moins … (que)*** : *Agissez le plus honnêtement que vous pourrez.*

5. Intensité et hyperbole

- **Adverbes** : *Ce PDG est extrêmement riche.*
- **Préfixes** *(extra-, hyper-, ultra-)* **ou suffixes** *(-issime)* : *Ce sac est ultrachic !*

2 Quelle est la signification des phrases en italique : a) ou b) ?
1) *Autant il était laid et peu attirant, autant sa voix et ses chansons nous fascinaient.*
   a) Il n'était pas attirant et nous n'aimions pas ses chansons.
   b) Il n'était pas attirant mais nous aimions ses chansons.
2) *Il y a une augmentation des exportations agricoles, mais il s'agit moins d'animaux que d'un transfert de technologie.*
   a) Les exportations d'animaux ont diminué.
   b) C'est surtout la technologie qui est exportée.
3) *Plus qu'un symptôme sécuritaire, les quartiers résidentiels fermés traduisent un besoin de repli sur soi.*
   a) Ces quartiers traduisent plus un besoin sécuritaire qu'un besoin de repli sur soi.
   b) Ces quartiers traduisent plus un besoin de repli sur soi qu'un besoin sécuritaire.

L'ENVIRONNEMENT

Les gestes écocitoyens

1 Complétez le texte ci-dessous avec les mots suivants.

agglomérations, appareil électroménager, arrêt, consommation, déchets, gaspillage, ménages, prise en compte, trier

Les pratiques environnementales s'installent de plus en plus dans la vie quotidienne des Français. Le tri des … (1) ou l'attention à la … (2) d'électricité et d'eau sont désormais adoptés par une large majorité des … (3). Ainsi, selon un sondage réalisé par l'Insee, trois ménages sur quatre affirment … (4) régulièrement leurs déchets. […] La chasse au … (5) énergétique semble également devenir un réflexe. L'… (6) systématique de la veille de la télévision ou l'apport d'un sac ou cabas pour faire ses courses sont assez répandus ainsi que l'attention à sa consommation d'électricité, d'eau et la … (7) de la consommation d'énergie lors de l'achat d'un … (8). […] Notons cependant qu'à l'instar des bons trieurs, les bonnes pratiques environnementales sont moins fréquentes dans les grandes … (9).

www.univers-nature.com

2 Quels autres gestes écocitoyens entrent peu à peu dans nos habitudes de vie, selon vous ?

3 Il y a encore de « mauvais » gestes…
   a) Par exemple : prendre sa voiture pour un oui ou pour un non. Le trafic urbain est à l'origine de nombreuses nuisances pour les citadins et l'environnement en général. Lesquelles ?
   b) Quels autres « mauvais » gestes sont habituels dans notre société ?

HABITAT ET URBANISME : VIVRE EN MILIEU URBAIN

Design et architecture urbaine

1 Comment comprenez-vous les mots en caractères gras dans le texte ?
Depuis quelques décennies, les grandes métropoles du monde entier connaissent des **bouleversements** faisant évoluer leur politique d'**aménagement,** d'où la nécessité **croissante** de bâtiments publics à la fois fonctionnels et **emblématiques,** porteurs de l'expression d'une identité collective. Elles doivent aussi se **doter** d'un **maillage** d'infrastructures de communication qui les **relient** les unes aux autres en évitant l'**engorgement** routier ; d'un **réseau** de routes **entretenu** pour la **desserte** locale, d'une **ceinture** de verdure qui apporte à leurs habitants la qualité de vie suffisante pour les retenir. Le **design** et l'architecture jouent un rôle de premier plan dans la satisfaction de ces besoins.

2 Association d'images.
   1) Notez tous les mots ou images qui vous viennent à l'esprit quand vous pensez au mot « ville » et faites de même pour chaque groupe de mots du schéma. Allez le plus loin possible dans votre remue-méninges !
   2) Élaborez un texte sur votre conception de la ville. Pour cela, choisissez dix noms parmi ceux que vous venez de noter ; associez-leur un verbe et un adjectif qui les mettent en relief. Incorporez au texte quelques adverbes et deux ou trois expressions toute faites. Finalement, lisez votre production à l'ensemble de la classe.

3 Architectes, ingénieurs, designers, constituez votre propre boîte à mots en dépouillant des articles de votre spécialité.

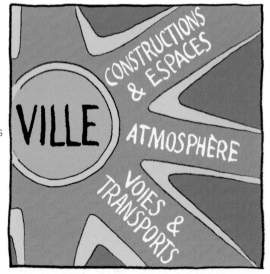

LE LOGEMENT DANS LES GRANDES VILLES : ON PEUT ÊTRE BIEN OU MAL LOGÉ

1 Répondez aux questions suivantes.
   1) Voici quelques endroits où l'on peut résider : *un quartier résidentiel, une rue passante, une banlieue aisée, une ruelle charmante…* Pouvez-vous en citer d'autres ?
   2) Cherchez le contraire des adjectifs ci-dessus.
   3) On peut aussi loger dans *un immeuble mal entretenu, une barre rénovée, un pavillon ancien, un vieux bâtiment…* Pouvez-vous citer d'autres types de logements ?

2 On peut être propriétaire ou locataire. Dans votre pays, quels documents et garanties exige-t-on pour louer un appartement ? Aidez-vous des mots du texte ci-dessous pour répondre.

Actuellement en France, comme dans beaucoup de pays, les **bailleurs** exigent de plus en plus de garanties : la présentation **des fiches de paye, des déclarations d'impôts** et un ou plusieurs **garant(s)** si les revenus sont jugés trop faibles ; **le règlement de plusieurs loyers d'avance** comme **caution** ; il faut, bien évidemment avoir des **papiers en règle** et pouvoir payer **le montant du loyer.** Pour beaucoup de gens, c'est vraiment le parcours du combattant !

3 De plus en plus de personnes n'ont pas accès au logement dans les grandes villes. Voici des titres que l'on trouve fréquemment dans la presse.

Halte à la hausse des loyers !

Des jeunes en galère !

Centre-ville interdit aux classes moyennes !

Des SDF à la pelle !

Non à la précarité des logements !

1) Que signifient ces titres ?
2) Quels autres problèmes pourrait-on citer ? Inventez des titres d'articles, en prenant comme modèles ceux que vous venez de lire.

L'IMAGE DE SOI ET LES SOINS DU CORPS

Quelques petites questions à commenter…
1) Prenez-vous soin de votre corps ? Comment ? En achetant des produits de beauté ? En faisant de l'exercice physique ? En soignant votre alimentation ?
2) Vous faites-vous conseiller pour changer ou améliorer votre image ? Par qui : vos amis ou votre famille ? Des professionnels ? Des magazines ? Sur quel(s) point(s) exactement ? Ces conseils vous influencent-ils ?

PARLER EN NUANÇANT SA PENSÉE : COMPARAISON ET CONCESSION

1 Comparaison. Observez les mots ci-dessous puis construisez des phrases avec certains d'entre eux. Voici quelques exemples.
– Il n'existe aucune parenté entre ces deux langues.
– Il ne s'est cassé qu'un orteil : c'est un moindre mal !
– Ces deux malfrats se valent bien !
– Pierre et Mireille : c'est le jour et la nuit !

Noms	Adjectifs	Verbes	Expressions
une analogie	égal à / en	(se) rapprocher (de)	Ça revient au même.
une correspondance	un tel (avis)	opposer	C'est du pareil au même.
un lien	tout autre	prendre pour…	C'est le jour et la nuit.
un rapport	distinct (de)	(se) valoir (de)	Ne pas arriver à la cheville
un rapprochement	moindre	jouer les…	de…
une relation	supérieur (à)	différer, se distinguer (de)	(Petit) comme ça + geste.
une parenté		dépasser	
		l'emporter (sur)	

2 Marquer une concession. Faites des phrases avec les mots et expressions ci-dessous qui ne sont pas illustrés par un exemple.

Verbes	Exemples		Expressions	Exemples
admettre que	....		Agir à contrecœur.	Je suis parti à contrecœur :
reconnaître que	....			j'aurais préféré rester !
convenir que			Mettre de l'eau dans son vin.	....
concéder que	Je conviens que ce que je dis n'est pas facile à réaliser !		Avoir beau…	....

CO

La pub en question

Vous allez écouter plusieurs extraits d'une conférence de Frédéric Beigbeder, écrivain, présentant son livre *99 francs*.

1 Première écoute.
1) Remettez dans l'ordre ces phrases qui reprennent les idées principales des propos de F. Beigbeder.
a) Actuellement, on ne fait plus de pubs créatives et c'est le client qui commande.
b) Les publicistes gouvernent le monde et nous conditionnent.
c) L'éducation doit introduire un système de défense contre la pub qui impose des schémas trompeurs.
d) La pub ou l'idéologie manipule nos désirs et nos besoins.
2) Résumez l'essentiel des propos de Frédéric Beigbeder.

2 Deuxième écoute.
1) Notez les expressions se rapportant aux points suivants : a) le public b) les publicistes c) la publicité d) les modes de conception des pubs e) les enfants.
2) Commentez les expressions relevées et définissez l'objectif et le ton de F. Beigbeder. Présentez vos conclusions à la classe.

3 EO Discussion. Partagez-vous le point de vue du conférencier ? Allez-vous aussi loin que lui dans votre critique ?

4 EE Lettre au directeur. Rédigez une courte lettre au directeur d'une chaîne de télévision pour critiquer la fréquence, la durée et le genre de spots publicitaires qu'elle diffuse. Vous réclamez (en argumentant) un changement radical de la part de la chaîne.

CO

VADÉLOU
(Castafiore Bazooka)

Y'a des loups chez les zoulous
Y'a des loups chez les gros pleins de sous
Sans compter des loups hip hop
Qui s'déhanchent avec les vieux pops
Y'a des loups sur des tabourets
Qui remplissent des tas d'papiers
Des gros vilains loups dans des cartons
Qui font d'la charité bidon
Y'a des loups pleins de tics
Qui passent le soir à la télévision
Qui émettent des vibrations
À s'faire péter les boulons
Des loulous au gros nez
Des loulous pleins de doigts d'pieds
Qui fabriquent des éventails
Juste pour les pays sous-développés
Et c'est tout.

3 Vous plaît-elle ? Pourquoi ? En quoi est-elle difficile à comprendre ?

4 Réécoutez cette chanson en lisant la transcription.
1) Où trouve-t-on les « loups » ? En quoi se ressemblent-ils ? Qui sont-ils ?
2) Citez trois « loups » qui vous semblent particulièrement intéressants, amusants ou représentatifs de notre société et commentez-les.
3) Choisissez des adjectifs expressifs dans le texte et trouvez-leur des synonymes.

1 Écoutez cette chanson, puis répondez.
1) Quel mot retrouve-t-on dans le titre de cette chanson et tout au long des couplets ? Est-il utilisé dans un sens positif ou négatif ?
2) Quel est le but de cette chanson ?
a) Parler des animaux sauvages en voie de disparition.
b) Critiquer les personnes qui se comportent comme des loups.
c) Rire des petits défauts de notre société.

5 Discussion. Quel est le style de musique qui accompagne cette chanson ? Que pensez-vous de l'association paroles-musique ?

2 Cette chanson vous semble-t-elle le prototype de la « chanson française » ?

6 EO Discussion. Quelle vision de la société nous offre cette chanson ? La partagez-vous ?

1 Avant de lire le texte ci-dessous, commentez son chapeau et son titre, puis imaginez son contenu.

Souci du corps et sculpture de soi

1. [...] Il n'est pas besoin d'être grand devin pour détecter l'importance et même l'omniprésence du corps dans les sociétés contemporaines : explosion du nombre des magasins de mode, des produits cosmétiques et salons esthétiques, des salles et clubs de sport, des nouveaux médicaments et des techniques médicales ou chirurgicales pour l'améliorer ou même le transformer…

2. Le corps deviendrait-il alors le reflet du moi profond et original de chacun ? Les choses ne sont, hélas, pas si simples, car nos sociétés continuent de véhiculer des normes, nouvelles certes, changeantes aussi, mais toujours très prégnantes…

3. Mais d'abord, comment le corps, longtemps considéré par nos aïeux comme un carcan encombrant et la source de bien des douleurs, est-il devenu l'un des principaux lieux de fabrique des identités ?

4. Auteur de nombreux travaux sur le corps, l'anthropologue David Le Breton s'est penché sur la mode des tatouages et des *piercings*. [...] Pour les jeunes qu'il a interrogés, elles (ces modifications corporelles) sont avant tout des « *manières ludiques de parer son corps* » et de « *devenir le joueur de son existence* ». Et même si les modifications corporelles attestent d'un phénomène de mode et de consommation ainsi que d'une volonté de ressembler aux autres, « *des millions de jeunes Occidentaux éprouvent la marque corporelle comme une reconquête de soi* ».

5. « *On est là dans une fabrique d'identité* », affirme D. Le Breton, qui note une similitude avec la pratique de la chirurgie esthétique chez les plus âgés : « *En changeant son corps, on change sa vie.* »

6. [...] Comment entretenir et bien traiter son corps sans tomber dans les excès divers et variés, qui vont de l'obsession de la musculation aux recours les plus fantaisistes à l'esthétique et à la médecine ? Comment, en définitive, allier quête d'excellence et recherche d'équilibre et de santé dans une société où les modèles de la mode et de la publicité nous invitent à aller toujours plus vite, toujours plus haut, à être toujours plus en forme, à avoir toujours moins de rides… ?

7. Aujourd'hui, par exemple, les images de top-modèles, de vedettes cinématographiques ou de la téléréalité affichant leur corps de lianes, nourrissent un « idéal de minceur » qui est devenu un véritable phénomène de santé publique, contribuant parfois à développer des pathologies telle l'anorexie mentale chez les adolescentes ou les ravages de régimes plus ou moins charlatanesques…

8. [...] C'est donc à base d'un curieux mélange alliant recherche de bien-être, d'esthétique et de santé, mais aussi culte de l'excellence et de la performance, inscrits en filigrane dans la planification des existences que s'est construit le souci du corps, devenu l'une des caractéristiques essentielles de l'hypermodernité…

Martine Fournier, *Sciences humaines,* novembre 2004

2 Quel est le double but de ce texte ? Justifiez votre réponse.

a) Apporter des informations. **b)** Convaincre le lecteur de prendre position. **c)** Faire réfléchir sur un phénomène de société.

3 Voici huit affirmations reprenant dans le désordre les idées essentielles du texte. Retrouvez l'ordre chronologique, puis transformez ces affirmations en intertitres.

a) La notion de corps a fortement évolué au fil du temps.
b) Les marques faites sur le corps vont au-delà d'un phénomène de mode.
c) Il est difficile de bien traiter son corps dans une société qui nous tyrannise.
d) L'individu hypermoderne est confronté à un double défi.

e) La dictature de la mode entraîne des pathologies graves chez les adolescentes.
f) Le corps est devenu l'un des soucis majeurs de la société hypermoderne.
g) On peut se demander si le corps reflète actuellement le moi profond de l'individu.
h) Un parallèle a été établi entre les marques corporelles et la chirurgie esthétique.

4 Faites le résumé du texte (170 mots environ).

Pour faire un résumé.

a) Dégagez l'idée principale de chaque paragraphe et résumez-la.
b) Mettez en valeur l'argumentation et établissez des liens entre les paragraphes à l'aide de connecteurs.
c) Rédigez une introduction qui présente les sujets abordés et une conclusion montrant la position de l'auteur.

5 EE Réagissez sur le forum Internet *Forme et beauté* : *Toujours plus vite, toujours plus loin, toujours plus haut… pour être toujours en forme !*

6 EO Débat. Que pensez-vous des interventions chirurgicales pour des raisons esthétiques ?

CE EO EE

Tâche finale

Parler pour convaincre

Vous êtes chargé(e) de faire devant l'ensemble de la classe un exposé sur un sujet de société polémique qui vous tient particulièrement à cœur. Vous devez présenter le sujet et introduire vos arguments pour convaincre vos camarades du bien-fondé de vos positions.

↗ *Portfolio, page 11 : Argumentation, mode d'emploi.*

PHASE 1 : CHOIX DU SUJET

Choisissez votre sujet. Si vous le souhaitez, inspirez-vous des textes ci-dessous ou d'un des thèmes traités au cours de la leçon.

Pour ou contre la disparition des loups ?

Chercher des loups en Suisse revient à peu près à chercher une aiguille dans une botte de foin. C'est peut-être même plus difficile encore, car ils ne sont qu'une poignée à parcourir les grands espaces montagneux et les alpages du pays rendus célèbres par Heidi, classique de la littérature enfantine du XIXe siècle, et plus récemment, par la série télévisée populaire du même nom. Mais pour bon nombre d'habitants des Alpes suisses, c'est une poignée de trop.
« Si je rencontrais un loup, je l'abattrais », annonce de but en blanc un chasseur suisse du canton italophone du Tessin. « Ce ne sont que de froides machines à tuer qui menacent les éleveurs et leur bétail. »
De telles attitudes ont conduit à l'extinction du loup en Suisse il y a environ 100 ans. Or, malgré la persécution constante dont il a fait l'objet (et l'image négative véhiculée par de nombreux contes comme *Pierre et le Loup*, *le Petit Chaperon Rouge*, *les Trois Petits Cochons* et autres), le loup européen (canis lupus) semble être de retour : ces dernières années, plusieurs loups venus d'Italie via la France ont discrètement traversé la frontière, en quête de nourriture et de nouveaux territoires.

La Suisse et le loup, Mark Schulmann, 15 avril 2005 © www.wwf.fr

Notre société : révolte ou consommation ?

J'observe d'abord que les gens se déplacent généralement par bandes, ou par petits groupes de deux à six individus. Pas un groupe ne m'apparaît exactement semblable à l'autre. Évidemment ils se ressemblent, ils se ressemblent énormément, mais cette ressemblance ne saurait s'appeler identité. [...] J'observe ensuite que tous ces gens semblent satisfaits d'eux-mêmes et de l'univers ; c'est étonnant, voire un peu effrayant. Ils déambulent sobrement, arborant qui un sourire narquois, qui un air abruti. Certains parmi les plus jeunes sont vêtus de blousons aux motifs empruntés au hard-rock le plus sauvage ; on peut y lire des phrases telles que : « Kill them all ! » ou « Fuck and destroy ! » ; mais tous communient dans la certitude de passer un agréable après-midi, essentiellement dévolu à la consommation, et par là même de contribuer au raffermissement de leur être. J'observe enfin que je me sens différent d'eux, sans pour autant pouvoir préciser la nature de cette différence.

Michel Houellebecq, *Extension du domaine de la lutte*
© Éditions Maurice Nadau

PEUT-ON VIVRE À PARIS ?

Les jeunes, galère, colère et coloc'

Plus on est jeune, moins on est propriétaire : parmi les ménages dont la personne de référence a moins de 25 ans, 80 % sont locataires. Mais voilà, même quand ils disposent de ressources, les propriétaires se méfient particulièrement d'eux. Les exigences de garanties sont telles qu'après s'être révoltés, puis désespérés, ils apprennent à se débrouiller. [...] Victor, 26 ans, a été obligé de quitter l'appartement qu'il sous-louait à un ami : « Avec ma copine, nous avons un mois ou deux pour trouver autre chose. [...] Vu nos revenus, nous avons ciblé un quartier prétendument pas cher : le XXe arrondissement de Paris. Mauvais signe : rien qu'entre Gambetta et Ménilmontant, j'ai compté 15 agences immobilières. On a visité une quinzaine d'appartements. On a vu un deux-pièces complètement pourri, 45 m², à 950 €. L'agence exigeait un salaire net équivalent à trois fois et demie le prix du loyer et un garant (l'un de nos parents) à condition qu'il gagne 6 000 €, soit six fois le prix du loyer ! »

« Logement : cauchemar à tous les étages », *Marianne*, du 3 au 9 septembre 2005

PHASE 2 : PRÉPARATION DE L'EXPOSÉ

1 Documentez-vous et ordonnez les informations.
1) Sélectionnez quelques articles de revues ou de journaux présentant des points de vue différents ou permettant la polémique.
2) Prenez des notes, puis classez vos informations.
3) Élaborez très précisément le plan de votre exposé qui doit durer environ 5 minutes. N'oubliez pas l'introduction et la conclusion !

2 Aiguisez vos arguments : vous voulez convaincre !

3 Préparez judicieusement votre matériel.
a) Le plan très détaillé que vous aurez le droit de consulter, tandis que vous parlerez.
b) Éventuellement, quelques documents que vous pourrez faire circuler dans la classe.

4 Entraînez-vous à dire à haute voix et de façon suivie votre exposé. Chronométrez-vous pour ne pas dépasser le temps fixé.

Prendre des notes.

Pour aller plus vite, vous pouvez utiliser des abréviations.

Initiales et troncations : n. (nom) ; v. (verbe) ; fr. (français) ; angl. (anglais) ; fam. (familier) ; fut. (futur)

Emploi de symboles mathématiques ou autres :
+ (plus) ; − (moins) ; = (égal) ; ≠ (différent) ;
~ (environ) ; > (plus grand que, supérieur à) ;
< (plus petit que, inférieur à) ; ♂ (homme) ;
♀ (femme) ; & (et) ; § (paragraphe)

Omission de voyelles et de consonnes :
qq. (quelque(s)) ; ds. (dans) ; pcq. (parce que) ; tps. (temps) ; c.a.d. (c'est-à-dire) ; p. ex (par exemple) ; cf. (confer) ; ns. (nous) ; vs. (vous) ; ts. (tous) ; tt. (tout) ; pr. (pour)
Emploi du signe ° pour remplacer le suffixe *-tion* **:** mondialisat° (mondialisation)

PHASE 3 : L'EXPOSÉ

Regardez votre auditoire ! Prenez-le à témoin ! Si vous ne trouvez pas un mot, cherchez des « trucs » qui peuvent vous aider ! Il y a bien des manières de dire ce que l'on veut !

✍ PHASE 4 : APRÈS L'EXPOSÉ

L'auditoire réagit à vos propos et vous répondez en argumentant.

PHASE 5 : (AUTO-)ÉVALUATION

Avez-vous « accroché » votre public ? L'avez-vous convaincu ? Comment évaluez-vous votre capacité à exposer et à argumenter ?

Pour vous aider à vous évaluer ! Voici les critères que donne le Cadre européen commun de référence pour les langues concernant votre niveau (B2).

▶ Je peux comprendre des articles sur des problèmes contemporains et dans lesquels les auteurs adoptent une position ou un point de vue particulier.
▶ Je peux planifier ce qu'il faut dire et les moyens pour le dire en tenant compte de l'effet à produire sur le(s) destinataire(s).
▶ Je peux faire un exposé clair, préparé, en avançant des raisons pour ou contre un point de vue particulier et en présentant les avantages et les inconvénients d'options diverses.
▶ Je peux m'exprimer clairement sans donner l'impression d'avoir à restreindre ce que je veux dire.

▶ J'ai un bon contrôle grammatical.
▶ L'exactitude du vocabulaire que j'utilise est généralement élevée.
▶ Je peux écrire un texte qui développe une argumentation. Je peux synthétiser des informations et des arguments de sources diverses.
▶ Je peux écrire un essai qui développe une argumentation, en apportant des justifications pour ou contre un point de vue particulier et en expliquant les avantages et les inconvénients de différentes options.

PHASE 6 : PASSAGE À L'ÉCRIT

Rédigez un texte argumenté (adressé à une association, à un journal local ou autre) qui reprenne le sujet abordé. Mettez en valeur votre argumentation (20-25 lignes).

Choisissez l'option qui convient (a, b,c) pour compléter les textes suivants.

Les Canadiens n'aiment plus leur pays.

« Le Canada fout le camp », s'alarme le magazine *l'Actualité*. « Cette fois, le problème ne vient pas de l'indépendantisme québécois. Le pays risque … (1) de se dissoudre dans l'indifférence générale. Car, d'un océan à l'autre, on vibre … (2) à l'idée d'être Canadien », note le bimensuel québécois, se faisant l'écho d'un récent … (3). Seuls 60 % des gens interrogés se disent « très fiers » de leur appartenance nationale, … (4) ils étaient 80 % en 1985. D'ailleurs, ils ne sont plus que 30 % à se dire « prêts à prendre les armes pour défendre leur pays ». Le drapeau à la feuille d'érable n'a donc visiblement plus la cote chez lui. … (5), à l'étranger, l'image du Canada n'a jamais été aussi bonne. Ce pays ouvert à l'immigration, favorable au mariage homosexuel, pacifique et riche de surcroît est perçu … (6) étant l'un des plus cool au monde. […] « Nous sommes devenus une société … (7) plus fragmentée, métissée et complexe, … (8) plus humanitaire aussi, … (9) de santé, d' environnement, d'égalité sociale », juge le magazine, qui appelle à… (10) un « nouveau discours, une nouvelle iconographie et de nouveaux symboles ».

Courrier International, du 23 février au 1ᵉʳ mars 2006

1)	a) plutôt	b) tôt	c) mieux
2)	a) bien moins	b) plus ou moins	c) de moins en moins
3)	a) sondage	b) étude	c) statistique
4)	a) bien qu'	b) alors qu'	c) pourtant
5)	a) Alors que	b) Quoique	c) En revanche
6)	a) tel	b) comme	c) aussi
7)	a) de	b) en	c) beaucoup
8)	a) même	b) mais	c) sinon
9)	a) préoccupée	b) intéressée	c) alarmée
10)	a) parler	b) recourir	c) inventer

Les ados se débrouillent avec la mode.

À 17 ans, Mélanie aime avoir son style à elle. Comme toute sa génération, la … (11) l'occupe beaucoup, … (12) que la musique ou le cinéma.

Pour les adolescents … (13) d'identité, la manière de s'habiller commande l' … (14) et indique souvent l'appartenance à un groupe. […] Manne* économique … (15) que cible difficile à cerner et à satisfaire, le jeune fait l'objet de multiples sondages et d'études poussées. L'objectif : concevoir des … (16) publicitaires et des plans marketing capables de sensibiliser cet étrange … (17) qui est capable de faire le succès d'un vêtement … (18) d'en accélérer le déclin. […] Les garçons trouvent leurs modèles sur le stade, … (19) les filles, sur la scène. […] … (20) les jeunes continuent d'adhérer aux marques de sport, ils aiment qu'elles soient enrichies d'une dimension créative.

Véronique Gauhapé, *Le Monde,* vendredi 3 mars 2006

*Manne : nourriture providentielle, don ou avantage inespéré

11)	a) robe	b) couture	c) fringue
12)	a) au même titre	b) aussi	c) tel
13)	a) fiers	b) en quête	c) à défaut
14)	a) habit	b) apparence	c) aspect
15)	a) aussi	b) de plus en plus	c) en même temps
16)	a) budgets	b) campagnes	c) ventes
17)	a) consommateur	b) gaspilleur	c) débrouillard
18)	a) tel que	b) comme	c) autant
19)	a) bien que	b) pourtant	c) tandis que
20)	a) Même si	b) Malgré	c) Cependant

LEÇON **6** / Les futurs proches

Nous avons réussi.

Renaud Pennelle

OBJECTIFS

▷ S'exprimer spontanément à l'oral avec aisance.

▷ Improviser le résumé oral d'un texte écrit.

▷ Saisir les idées essentielles d'une interview radiophonique longue et complexe.

▷ Saisir les différences et ressemblances entre deux textes de critique littéraire (BD).

▷ Utiliser le contexte pour approfondir sa compréhension d'un document oral ou écrit.

▷ Différencier les informations objectives et subjectives dans divers textes.

▷ Élaborer un récit créatif.

▷ Auto-évaluer sa production écrite créative.

▷ Découvrir quelques auteurs francophones de BD, de science-fiction…

▷ Comprendre l'essentiel de textes tirés d'essais (sciences, utopies).

CONTENUS

Aspects langagiers

▸ Lexique : langage scientifique (génétique, robotique, télécommunications) ; BD ; formules servant à exprimer l'hypothèse.

▸ Grammaire : condition et hypothèse ; emploi de *dont* et des pronoms relatifs composés.

▸ Communication : textes descriptifs ; textes scientifiques.

Aspects culturels

Conquêtes scientifiques et technologiques : réalités et valeurs ; mythes et utopies.

Stratégies

Vers le texte narratif.

Tâche finale

Atelier d'écriture (texte de fiction).

EO Rêver un impossible rêve... (Jacques Brel)

Imagine qu'il n'y ait plus de nations
Ce n'est pas difficile à faire
Rien à tuer ni nulle cause pour laquelle mourir
Et pas de religion non plus,
Imagine que les gens
vivent leur vie en paix

John Lennon, « Imagine »

Je rêve que, un jour, sur les rouges collines de Géorgie, les fils des anciens esclaves et les fils des anciens propriétaires d'esclaves pourront s'asseoir ensemble à la table de la fraternité.

Martin Luther King Jr. sur les marches du Lincoln Memorial
Washington DC, le 28 août 1963

« J'ai rêvé... » de Martin Luther King avait à l'époque des accents d'utopie et pourtant ses idées ont fini par aboutir à la disparition institutionnelle de la ségrégation raciale.

Nicole Abar, 25 décembre 19

RÊVE DE GRANDES CHOSES, CELA TE PERMETTRA AU MOINS D'EN FAIRE DE TOUTES PETITES.

Jules Renard

Je n'ai fait que rêver de vous toute la nuit.

Victor Hugo

J'irai au bout de mes rêves
Tout au bout de mes rêves
Où la raison s'achève
Tout au bout de mes rêves

Jean-Jacques Goldman

1 Choisissez une ou deux citations parmi celles qui figurent ci-dessus. Justifiez votre choix.

2 Commentez ce que le mot *rêve* évoque pour vous.

CO L'aigle noir

(paroles, musique et interprétation de Barbara)

Un beau jour, ou peut-être une nuit,
Près d'un lac je m'étais endormie,
Quand soudain, semblant crever le ciel,
Et venant de nulle part,
Surgit un aigle noir...

1 Écoutez la chanson et relevez les mots qui suscitent en vous des émotions.

2 Retrouvez l'ordre des principales étapes de la chanson.
a) apparition de l'oiseau b) situation de la narratrice
c) requête de la narratrice d) disparition de l'oiseau
e) gestes de l'oiseau f) portrait de l'oiseau

3 Réécoutez jusqu'à *son cou.* Le rêve se met en place et l'oiseau apparaît.
1) Relevez les mots ou groupes de mots qui décrivent...
a) la situation de la narratrice b) l'apparition de l'aigle c) son portrait physique d) ses gestes
2) Montrez que tous ces éléments contribuent à créer une atmosphère onirique.

4 Réécoutez depuis *C'est alors que je l'ai reconnu* jusqu'à la fin. Le rêve continue.
1) Qu'éveillent les gestes de l'aigle chez la narratrice ?
2) Relevez, les images associées aux mots suivants :
a) rêves b) étoiles c) nuage d) soleil e) pluie
f) merveilles
3) À partir de ces images, précisez la requête de la narratrice.
4) Comment se termine le rêve ?

5 Réécoutez la chanson. Quelle(s) interprétation(s) peut-on en donner ?

En 1534, François Rabelais proposa sa vision personnelle de la cité utopique* idéale en décrivant dans *Gargantua* l'abbaye de Thélème.

Pas de gouvernement car, pense Rabelais :
« Comment pourrait-on gouverner autrui quand on ne sait pas se gouverner soi-même ? » Sans gouvernement, les Thélémites agissent donc « selon leur bon vouloir » avec pour devise : « Fais ce que voudras. » Pour que l'utopie réussisse, les hôtes de l'abbaye sont triés sur le volet. N'y sont admis que des hommes et des femmes bien nés, libres d'esprit, instruits, vertueux, beaux et « bien naturés. » On y entre à dix ans pour les femmes, à douze pour les hommes. Dans la journée, chacun fait donc ce qu'il veut, travaille si cela lui chante et, sinon, se repose, boit, s'amuse, fait l'amour. Les horloges ont été supprimées, ce qui évite toute notion du temps qui passe. On se réveille à son gré, on mange quand on a faim. L'agitation, la violence, les querelles sont bannies. Des domestiques et des artisans installés à l'extérieur de l'abbaye sont chargés des travaux pénibles. […]

* Le mot « utopie » a été inventé en 1516 par l'Anglais Thomas More. Du grec *u*, préfixe négatif, et *topos*, endroit, « *utopie* » signifie donc « qui ne se trouve en aucun endroit ».

« Avec l'aimable autorisation des Éditions Albin Michel », *L'encyclopédie du savoir relatif et absolu*, Bernard Werber

[…] Le cap le plus important qui reste à franchir est celui de l'intelligence artificielle. Dans les années 1980-90, on pensait pouvoir mettre dans une machine ce que l'on croit être l'intelligence humaine. Or, comme nous n'arrivons même pas à définir nous-mêmes ce que c'est que l'intelligence, difficile de la programmer dans une machine ! Par ailleurs, l'intelligence s'appuie sur des symboles, des valeurs, de l'affectif, de l'émotif, dont le robot est totalement incapable. La nouvelle approche a donc consisté -plutôt que d'aller du haut vers le bas, de l'intelligence humaine vers les robots- d'aller du bas vers le haut, c'est-à-dire de partir des organismes les plus simples, comme des vers, des mouches, des fourmis, des abeilles, pour essayer de comprendre comment ils apprennent eux-mêmes, comment ils s'orientent par rapport à leur environnement et sont capables d'exécuter des tâches complexes. C'est la nouvelle approche que l'on appelle la vie artificielle, plutôt que l'intelligence artificielle. Elle consiste à fournir à un robot très simple des capacités d'apprentissage par couches successives, lui permettant d'apprendre lui-même en fonction de son environnement. […]

Clones, robots, voyages galactiques : ce que l'avenir nous réserve vraiment, Joël de Rosnay

Automates intelligents

« *Un jour, les robots pourront nous duper en nous faisant croire qu'ils sont humains* », affirme sans hésitation le professeur Hiroshi Ishiguro, qui mène depuis plus de trois ans des recherches sur la communication avec les androïdes. […] « *L'androïde qui a l'apparence d'une femme, peut nous faire croire qu'elle est humaine pendant quelques dizaines de secondes !* », note Hiroshi Ishiguro, « *mais si nous sélectionnons soigneusement les choses en fonction de la situation, il me semble possible d'arriver à prolonger ce genre d'effet sur plusieurs minutes. Les démonstrations montrent que les gens oublient que Repliee est un androïde. De façon consciente, on voit qu'il s'agit d'un robot, mais inconsciemment, nous réagissons comme s'il s'agissait vraiment d'une femme* », constate le chercheur.

« *Repliee* », ou l'inexorable marche vers le robot androïde ?, Christophe de Jacquemin, revue *Robotique, vie artificielle, réalité virtuelle*, n° 74

D'où vient le mot « posthumain » ?

Dominique Lecourt : Ce n'est pas une invention de l'Américain Francis Fukuyama, auteur du livre « Notre avenir posthumain ». La « posthumanité » est une notion empruntée à une littérature à laquelle Fukuyama s'oppose sans trop le dire, à celle de l'utopisme messianique des techno-prophètes. Pour ceux-ci, les robots vont se substituer à l'homme, qu'ils finiront par affranchir de son corps. En téléchargeant nos pensées sur des ordinateurs de plus en plus puissants, nous allons conquérir une sorte d'impassibilité et de perfection qui nous garantira l'immortalité ! En somme, l'homme deviendra une pure raison.

Entretien avec le philosophe Dominique Lecourt, *Le Point* n° 1609 du 28 juillet 2003

EO Par groupes de 4, chacun lit un des textes ci-dessus et fait part de son contenu aux autres. Puis commentez ensemble le sujet qui vous intéresse le plus.

EXPRIMER DES CONDITIONS, FORMULER DES HYPOTHÈSES

Rappelez-vous : quels sont les temps des verbes dans les subordonnées introduites par *si* et dans les principales correspondantes ?

1 **Complétez les phrases ci-dessous.** ↗ *Précis grammatical*, page 138.
1) Quand tu arriveras, *s'il y a* une borne wifi à ton hôtel, tu … (pouvoir) te connecter.
2) **Si** tous les enfants du monde **pouvaient** se donner la main, on … (faire) une ronde.
3) *Si j'avais su,* je … (ne pas venir).

1. La condition

Ce qui est exprimé dans la **condition** est considéré comme **réel ou réalisable,** ainsi que ce qui en découle. La condition et sa conséquence peuvent se situer dans le présent, l'avenir ou le passé.

1) La conjonction *si* et le mode indicatif
Lorsque la condition est introduite par *si*, plusieurs combinaisons de temps sont possibles.
– *Si tu peux, tu m'envoies* un message / **envoie-moi** un message[1].
– *Si vous pouvez* m'aider, *je gagnerai* une journée de travail / *j'aurai gagné* une journée de travail / *je* vous en **serai reconnaissante.**
– *S'il a changé* de numéro, *je ne peux pas* l'inviter / *je ne pourrai plus* le joindre.
– *Si elle a reçu* mon courriel à temps, **elle a** sûrement **essayé** de téléphoner / **elle aura pris** sa décision.

2) Autres conjonctions et mode subjonctif
– *À condition que* exprime une condition en général : *L'éditeur a vendu les droits de la BD à condition que le cinéaste respecte l'œuvre originale.*
– *Pourvu que*[2] exprime une condition nécessaire : *Tu pourras utiliser ce programme pourvu que ton PC ait suffisamment de mémoire.*
– *Pour peu que* exprime une condition minimale suffisante : *Ils sont très créatifs pour peu qu'on stimule leur imagination.*

2. L'hypothèse

Ce qui est formulé dans **l'hypothèse** relève du domaine de **l'improbable ou de l'irréel** et est donc considéré comme une **éventualité,** ainsi que ce qui en découle. L'hypothèse et sa conséquence peuvent se situer dans le présent, l'avenir ou le passé.

1) La conjonction *si* et le mode indicatif
– *Si vous faisiez* de l'exercice, **vous ne prendriez** pas de poids.
– *Si vous faisiez* de l'exercice, **vous n'auriez** pas **pris** de poids.
– *Il est utopique d'imaginer comment* **fonctionnerait** *la société* **si** *l'homme* **était** *bon.*
– *Si les Romains* **n'avaient pas** envahi la Gaule, quelle langue **parlerions-nous** ?
– *Que* **se serait-il passé** *si Christophe Colomb* **n'avait pas** « **découvert** » *l'Amérique* ?

2) Autres conjonctions
– *Au cas où, dans le cas où, pour le cas où* (+ conditionnel) marque une éventualité : *Au cas où tu serais angoissé, voilà une tisane.*
– *En admettant que, à supposer que* (+ subjonctif) exprime une hypothèse à laquelle on ne croit pas : *En admettant qu'on puisse vivre jusqu'à 150 ans, serait-on plus heureux ?*
– *À moins que* (+ subjonctif) exprime une restriction : *C'est difficile à expliquer à moins qu'on (ne) se serve d'un exemple.*
– *Quand bien même* (+ conditionnel) implique une supposition et une opposition (registre soutenu) : *Quand bien même on pourrait cloner un être humain, jamais on ne pourrait reproduire deux vécus identiques.*

3) La double hypothèse
La conjonction *si est reprise par que* (+ subjonctif) : *Que se passerait-il* **si** *on arrêtait tout et* **qu'**on reparte à zéro ?
Mais on peut dire aussi : *Que se passerait-il* **si** *on arrêtait tout et* **si** *on repartait à zéro* ?

3. *Si* et les nuances de la condition et de l'hypothèse

– *Si jamais, si par hasard, si par chance, si par malheur, si seulement* nuancent l'éventualité : *Si par chance j'ai ce sujet à l'examen, je suis reçu.*
– *Comme / Même / Sauf si* : *Il me demande ça comme si je pouvais lire dans une boule de cristal !*

---

[1] L'impératif peut s'employer dans la principale.
[2] Ne pas confondre avec « Pourvu que je sois reçu à l'exam ! », expression d'un souhait.

4. Autres moyens d'exprimer la condition et l'hypothèse

1) Une préposition ou locution prépositionnelle : **Sans** son intervention, l'opération n'aurait pas réussi.

2) Le gérondif : **En t'exerçant** tous les jours, tu ferais des progrès.

3) **Et** (entre deux propositions indépendantes) : Encore un effort **et** tu y arriveras.

4) Deux propositions indépendantes juxtaposées au conditionnel : **J'aurais eu** ton numéro, je **t'aurais appelée**.

2 Reformulez les phrases suivantes à l'aide de si.
1) En cas d'erreur de diagnostic, vous devriez changer de médecin.
2) Il va falloir protéger l'industrie du cinéma, quitte à taxer les DVD.
3) En allant sur un autre moteur de recherche, tu trouverais la citation que tu cherches.
4) Une insulte de plus et je lui cassais la figure.
5) J'aurais lu la critique, je n'aurais pas acheté l'album.

5. Autres sens et emplois de si et du conditionnel

1) Si.
– Expression du temps (= chaque fois que) : Si je faisais ce cauchemar, le lendemain je devais prendre un anxiolytique.
– Proposition : Et si on allait faire un tour ?
– Introduction d'une explication : Si les mythes nous plaisent tant, c'est qu'ils nous aident à comprendre le monde.
– Interrogation indirecte : On peut se demander si la technologie est en train de résoudre les problèmes ou bien d'en créer de nouveaux.
– Expression de l'opposition : Si inventifs soient-ils, ils devront maîtriser la technique.

2) Le conditionnel.
– Expression du regret : J'aurais dû répondre à ses vœux.
– Donner un conseil : Tu pourrais essayer ce vêtement.
– Demande polie : Je voudrais un paquet d'enveloppes.

3 Retrouvez les différentes valeurs du conditionnel dans les phrases suivantes.
a) acte de parole (conseil, regret, reproche) b) demande polie c) information non confirmée d) valeur de futur dans le passé
1) **Pourriez-vous** me dire où se trouve la poste ?
2) **Vous auriez** pu nous prévenir !
3) Elle a consulté une voyante pour savoir si ce changement de vie **serait** positif pour elle.
4) Selon les enquêteurs, les membres de la secte **auraient bu** avant de s'immoler.

LA PHRASE COMPLEXE : EMPLOIS DE *DONT* ET DES RELATIFS COMPOSÉS

1 Choisissez le pronom qui convient. ↗ *Précis grammatical*, page 136. ↗ *Cahier d'exercices*, page 44 : *Verbes + à ou de.*
1) C'est un projet **auquel / que / lequel** nous avons réfléchi, **duquel / dont** le financement est assuré jusqu'en 2010, et **pour quoi / pour lequel / auquel** on a mobilisé toutes les ressources disponibles.
2) Les villageois respectaient leurs devins, **auxquels / qu'/ lesquels** ils consultaient souvent, **dont / desquels / auxquels** ils racontaient leurs rêves, et en **qu' / qui** ils avaient confiance.

2 Le pronom dont a différentes fonctions. Dans quelle phrase est-il complément d'adjectif, d'agent, de nom, de verbe ?
1) La robotisation entraîne des restructurations **dont** les ouvriers sont les premières victimes.
2) Des milliers d'enfants ont dessiné le meuble **dont** ils rêvaient pour ranger leurs affaires.
3) Nous voilà à l'aube d'un processus **dont** les pays émergents sont les plus conscients.
4) Il a inventé un logiciel pour éliminer les spams **dont** on est submergés.
   a) Qu'est-ce qui explique l'emploi unique de *dont*, malgré ces différentes fonctions ?
   b) Comment peut-on différencier l'emploi des relatifs *dont* et *duquel* ?

3 Observez d'autres emplois fréquents de dont.
1) Elle a publié plusieurs BD, **dont** deux en noir et blanc.
2) J'aime la façon **dont** ils analysent les grandes transformations de notre société.

À PROPOS DE SCIENCES

La boîte à mots du discours scientifique

base de données, classification, combinaison, composante, couche, découverte, démarche, développement, évolution, expérience, interprétation, mutation, noyau, phénomène, processus, transformation, variation, vide

aboutir, accélérer, ajouter, annuler, associer, combiner, contenir, croître, dégager, émettre, engendrer, extraire, isoler, mélanger, obtenir, placer, plonger, prélever, procéder, remplacer, s'appuyer (sur), subir, transmettre, trier, vérifier, verser

1 Lisez le tableau ci-dessus, puis répondez aux questions.
1) Quels sont les noms les plus utilisés pour parler des sciences, en général, et des techniques suivantes, en particulier : géologie, génétique, informatique ?
2) Quels sont les verbes qui renvoient aux actions des scientifiques dans leur laboratoire ?
3) Faites des phrases contenant au minimum un nom et un verbe de chaque colonne.

Pour parler de génétique

2 Quelle définition ou synonyme correspond à chaque mot en caractères gras dans le texte ci-dessous ?

a) affaibli **b)** à l'origine d'un tissu, d'un organe, d'un organisme **c)** atténuer, apporter une solution provisoire **d)** ensemble des cellules ayant une même morphologie et remplissant une même fonction **e)** occasionnées par **f)** provenant de **g)** fait naître **h)** réintroduire et faire se développer dans un nouveau milieu **i)** un organisme en développement, capable, par lui-même et dans de bonnes conditions, d'aboutir à un organisme entier

Les **cellules souches** prélevées sur un **embryon** sont la clé de la médecine de demain… Elles offrent la perspective d'une médecine régénératrice qui permettrait de remplacer les **tissus** détruits par un accident ou une pathologie. Par exemple, de soigner un grand brûlé, de remplacer un organe **défaillant** ou de **pallier** les lésions cérébrales **dues à** la maladie de Parkinson ou la chorée de Huntington… Elles peuvent être extraites d'un embryon **issu** de la fécondation in vitro, et qui ne fait plus l'objet d'un projet parental. Elles peuvent aussi provenir d'un embryon cloné par une méthode similaire à celle qui a **donné naissance à** la brebis Dolly mais que l'on ne **réimplante** pas.

« Pas de clones chez nous », *Le Nouvel Observateur*, semaine du jeudi 17 janvier 2002

3 Voici un lexique de base pour parler de procédés génétiques.
1) Ajoutez les mots qui vous semblent manquer.
2) Commentez-en le sens en donnant des exemples.

biotechnologie, code génétique, dépistage, fécondation in vitro, gène, génome, mère porteuse, OGM, ovule, thérapie cellulaire et génique

Pour parler de robotique

cerveau artificiel, cybercréature, engin expert, humanoïde, liens logiques, logiciel, micro-contrôleur, mode de fonctionnement, modélisation, nanorobotique, programmation

constituer, décomposer, doter, émerger, évoluer, mettre en œuvre, simuler

Voulez-vous introduire de nouveaux mots dans votre boîte à mots ?

4 Proposez des définitions, scientifiques ou fantaisistes, pour les mots ci-dessus.

5 Désirez-vous connaître du vocabulaire concernant une autre science ?

1) Anthropologues, biologistes, botanistes, linguistes, médecins… membres du groupe classe, choisissez cinq mots « fondamentaux et spécifiques » de votre branche d'activité et communiquez-les, en les expliquant, aux autres étudiants.

2) Constituez votre propre boîte à mots à l'aide d'un dictionnaire ou en dépouillant des articles qui concernent votre activité.

Pour parler de télécommunications

6 En vous aidant du contexte et de vos connaissances en la matière, expliquez le sens des mots en caractères gras.

Actuellement, des appareils, à l'origine très différents, intègrent les mêmes **fonctionnalités avancées**. Le **haut débit** mobile est entré totalement dans la société et les **portables** sont devenus de vraies **plates-formes** de **téléchargement** multimédia, avec une quantité de **mémoire** nettement **accrue**. Les uns tendent vers la photo et la vidéo en incluant de petits **logiciels** de **retouche** de photos. Les autres tendent vers la musique et les modules radio.

7 Parlez de votre téléphone portable. Utilisez les mots ci-dessous et ajoutez-en d'autres si nécessaire.

> afficher, la batterie, le clavier coulissant, l'écran, l'écriture intuitive de SMS, le kit mains-libres, le kit oreillettes stéréo, la messagerie, le vibreur…

6 j t'aspeRge d'O 2 cologne histoar 2 partaG les odeurs Ke tu me fe subir ?

POUR PARLER DE BD

Le lexique de la BD

La boîte à mots du dessinateur

■ Mettez en relation chacun des verbes suivants avec des noms de la liste ci-dessous (introduisez des prépositions, si nécessaire).

1) crayonner 2) créer 3) colorier 4) croquer 5) délayer 6) effacer 7) esquisser 8) griffonner 9) inventer 10) mettre en scène

a) une affiche b) un album c) une caricature d) une couleur e) une couverture f) un crayon de couleur g) un croquis h) un dessin i) une ébauche j) un fanzine k) un gag l) un gros plan m) un premier plan n) un plan moyen o) des personnages p) un pinceau q) une planche r) un scénario s) (en quelques) traits.

Voulez-vous introduire d'autres termes dans cette boîte à mots ?

POUR PARLER D'HYPOTHÈSES, DE PROBABILITÉS ET D'ÉVENTUALITÉS

verbes	adjectifs	expressions	expressions imagées
supposer, pressentir prévoir, se douter, soupçonner **Je soupçonne qu'il ne pourra rien démontrer.**	incertain, improbable, invraisemblable, douteux **Son honnêteté est douteuse.**	Il se peut que… Il peut se faire que… Il n'est pas exclu que… Il y a des chances que… Il arrive qu'il pleuve beaucoup en été.	Il ne viendra pas, j'en **mettrais ma main au feu !** Ce serait bien le diable si je ne trouvais rien à manger ici !

■ Dans les tableaux ci-dessus, choisissez des mots ou expressions, inventez des exemples pour les illustrer et commentez les nuances de sens que vous percevez entre eux.

CO Dessinateur de BD

🎧 **1** Première écoute. Répondez aux questions suivantes.

1) Qui est la personne interviewée ? Quelle est sa profession ? Depuis quand ?
2) Sur quels sujets est-elle interviewée ?
3) Quelles sont ses réponses aux questions qui lui sont posées ?
4) Mettez en commun vos réponses.

🎧 **2** Deuxième écoute. Répondez.

1) Repérez dans l'interview les mots correspondant aux mots ou groupes de mots suivants :
   a) dessiner de manière confuse **b)** donner du courage **c)** s'intéresser à **d)** plaisanteries **e)** se battre **f)** déplacé
2) À votre avis, pourquoi la personne interviewée utilise-t-elle cette construction ?
   a) « Ah et **si on serait** des Romains ! »
   b) « Et **si on serait** des Gaulois et **qu'on se taperait** sur la gueule ? »

3 EO Discussion.

1) Connaissez-vous les albums d'Astérix ? Si oui, vous sentez-vous, vous aussi, redevenir « un(e) gamin(e) » en les lisant ?
2) Êtes-vous amateur de BD ? Connaissez-vous d'autres auteurs de BD francophones ?

CE DEUX BD, DEUX CRITIQUES

TARDI RESSUSCITE MANCHETTE

TARDI EST OBSÉDÉ PAR LA GUERRE. SES PLUS CÉLÈBRES BD, DE BROUILLARD AU PONT DE TOLBIAC JUSQU'AU CRI DU PEUPLE, RÉALISÉ AVEC JEAN VAUTRIN, MONTRENT QUE LA GUERRE EST D'ABORD UNE AFFAIRE NON DE PEUPLES, MAIS D'INDIVIDUS. [...] QUELLE QUE SOIT L'HISTOIRE, C'EST TOUJOURS CELLE, PARCELLAIRE, ÉTRIQUÉE, D'UN HOMME QUI ESSAIE DE DOUBLER UN AUTRE. LE PETIT BLEU DE LA CÔTE OUEST NE FAIT PAS EXCEPTION À LA RÈGLE : IL Y EST QUESTION DES MÊMES APPÉTITS, QUI OUVRENT LE BAL DES HOSTILITÉS. GEORGES GERFAUT, INGÉNIEUR, A DES TUEURS AUX TROUSSES. IL LES AFFRONTE. IL BOIT ET IL ROULE VITE. SON REFUGE, C'EST L'AUTOROUTE [...]. IMAGES SOMPTUEUSES, ET SURTOUT TEXTE MAGNIFIQUE : CE SONT LES MOTS DE JEAN PATRICK MANCHETTE, AUTEUR DE POLARS, MORT IL Y A DIX ANS. L'ÉCRIVAIN ÉTAIT UN PERCEUR D'ÂMES. IL AVAIT LE SENS DE LA TORPILLE. EN UNE PHRASE, IL CLOUE QUELQU'UN. TARDI A ENTREPRIS L'ADAPTATION DU PETIT BLEU TRENTE ANS APRÈS SA PREMIÈRE COLLABORATION AVEC MANCHETTE. SON DESSIN A SAISI LE MEILLEUR DU TEXTE. UN ALBUM SOBRE ET VIOLENT COMME LE CHAGRIN D'UN AMI QUI, DÉSORMAIS, AVANCE SEUL.

TARDI RESSUSCITE MANCHETTE PAR CLARA DUPONT-NANOD, MARIANNE DU 17 AU 23 SEPTEMBRE 2005

GEN, LE GAVROCHE D'HIROSHIMA

[...] Le 6 août 1945, ce garçon de 7 ans a vu l'insoutenable : son père, sa sœur et son petit frère brûlés vifs, coincés sous les décombres. Partout des ruines, des cadavres, des blessés criblés de verre, perdant leur peau ou vomissant du sang. Un aperçu de l'enfer qui n'a jamais cessé de le hanter au point d'en tirer son grand œuvre, HADASHI NO GEN (Gen d'Hiroshima), un manga de 1200 pages. Publiée dès 1973, cette BD a eu très vite un énorme retentissement au Japon et depuis a été traduite en plusieurs langues.

À travers les aventures tragiques et truculentes de ce Gavroche d'Hiroshima, ce sont des pans entiers de l'histoire nipponne qui ressurgissent. [...] Quasi autobiographique, l'histoire de Gen est un témoignage extraordinaire sur le Japon exsangue et corrompu de l'après-guerre. [...] Une œuvre au graphisme parfois simpliste, comptant parmi les références d'Art Spiegelman (Maus), qui en préface l'édition française, dont la publication intégrale a débuté en 2003.

Stéphane Jarno, TÉLÉRAMA n° 2902 du 24 août 2005

1 Lisez ces deux critiques, puis répondez aux questions.

1) Quelles sont les ressemblances et les différences entre les deux albums dont vous venez de lire les critiques ?
2) Pour quel album la critique est-elle la plus élogieuse ?
3) Relevez, dans chaque texte, les termes qui traduisent les opinions des critiques.
4) Quel album recommanderiez-vous à un amateur d'histoire contemporaine ? Pourquoi ?
5) À qui recommanderiez-vous l'autre album ? Pourquoi ?
6) Qui est *Gavroche,* dont le nom est mentionné dans la deuxième critique ?

2 EE Un(e) ami(e), voulant offrir un cadeau, vous demande par courriel votre avis sur le dernier album de BD ou sur le dernier livre que vous avez lu. Répondez-lui de manière assez détaillée (7 ou 8 lignes).

Régénération : mythe et science

Axel Kahn
Fabrice Papillon

Le secret de la Salamandre

La médecine
en quête d'immortalité

NiL éditions

La régénération* a toujours exercé une profonde fascination, au point d'inspirer de nombreux mythes. Derrière elle se dissimule l'espoir de l'immortalité, ou du moins du rajeunissement, voire de la renaissance à travers une existence renouvelée, parfois éternellement réincarnée. Le Phénix symbolise à merveille cette quête inaccessible où la vie côtoie la mort, où l'expérience nécessite de jouer avec le feu sacré. Cet oiseau mythologique tenait une place primordiale dans l'Antiquité classique. D'apparence proche du héron chez les Égyptiens, son plumage se parait de pourpre, d'azur et d'or éclatants. Ce fantastique animal pouvait vivre au moins cinq cents années, et même mille, d'après la légende juive qui le surnomme Michlam. La tradition judaïque relate qu'après avoir goûté le fruit interdit, Ève tenta les animaux, qui en croquèrent à leur tour. Un seul, Michlam, ne céda point à l'attrait et fut récompensé par l'ange de la mort, obéissant à Dieu, qui lui offrit de ne jamais mourir tout à fait. Tous les mille ans, le Phénix s'embrase, mais laisse place à un œuf qui devient poussin. L'oiseau, ainsi totalement régénéré, « cloné » par l'œuvre divine, renaît et continue de vivre. […]

L'homme peut-il se muer en Phénix ? […] Saurons-nous un jour percer le secret de la salamandre ? L'homme pourra-t-il lui aussi régénérer le plus naturellement possible tout ou partie de son corps si complexe ? C'est en tout cas l'espoir de plusieurs spécialistes de la régénération. Ils nous invitent au rêve. Le premier d'entre eux se nomme David M. Gardiner, chercheur au département de biologie cellulaire et du développement de l'université de Californie, à Irvine aux États-Unis. Spécialiste de la régénération -il étudie notamment les bases moléculaires des processus de régénération des membres-, il nous livre cette vision : « Je suis convaincu que nous pourrons nous aussi, un jour, régénérer un bras ou du moins, un doigt. J'aimerais voir cela de mon vivant ! » Et, même si la médecine régénératrice n'a guère progressé depuis deux cents ans, les formidables facultés de la salamandre et d'autres animaux telle que l'hydre suscitent un formidable engouement scientifique. […]

*Régénération : reconstitution d'un organe, d'un membre ou d'un tissu, dont une partie plus ou moins importante a été éliminée, que ce soit par chirurgie à la suite d'un traumatisme ou d'un processus pathologique. Chez les mammifères comme chez l'homme, l'ablation des deux-tiers du foie aboutit à la reconstitution d'un foie de volume normal. La section d'un membre d'une salamandre aboutit à la régénération de ce membre.

Le secret de la Salamandre. La médecine en quête d'immortalité. Axel Khan et Fabrice Papillon
© Nil éditions, mars 2005

1 Vrai ou Faux ? Justifiez votre réponse en citant un passage du texte.
1) Le Phénix était un oiseau fabuleux, unique de son espèce. Il vivait plusieurs siècles et, après avoir pris feu, il renaissait de ses cendres.
2) Michlam ne put résister à la tentation de croquer le fruit interdit que lui présenta Ève.
3) Les extraordinaires facultés de régénération de la salamandre et de l'hydre, ont fait progresser la médecine régénératrice depuis deux siècles.

2 Retrouvez les trois animaux fabuleux cités dans le texte. Que savez-vous d'eux et des mythes qu'ils ont inspirés ?

3 Quel est le ton des auteurs tout au long de cette page ? Justifiez.
a) détaché b) passionné c) ironique d) neutre

4 Quel est le but des auteurs de ce texte ? Justifiez.

5 D'après le contexte, expliquez les mots ou groupes de mots en caractères gras.
a) **quête inaccessible** b) la vie **côtoie** la mort c) le Phénix **s'embrase** d) L'homme peut-il **se muer** en Phénix ? e) suscitent un formidable **engouement** scientifique

6 **EO** Conversation. Comment réagissez-vous à la déclaration du Dr. David M. Gardiner : « Je suis convaincu que nous pourrons nous aussi régénérer un bras ou du moins, un doigt. J'aimerais voir cela de mon vivant ! » ?

co Votre santé aujourd'hui

🎧 **1** Première écoute. Compréhension globale.
1) De quel genre de document s'agit-il ?
2) Combien y a-t-il de participants et quelle est leur profession ?
3) Quel est le sujet proposé ?

🎧 **2** Deuxième écoute. Répondez aux questions.
1) D'après le médecin, quel est le rapport entre le cerveau et les drogues ?
2) Comment la sociologue définit-elle les comportements liés à l'usage des nouvelles technologies ?
3) Comment explique-t-elle cet engouement pour le Web ? Quelle question se pose-t-elle en pensant à l'avenir ?
4) D'après le médecin, quels sont les symptômes qui permettent de découvrir qu'un internaute devient dépendant ?
5) Comment la sociologue définit-elle les conduites addictives ? Quels risques comportent ces conduites selon elle ?
6) Quel témoignage apporte l'internaute qui téléphone ? La thérapie qu'il a suivie a-t-elle été efficace ?
7) D'après le médecin qu'est-ce qui permet de guérir ? Et pourquoi ?

🎧 **3** Troisième écoute. Relevez les mots qui permettent de parler des dépendances.

✎ **4** **EO** Conversation à bâtons rompus. Il est des dépendances anodines et d'autres plus graves… Pouvez-vous évoquer des cas de dépendances dont vous avez entendu parler ?

EO CE EE *Tâche finale*

Atelier
d'écriture :
texte de fiction

Par groupes de 3, vous allez écrire une histoire, un récit fantastique ou un conte uchronique de 180-200 mots. Vous disposez de 1h30 pour l'inventer et le rédiger.

PHASE 1 : TROUVER SON SUJET

✎ **1** Amusez-vous !
Finissez ces phrases à votre guise !

- *Et si Cléopâtre avait eu le nez plus court… que se serait-il passé ?*
- *Et si une nuit, vous vous étiez transformé en… ?*
- *Et si on laissait aux enfants le soin de dessiner nos villes… ?*

✎ **2** Partez de cette formule magique *Et si…* : cherchez de nouvelles hypothèses et imaginez des suites loufoques, comiques, dramatiques, réalistes… Vous avez 5 minutes pour faire cinq propositions différentes.

✎ **3** Choisissez maintenant la plus originale ou la plus intéressante à développer. Vous tenez le point de départ de votre récit !

PHASE 2 : CONSTRUIRE SON RÉCIT

✎ **1** Lisez le texte de la page ci-contre et retrouvez sa structure narrative : ordonnez les éléments du tableau ci-dessous pour retrouver l'introduction, le développement et la conclusion de l'histoire.

> a) Événements négatifs.
> b) Description exacte d'un élément du passé mis au goût du jour.
> c) Perspectives ouvertes.
> d) Un élément appartenant au passé est implanté dans la société actuelle.
> e) Explication des difficultés liées à son implantation.

✎ **2** Élaborez un plan détaillé de votre récit et choisissez-lui un titre.

✎ **3** Rédigez votre récit. ↗ *Portfolio*, page 12 : *Vers le texte narratif.*

✎ **4** Lisez vos textes à haute voix pour les faire « savourer » aux autres groupes.

PHASE 3 : AUTO-ÉVALUATION

Analysez votre récit en fonction des critères de la page ci-contre, proposés par le Cadre commun européen de référence pour les langues concernant votre niveau (B2).

LES PORTES DU POSSIBLE

NOUVEAUX ÉCHASSIERS
À Montréal, le conflit s'envenime.

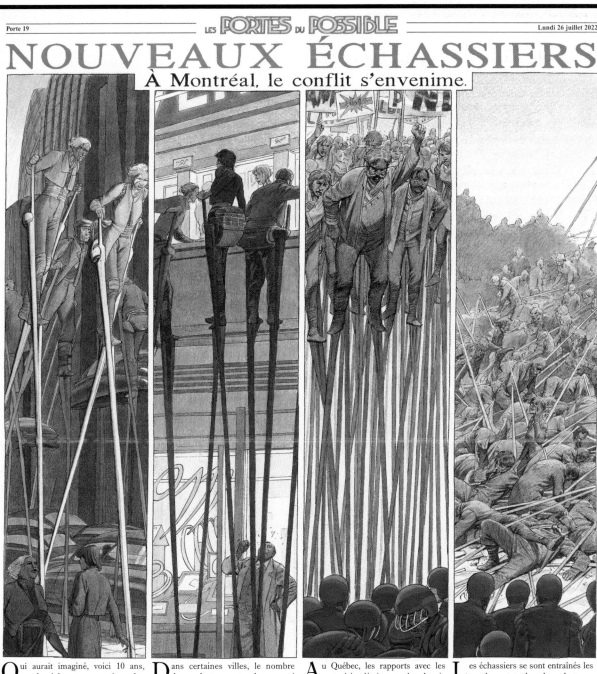

Qui aurait imaginé, voici 10 ans, que les échasses ne seraient plus l'apanage des bergers des landes et des artistes de rues ? Sûrs et efficaces, les modèles de grande hauteur mis au point à Sao Paolo ont connu un succès foudroyant. L'innovation majeure est celle de l'auto-équilibre : le micromoteur installé dans le siège régule en permanence la stabilité du passager, tout en amplifiant ses mouvements. [...]. Démocratiques et écologiques, plus rapides que la plupart des véhicules urbains, les Nouvelles échasses semblent concrétiser le vieux rêve des bottes de sept lieues. Peut-être ce nouveau mode de locomotion a-t-il été victime de son succès.

Dans certaines villes, le nombre des adeptes est devenu si considérable que de petites échoppes se sont ouvertes spécialement à leur intention, favorisant des formes inédites de socialité. Tout serait pour le mieux si les échassiers étaient seuls. Malheureusement, la coexistence avec les piétons soulève des problèmes des plus aigus. Si les chutes sont rares, les dommages collatéraux ne le sont pas, notamment parmi les séniors. Les Nouveaux échassiers réclament des couloirs spécifiques, comme ceux des cyclistes, des rolleurs et des trotteurs. Mais on le sait, les voies de circulation ne sont pas extensibles à l'infini [...].

Au Québec, les rapports avec les autorités s'étaient tendus depuis quelques semaines. Une loi était sur le point d'être votée, pour confiner les déplacements des échassiers à quelques rares grands boulevards. La manifestation organisée mercredi dans le centre de Montréal a brusquement dégénéré. Mis en cause, le Préfet de police affirme que les forces de l'ordre n'avaient nullement l'intention de se servir de leurs tronçonneuses et ne les auraient brandi que pour impressionner les manifestants. Ce qui est sûr, c'est que le mouvement de panique qui s'en est suivi a généré une véritable catastrophe.

Les échassiers se sont entraînés les uns les autres dans leur chute, en une sorte d'« effet mikado ». On déplore d'innombrables hématomes, des fractures et quelques blessures graves, tant parmi les forces de l'ordre que les manifestants. Il serait survenu en cette seule circonstance davantage d'accidents que pendant les cinq années précédentes. Certains prédisent la disparition prochaine de ce qui n'aurait été qu'une mode. D'autres sont persuadés que le mouvement est puissant et durable. À mots couverts, les autorités québécoises évoquent l'idée d'un référendum sur les droits des échassiers.

Les portes du possible, François Schuiten et Benoît Peeters, Éditions Casterman

- ▶ Je peux comprendre la structure d'un texte créatif.
- ▶ Je peux planifier ce que je veux dire et les moyens de le dire en tenant compte de l'effet à produire.
- ▶ Je peux utiliser avec efficacité une grande variété de mots de liaison pour marquer clairement les relations entre les idées.
- ▶ Je peux m'exprimer clairement et sans donner l'impression d'avoir à restreindre ce que je souhaite dire.
- ▶ J'utilise une bonne gamme de vocabulaire : je peux varier mes formulations pour éviter les répétitions. L'exactitude de mon vocabulaire est élevée.
- ▶ J'ai un assez bon contrôle grammatical : je ne fais pas de fautes conduisant à des malentendus.
- ▶ L'orthographe et la ponctuation sont relativement exacts.
- ▶ Je peux produire un écrit suivi, clair et intelligible selon les règles d'usage de la mise en page et de l'organisation.

Choisissez l'option qui convient (a, b, c) pour compléter les textes suivants.

Disparition du magazine *Smash Hits.*

[...] C'était en 1978. À cette époque-là, tout musicien voulant vendre des singles à des ados … (1) avoir un look hors du commun, et personne n'y a réussi plus théâtralement que Toyah Wilcox, une actrice de 23 ans … (2) a joué brièvement le rôle d'une poétesse punk-pop. Ses disques étaient d'une pauvreté affligeante et aujourd'hui personne … (3) plus les écouter, mais peu importe. Si elle se … (4) photographier avec des mouettes peintes sur les joues, ses cheveux orange vif explosant comme s'ils … (5) sur le secteur, elle se retrouvait aussitôt en couverture.

[...] La fin de l'apogée du magazine a été accélérée par la fête annuelle des gagnants du sondage *Smash hits*, un événement télévisé … (6) n'assistaient pratiquement que des adolescentes … (7). Les lecteurs masculins … (8) ont vu ce spectacle ont dû être nombreux à se dire, horrifiés, qu'ils ne devraient plus lire ce … (9).

Aurait-on pu sauver *Smash Hits* ? Impossible à dire. [...] Si au moins on … (10) mettre en valeur ses vingt-huit années d'archives. [...]

« Smash Hits, le magazine pop d'avant les attachés de presse. », *Courrier International* du 30 mars au 5 avril 2006

Si j'étais riche…

Si j'étais riche, … (11) une petite maison rustique, une maison blanche avec des contrevents verts. [...]
Si quelque fête champêtre … (12) les habitants du lieu, j'y … (13) des premiers avec ma troupe ; si quelques mariages, plus bénis du ciel que ceux des villes, se … (14) à mon voisinage, on saurait que j'aime la joie, et j'y … (15) invité.

Émile ou De l'éducation, Jean-Jacques Rousseau

Que se serait-il passé ?

Uchronie est un néologisme du XIXᵉ siècle fondé sur *utopie* et *chronos*. Il s'agit donc *d'utopies temporelles* ou, en d'autres termes, de … (16) d'événements dans des temps qui … (17) être mais n'ont pas été. Un nouveau genre littéraire … (18) l'ampleur ne fera que croître au XXᵉ siècle. Sous-genre de la … (19), l'uchronie pose la question : *Que se serait-il passé si… ?*, en se basant sur une situation historique réelle pour déterminer les diverses conséquences qu'un autre … (20) des faits aurait pu produire.

	a)	b)	c)
1)	a) devait	b) avait dû	c) devrait
2)	a) qu'	b) qui	c) qu'elle
3)	a) n'oserait	b) n'osait	c) n'osera
4)	a) fasse	b) ferait	c) faisait
5)	a) étaient branchés	b) branchaient	c) seraient branchés
6)	a) dans lequel	b) chez lequel	c) auquel
7)	a) discordantes	b) hurlantes	c) troubles
8)	a) lesquels	b) qui	c) qu'
9)	a) bulletin	b) magasin	c) magazine
10)	a) avait pu	b) aurait pu	c) puisse
11)	a) j'aurai	b) j'avais	c) j'aurais
12)	a) rassemblerait	b) rassemblait	c) a rassemblé
13)	a) avais été	b) ai été	c) serais
14)	a) faisaient	b) feraient	c) feront
15)	a) étais	b) ai été	c) serais
16)	a) récits	b) documents	c) gags
17)	a) auront pu	b) auraient pu	c) avaient pu
18)	a) dans lequel	b) de qui	c) dont
19)	a) science-fiction	b) science appliquée	c) science expérimentale
20)	a) procédé	b) déroulement	c) processus

L5-6 BILAN COMPÉTENCES 3 : PORTFOLIO, PAGE 19

LEÇON 7 Le « vivre-ensemble »

OBJECTIFS

▷ Comprendre avec exactitude les informations principales de textes oraux ou écrits complexes.

▷ Repérer des argumentations et en produire, à l'écrit et à l'oral (sujets de société).

▷ Différencier les faits cités des opinions émises par les locuteurs / auteurs.

▷ Être sensible aux aspects ludiques de la langue (jeux de et avec les mots).

▷ Participer à une discussion (en donnant des informations et des opinions) sur la citoyenneté et les valeurs.

▷ Reformuler oralement ou à l'écrit l'essentiel d'un document (écrit ou oral).

▷ Faire la synthèse d'informations contenues dans deux documents.

▷ Auto-évaluer sa capacité à synthétiser des informations dans des textes écrits.

▷ Percevoir l'accent et identifier les origines de différents locuteurs francophones.

▷ Identifier plusieurs variantes de la langue française.

CONTENUS

Aspects langagiers

▸ Lexique : droits et devoirs ; justice ; valeurs citoyennes ; expressions servant à formuler la conséquence.
▸ Grammaire : conséquence ; but ; dire à quelqu'un de faire quelque chose.
▸ Communication : modes d'argumentation écrite et orale ; injonction ; marques de l'oralité et implicite.

Aspects culturels

La société actuelle : principes et valeurs.

Stratégies

Du résumé à la synthèse.

Tâche finale

S'informer et informer.

CE Quizz des mots francophones

Du Congo à la Louisiane en passant par la Nouvelle-Calédonie et la Belgique, la langue française bourgeonne de mots et de locutions inconnus ou disparus du lexique d'en France. À vous d'en retrouver le sens.

A

Athénée n. m. (Burundi) :
1. Grand hôtel.
2. Lycée.
3. Bel homme.

B

Babouner v. (Québec) :
1. Faire l'amour.
2. Bouder.
3. Faire le singe.

C

Cabinard n. m. (Algérie) :
1. Homme d'affaires qui a ses entrées au gouvernement.
2. Préposé aux cabines de plage et aux transats.
3. Médecin exerçant à titre privé dans son cabinet.

D

Dadiner v. (Congo-Brazzaville) :
1. Cajoler.
2. Offrir un repas d'affaires.
3. Marcher comme un mannequin lors d'un défilé de mode.

Deuxième bureau loc. (Afrique noire francophone) :
1. Maîtresse d'un homme marié.
2. Commissariat de police.
3. Emploi parallèle d'un fonctionnaire.

E

Estomac n. m. (Louisiane) :
1. Sein.
2. Estomac.
3. Porte-monnaie.

F

Fend-l'air n. m. (Suisse) :
1. Skieur émérite.
2. Avion.
3. Fanfaron.

M

Minette n. f. (Acadie) :
1. Caresse.
2. Prostituée.
3. Visage.

Mouiller des petits Nègres en or loc. (Louisiane) :
1. Soutirer de l'argent à quelqu'un, racketter.
2. Avoir peur.
3. Pleuvoir à verse.

P

Permanisation n. f. (Maroc) :
1. Défrisage permanent.
2. Titularisation d'un fonctionnaire.
3. Obtention d'une permission de sortie.

S

Sans-confiance n. m. (Cameroun) :
1. Fonctionnaire des impôts.
2. Tong.
3. Soutien-gorge.

Souper canadien loc. (Suisse) :
1. Repas traditionnel offert en clôture du championnat helvétique de course en raquettes.
2. Mauvaise nouvelle.
3. Repas auquel chaque convive apporte un plat.

T

Tais-toi n. m. (Congo) :
1. Billet de 100 000 francs CFA.
2. Revolver.
3. Préservatif.

V

Vingt-deux mille n. m. (Nouvelle-Calédonie) :
1. Gros billet.
2. Fourgon de police.
3. Métropolitain.

Z

Zique n. m. (La Réunion) :
1. Nervure de foliole de palmier ou de cocotier.
2. Cigarette.
3. Musique dansante.

Libération, jeudi 16 mars 2006

 Devinez le sens des mots de ce quizz : choisissez parmi les options proposées, puis consultez les réponses page 168.

CO École et prévention

1 Écoutez ce document en entier, puis répondez.
1) Quels sont les quatre sujets abordés tout au long de cette interview ?
2) Quel point de vue l'animatrice adopte-t-elle : celui de théoricienne, de conceptrice de la formation, de professionnelle de terrain ?
3) Quel est l'âge approximatif des personnes concernées par ses propos ?

2 Réécoutez l'interview bloc par bloc. Quelles sont les idées principales développées par l'animatrice dans chacune de ses réponses ?

3 Réécoutez la réponse à la troisième question de la journaliste avec la transcription sous les yeux. Quel système d'argumentation l'animatrice utilise-t-elle ?

4 EO Débat.
1) Pourquoi, à votre avis, cette formation a-t-elle été mise en œuvre ? Pensez-vous qu'elle serait nécessaire dans votre pays ?
2) Comment promouvoir la citoyenneté démocratique ? Quel rôle l'école peut-elle jouer ?

Amin Maalouf est un écrivain franco-libanais de langue française.

TEXTE 1

D'autres que moi auraient parlé de « racines »… Ce n'est pas mon vocabulaire. Je n'aime pas le mot « racines », et l'image encore moins. Les racines s'enfouissent dans le sol, se contorsionnent dans la boue, s'épanouissent dans les ténèbres ; elles retiennent l'arbre captif dès la naissance, et le nourrissent au prix d'un chantage : « Tu te libères, tu meurs ! »

Les arbres doivent se résigner, ils ont besoin de leurs racines ; les hommes pas. Nous respirons la lumière, nous convoitons[1] le ciel, et quand nous nous enfonçons dans la terre, c'est pour pourrir. La sève du sol natal ne remonte pas par nos pieds vers la tête, nos pieds ne servent qu'à marcher. Pour nous, seules importent les routes. Ce sont elles qui nous convoient[2] -de la pauvreté à la richesse ou à une autre pauvreté, de la servitude à la liberté ou à la mort violente. […]

À l'opposé des arbres, les routes n'émergent pas du sol au hasard des semences. Comme nous, elles ont une origine. Origine illusoire puisqu'une route n'a jamais de véritable commencement ; avant le premier tournant, là derrière, il y avait déjà un tournant, et encore un autre…

Amin Maalouf,
Origines © Éditions Bernard Grasset, 2004

[1] *Convoiter :* désirer avec avidité.
[2] *Convoyer :* accompagner.

TEXTE 2

Il m'arrive de faire quelquefois ce que j'appellerais mon « examen d'identité » comme d'autres font leur examen de conscience. Mon but n'étant pas -on l'aura compris- de retrouver en moi-même une quelconque appartenance « essentielle » dans laquelle je puisse me reconnaître, c'est l'attitude inverse que j'adopte : je fouille ma mémoire pour débusquer le plus grand nombre d'éléments de mon identité ; je les assemble, je les aligne, et je n'en renie aucun […]. Cependant, plus les appartenances que je prends en compte sont nombreuses, plus mon identité s'avère spécifique. C'est justement cela qui caractérise l'identité de chacun : complexe, unique, irremplaçable, ne se confondant avec aucune autre.

Amin Maalouf, *Les identités meurtrières*
© Éditions Bernard Grasset, 1998

---

1 Lisez le premier texte ci-dessus, puis répondez.
1) Pour parler de l'origine des hommes, l'écrivain a recours à l'image des racines et des arbres, puis à celle des routes. Relevez dans le texte les termes qui développent ces images.
2) Quel rapport existe-t-il entre ces images ? Justifiez votre réponse.
3) Et vous, *racines* ou *routes* ? Comment vous représentez-vous vos origines ?

2 Lisez le deuxième texte, puis répondez.
1) On peut se définir par son appartenance à un groupe social, à un club, à une association, autour d'intérêts ou de hobbies communs. Quelles sont vos *appartenances* ?
2) L'auteur se définit par de multiples *appartenances*. Pour quelles raisons ?
3) Que pensez-vous de la démarche de l'auteur ?

EXPRIMER LA CONSÉQUENCE

Entre deux faits dont l'un est l'origine ou l'effet de l'autre, on peut établir un rapport de cause ou de conséquence. Ce rapport est marqué soit par un subordonnant, soit par une préposition.

1 Observez. Dans laquelle des deux phrases ci-dessous exprime-t-on la cause ? Et la conséquence ? Par quels moyens grammaticaux ?
   1) Ils ont dû émigrer pour des raisons politiques.
   2) La situation politique du pays était si difficile qu'ils ont dû émigrer.

1. Conséquence exprimée dans la subordonnée

1) Conséquence liée à l'intensité et à la quantité
– La conséquence porte sur l'ensemble de la principale : elle est introduite par *au point / à tel point que* (+ indicatif) : *Elle a eu une crise de nerfs à tel point qu'il a fallu appeler une ambulance.*
– La conséquence porte sur un élément de la principale : elle est annoncée par *tellement, tant, si, tel*…, selon le cas, et introduite par *que* (+ indicatif) : *Elles ont rencontré une telle solidarité et de tels appuis qu'elles ont pu repartir à zéro.*

2) Conséquence liée à la manière
– *Si bien que, de sorte / manière / façon que* (+ indicatif) : *Le code de la route a été respecté, si bien que les accidents ont diminué de 6 %.*
– *Tant et si bien que* (+ indicatif) suggère une idée de répétition : *On l'a renvoyée de bureau en bureau tant et si bien qu'elle ne sait plus où s'adresser.*

3) Nuances liées à la conséquence
– *Assez (de), trop (de) … pour que* (+ subjonctif) / *pour* (+ infinitif) : *Le règlement proposé est trop restrictif pour que le syndicat le soutienne.*
– *Falloir, suffire pour que* (+ subjonctif) / *pour* (+ infinitif) : *Un sourire a suffi pour que l'employée se montre plus aimable.*
– *Ne pas pouvoir… sans que* (+ subjonctif) / *sans* (+ infinitif) : *Il ne peut pas penser à son pays sans que les larmes lui montent aux yeux.*

2 Lisez chaque phrase et interprétez-la en répondant aux questions.
   1) Ils ont trop de handicaps pour avoir confiance en eux. (Ils ont confiance en eux, ou non ?)
   2) Il a fallu cette crise pour qu'on commence à parler de la colonisation. (On en parle, ou non ?)
   3) Ils sont assez informés pour conduire avec prudence. (Ils conduisent avec prudence, ou non ?)
   4) Il y a trop peu d'aide sociale pour que ces associations puissent s'en sortir. (Elles peuvent s'en sortir, ou non ?)
   5) Impossible d'écouter la radio ou de regarder la télévision sans entendre parler de ce problème. (On en entend parler, ou non ?)

2. Connecteurs qui établissent un rapport de conséquence entre deux indépendantes

1) Conjonctions de coordination
– *Et, donc* (raisonnement logique) : *Les lecteurs de ce magazine ont rajeuni, ils veulent donc des scoops plus hards.*

2) Locutions adverbiales
– *Alors* (lié au temps) : *J'ai failli être ruinée alors ne me parlez pas de pardon !*
– *C'est / Voilà pourquoi, c'est pour ça que* (registre familier) ont une valeur argumentative : *Les salariés n'ont pas obtenu gain de cause au bout de deux semaines de grève, c'est pourquoi la mobilisation continue.*
– *Par conséquent, en conséquence* : *Ils travaillent au noir par conséquent ils n'ont pas droit à la Sécurité sociale ni au chômage.*
– *Aussi* se place en tête de proposition avec inversion du sujet : *Les jeunes veulent se faire entendre ; aussi iront-ils voter la prochaine fois.*
– *D'où* (suivi d'un nom) : *Il a connu le rejet et l'exil, d'où son désir de stabilité.*

3 À partir des éléments fournis ci-dessous, décrivez la situation des sans-papiers sous forme de « cercle vicieux », en utilisant des connecteurs différents.

Ils sont sans-papiers → pas de contrat de travail → pas d'argent → pas de logement → pas d'adresse

pas de papiers ←

3. Autre moyen : la ponctuation à l'écrit (correspondant à une pause à l'oral)

On a supprimé les aides à ce pays, il s'enfonce dans la misère.

EXPRIMER L'INTENTION, LE BUT

À la différence de la conséquence dont il est très proche, le but implique une intention.

1 Comparez les subordonnées dans les phrases suivantes : sens, conjonction, mode verbal utilisé.
1) Leurs parents étaient peu disponibles **de sorte qu'**elles **ont appris** à être autonomes.
2) Faisons connaître les grandes écoles aux jeunes **de sorte que** les meilleurs d'entre eux **puissent** y accéder.

	CONJONCTIONS + SUBJONCTIF[1]	PRÉPOSITIONS + INFINITIF
1. But recherché		
Ils ont légalisé le CV anonyme...	*pour / afin / de sorte / de manière / de façon que* ...*de manière que* les minorités aient leur chance à l'embauche.	*pour, afin de, de manière / de façon à* ...*de manière à* donner aux minorités une chance à l'embauche.
2. But que l'on veut éviter		
J'emballe mes verres cassés...	*de peur / de crainte que, pour / afin que ... ne ... pas* ...*de peur que* quelqu'un ne se blesse en les manipulant.[2]	*de peur / de crainte de, pour / afin de ne pas* ...*de peur de* causer un ennui à quelqu'un.
3. But lié à une condition		
Il faudrait une mobilisation de tous...	*falloir / suffire... pour que* ... *pour que* le « vivre-ensemble » prenne son sens.	*falloir / suffire... pour* ...*pour* donner son sens au « vivre-ensemble ».

2 Comparez, dans les phrases ci-dessus, le sujet des verbes de la principale et celui de la subordonnée, puis déduisez les emplois respectifs de la conjonction et de la préposition.

4. Autres moyens

1) **Que** après un impératif (langue parlée) : *Descends, **que** je te parle !*

2) **Proposition relative au subjonctif** après des verbes exprimant le souhait : *On voudrait un gouvernement qui agisse.*

3) Locutions prépositionnelles : **en vue de** (+ nom), **dans l'intention de** (+ infinitif), **histoire de** (+ infinitif ; registre familier).

DIRE À QUELQU'UN DE FAIRE QUELQUE CHOSE

1. Dire de faire de manière directe et explicite

1) Dans la communication entre personnes
– **L'impératif** : *Réponds-moi ! Ne franchissez pas la barrière !*
– **Le discours indirect à la première personne** : *Je vous demande / Je t'interdis / Je vous ordonne de quitter la salle.*
– **Les verbes *devoir* et *falloir*** : *Vous devez composter votre billet.*

2) Pour indiquer des normes
– **Les phrases nominales** : *Stationnement interdit ! Défense d'afficher !*
– **La forme impersonnelle** : *Il est interdit d'interdire.*
– **Les verbes à l'infinitif** (notices, modes d'emploi...) : *Pour ouvrir, tirer vers le haut.*
– **Les verbes au futur** : *Les élèves dispensés d'EPS fourniront un certificat.*

2. Dire de faire de manière atténuée

1) Dans les relations humaines, le statut des interlocuteurs entraîne une atténuation.
– **Formules de politesse à l'impératif** : *Veuillez vous asseoir ! Faites-moi le plaisir d'arriver à l'heure !*
– **Forme interrogative** : *Tu me passes le sel ?*
– ***Pouvoir* et *vouloir* à la 2ᵉ personne et à la forme interrogative** : *Pouvez-vous me dire... ?*
– **Phrases affirmatives** : *Tu prends la première à gauche.*

2) ***Devoir, falloir, pouvoir*** au conditionnel présent expriment les actes de parole suivants : **conseiller, recommander, suggérer** : *Vous pourriez en parler au directeur.*

✎ Comment demandez-vous à un(e) collègue, à des copains ou à votre professeur de... fermer la fenêtre, par exemple ?

---

[1] Dans les subordonnées de but, le verbe est toujours au subjonctif.
[2] Dans le registre soutenu, le verbe de la conjonctive introduite par *de crainte / de peur que* est précédé de *ne*, appelé explétif, qui n'a pas de signification négative.

« *Nul n'est censé ignorer la loi.* »

(Code civil)

« *Les Hommes naissent et demeurent libres et égaux en droits.* »
(Déclaration des droits de l'homme)

AUTOUR DE LA NOTION DE DROIT

1 Des droits ? Quels droits ? Expliquez ou illustrez par des exemples les groupes de mots suivants à partir des modèles ci-dessous.

droit acquis, droits de l'homme, droit de vote, droit d'asile, droit de chasse, droits d'auteur, droit de reproduction
- Droits civils : droits de tout citoyen.
- Droit de visite : *Il a dû faire prévaloir son droit de visite pour pouvoir emmener son fils en vacances.*

2 Droits et devoirs. Citez un droit et un devoir pour chacune des situations ci-dessous. Faites des phrases en puisant dans les expressions proposées.

1) Vous fumez mais il est interdit de fumer sur votre lieu de travail.
2) Vous voulez exercer votre droit de vote.
3) Vous êtes en âge de prendre votre retraite.
4) Vous venez de commettre une infraction très grave au code de la route.
5) Vous n'avez pas payé vos impôts dans le délai fixé.
6) Vous avez des horaires flexibles.

> **Vos droits**
> vous êtes autorisé(e) à, vous êtes dans votre (bon) droit, vous avez droit (à), vous avez le droit / la permission / l'autorisation (de), vous êtes en droit de, vous êtes dispensé(e) de, vous faites valoir vos droits...
> **Vos devoirs**
> Il vous est défendu / exigé de... Vous êtes contraint(e) / tenu(e) / sommé(e) de, dans l'obligation de

AUTOUR DE LA NOTION DE JUSTICE

1 Dans la liste suivante, quels sont les mots qui, selon vous, relèvent du domaine de la légalité et de l'illégalité ? Quels sont ceux qui relèvent du comportement citoyen ? Faites de courtes phrases avec les noms de votre choix.

l'abus d'autorité, l'assujettissement, le contrôle, l'échange, l'entraide, l'irrégularité, la mise sous tutelle, la parité, le partage, le passe-droit, la partialité, le parti-pris, le piston, la solidarité

2 Lutter pour la justice ou réagir à l'injustice ? Citez une situation dans laquelle il convient d'utiliser chacun des verbes suivants.

en appeler à, dénoncer, faire appel, s'insurger contre, manifester contre / pour, mettre en cause, porter plainte contre, réclamer, se rebeller / se révolter / se soulever contre, se solidariser avec

« *La raison du plus fort est toujours la meilleure.* »
(Jean de la Fontaine)

AUTOUR DE LA NOTION DE POUVOIR ET D'AUTORITÉ

1 Observez la liste suivante, puis répondez aux questions.
1) Quels noms ont une connotation positive ou bien une connotation plutôt négative ou ironique ?
2) À quel registre de langue appartient chacun de ces mots ?
les puissants, les magnats, les personnalités, les sommités, les élites, les grosses légumes, les hautes sphères, le dessus du panier, les notables

2 À propos des dirigeants.
1) Parmi ces adjectifs, quels sont ceux qui renvoient à une qualité et ceux qui renvoient à un défaut ? Expliquez les nuances.
assuré(e), autoritaire, cassant(e), coupant(e), exigeant(e), ferme, impérieux(euse), intransigeant(e), à poigne
2) Expliquez le sens de ces verbes. Aidez-vous d'un dictionnaire si besoin.
assumer un rôle, astreindre à, commander, contraindre, déléguer, exercer une autorité, imposer sa volonté (à), intimer un ordre (à), occuper un rang

3 Imaginez le sens figuré de chacune de ces expressions.

tenir le haut du pavé, faire la pluie et le beau temps, tirer les ficelles, perdre les pédales, avoir le bras long, mener à la baguette, envoyer quelqu'un sur les roses

QUELQUES PRINCIPES ET VALEURS DU « VIVRE-ENSEMBLE »

1 Autour du principe de tolérance. Lisez la phrase ci-dessous, puis répondez aux questions.

Selon les périodes, les systèmes et sociétés donnent au mot *tolérance* des significations et des valeurs différentes : assimilation, accueil, complicité, endurance, indulgence, patience, pitié, résistance, respect.

Planète non-violence, lundi 14 mars 2005

1) Quels noms définissent le concept de tolérance, selon vous ?
2) Quels sont, pour vous, les contraires de : *assimilation, accueil, endurance, indulgence, respect* ?

2 Autour du principe de civisme. Le texte suivant cite une série de gestes inciviques.

1) Traduisez en registre standard les mots ou expressions en caractères gras.
2) Dites quel serait, dans chacun des cas cités, le comportement civique approprié.

Balancer son mégot par la portière, ses piles à la poubelle, laisser Titus **pisser** partout, Arthur taguer son lycée, **truquer** partout, **resquiller** quand on peut, c'est mineur. Mais ça coûte. Au citoyen, donc à nous. Alors changer nos réflexes quotidiens, c'est du civisme et de l'économie.

Par Laurence Cochet et Danièle Grobsheiser, *Marie-France*

3 Autour du principe de solidarité. Complétez le texte ci-dessous avec les mots suivants.

aide, amendement, titre de séjour, débouté, échange, entraide, flux, générosité, immigré, interdépendance, législation, mélange, métissage, procédure, réfugié, regroupement, soutien

De nombreuses … (1) nationales durcissent actuellement les règles d'entrée des … (2). Les exilés et les … (3) politiques ont de plus en plus de mal à trouver leur place dans les « pays riches ». Les régularisations sont de moins en moins évidentes, les procédures de … (4) familial sont de plus en plus lentes ; les … (5) et les cartes de résident sont délivrés au cas par cas. L'… (6) économique et le … (7) psychologique brillent par leur absence. Les … (8) du droit d'asile sont de plus en plus nombreux. Le terme d'immigration « jetable » trouve sa place dans nombre d'articles de journaux au moment où les … (9) migratoires deviennent incontrôlables et que le … (10) des races et le … (11) des cultures apparaissent comme l'avenir de l'humanité.

Responsables politiques, syndicalistes, militants dans une ONG, pouvez-vous compléter ce lexique ?

POUR PARLER DE CONSÉQUENCE DE MANIÈRE NUANCÉE

Trouvez des exemples pour les mots et expressions qui ne sont pas illustrés.

Noms	Exemples	Verbes	Exemples
l'aboutissement	- L'issue de la crise est encore incertaine.	déclencher	- Le vin lui déclenche une crise de goutte.
le contrecoup	- Sa dénonciation n'a pas eu de suites.	entraîner	- Cette visite lui a procuré un alibi.
le dénouement	- La portée de son acte est énorme.	occasionner, valoir à	
les effets		procurer	
l'issue	- L'affaire connaît de nombreux rebondissements.	**Expressions impersonnelles**	
la portée			
le rebondissement		Il découle de…	- Il ressort de son dossier que c'est un excellent étudiant.
les retombées		Il ressort de…	
les séquelles		Il résulte de…	
les suites			

CE

Édouard Glissant, écrivain caraïbe, nous parle…

Pourriez-vous définir la créolisation ?

La créolisation, c'est un métissage d'arts, ou de langages qui produit de l'inattendu. C'est une façon de se transformer de façon continue sans se perdre. La créolisation s'applique non seulement aux organismes, mais aux cultures. […] Quand je dis que le monde se créolise, toute création culturelle ne devient pas créole pour autant, mais elle devient surprenante, compliquée et inextricablement mélangée aux autres cultures. La créolisation du monde, c'est la création d'une culture ouverte et inextricable, et elle se fait dans tous les domaines, musique, arts plastiques, littérature, cinéma, cuisine, à une allure vertigineuse… […]

Votre notion à la fois politique et culturelle d'un *archipel européen* semble influencée par l'*archipel caraïbe* sur lequel vous avez beaucoup réfléchi ?

Imaginer le continent européen comme un archipel est très éclairant, et riche d'avenir. Nous ne parlons plus d'uniformisation, mais de diffusion d'idées et d'expressions artistiques dans tous les sens, de décentralisation des pouvoirs, et cette pensée correspond bien à l'idée de créolisation. Aujourd'hui, les États-Unis commencent à s'archipéliser. La langue espagnole devient la seconde langue du pays, et les hispaniques prennent un pouvoir culturel et économique considérable. Pensez que trois millions de Japonais vivent en Californie, un million de Cubains en Floride, personne ne sait ce qui va arriver au niveau des mœurs, de la musique, ou de la cuisine dans ces régions. Autrement dit, il se passe en Europe et aux États-Unis ce qui est advenu dans l'archipel des Caraïbes conquis par les Espagnols, les Français, les Anglais, les Américains mais aussi peuplé par des esclaves africains et les derniers Karaïbes qui n'ont pas été massacrés. […]

La notion d'identité nationale, ou ethnique, ou tribale devient beaucoup plus difficile dans un monde-archipel. Comment, selon vous, s'ouvrir et se forger ce que vous appelez dans votre essai *Poétique de la relation*, une « identité-relation » ?

Les identités fixes deviennent préjudiciables à la sensibilité de l'homme contemporain engagé dans un monde-chaos et vivant dans des sociétés créolisées. L'identité-relation semble plus adaptée à la situation. C'est difficile à admettre, cela nous remplit de craintes de remettre en cause l'unité de notre identité, le noyau dur et sans faille de notre personne, une identité refermée sur elle-même, craignant l'étrangeté, associée à une langue, une nation, une religion, parfois une ethnie, une race, une tribu, un clan, une identité bien définie à laquelle on s'identifie.

Mais nous devons changer notre point de vue sur les identités, comme sur notre relation à l'autre. […]

« Édouard Glissant, écrivain caraïbe », *le Monde*, 21 décembre 2004

1 Lisez le texte ci-dessus, puis répondez aux questions.
1) De quel genre de texte s'agit-il ? Pouvez-vous lui donner un autre titre ?
2) Comment Édouard Glissant définit-il la notion de créolisation ?
3) Qu'entend l'écrivain par « archipel européen » ? Quels sont ses rapports avec les autres archipels évoqués ?
4) À quoi oppose-t-il la notion « d'identité-relation » ?
5) Comment l'auteur conclut-il son discours ?

2 Quelles idées ont retenu votre attention dans ce texte ?

3 EE En vous aidant de vos réponses aux questions précédentes, faites le résumé de ce texte.
↗ *Portfolio*, page 13 : *Du résumé à la synthèse.*

4 EO À vous.
1) Conversation. Connaissez-vous des exemples de métissage (ou de créolisation) en musique, en cuisine… ou dans d'autres domaines culturels ?
2) Discussion. Êtes-vous d'accord avec l'opinion exprimée par l'auteur dans la dernière phrase du texte ?

CO *Gens d'ailleurs, gens d'ici*

1 Écoutez le document, puis répondez.
1) Quel est le sujet de l'émission radiophonique que vous venez d'écouter ?
Où a-t-elle été enregistrée ? Dans quel but ?
2) Quelles en sont les différentes parties ?
3) Que pouvez-vous dire des personnes interviewées : origines, accents… ?
4) Quel est le fil conducteur du reportage : questions posées, sens général des réponses… ?

2 Réécoutez la première partie du document, puis répondez.
1) Quelles idées principales se dégagent des propos des personnes interviewées dans ce reportage ?
2) Ces personnes vous semblent-elles satisfaites de leur vie dans cette région ?

3 Réécoutez la deuxième partie du document, puis répondez.
1) Quelles sont les idées principales qui se dégagent des propos des Français ?
2) Quelle conclusion tirez-vous sur la coexistence des différentes communautés ?
3) Qu'avez-vous appris sur la situation actuelle de la plupart des petites villes du Midi de la France ?

4 EE À partir de vos notes, résumez en deux paragraphes les deux parties de cette émission. Comparez votre résumé au texte ci-dessous, puis dites quelle est la fonction des parties soulignées.

> <u>Une émission de radio enregistrée à Mirepoix dans l'Ariège et dans un petit village du Midi de la France nous présente deux aspects d'une même réalité : la coexistence, dans le même endroit, de communautés d'origines nationales, géographiques et linguistiques différentes.</u> La région de Mirepoix voit ses maisons rachetées par des Anglais qui viennent s'y installer, la plupart pour passer une retraite tranquille et moins dispendieuse que dans leur pays. Interviewées par un journaliste, quatre Anglaises nous parlent de Mirepoix comme d'une ville un peu désuète et où il fait bon vivre, même si les lourdeurs administratives françaises les ont passablement déroutées au départ.
>
> <u>En parallèle, des villageois bavardant dans un bistrot émettent, sur cette question, des opinions plus nuancées.</u> Tous reconnaissent les avantages économiques qu'ils retirent de la présence des Anglais sur leur sol (par ailleurs plus généreux et compréhensifs que les Parisiens), mais certains d'entre eux, cependant, déplorent leur isolement progressif dans une région qui leur appartient de moins en moins. <u>Toutefois, la situation actuelle de coexistence en « bonne intelligence »</u> semble acceptée par tous.

résumé de la première partie

résumé de la deuxième partie

5 EO Débat. Choisissez le sujet qui vous intéresse le plus.
1) Connaissez-vous, dans votre pays, des cas d'immigration comparables à celui qui est exposé dans cette émission ?
2) Aimeriez-vous aller vous installer dans un autre pays ? Lequel ? Pourquoi ?
3) Émigration, immigration, exilé(e) politique, réfugié(e) « climatique » : laquelle de ces réalités sociales vous interpelle ?

CE Autorité ! Vous avez dit autorité ?

Texte 1

Le droit du plus fort a disparu

Une question à Alain Renaut, philosophe et auteur de *La fin de l'autorité* (Flammarion)

En parlant de la fin de l'autorité, vous ne jouez pas avec les mots ?

La fin de l'autorité n'est pas sa disparition et signifie encore moins celle du pouvoir comme tel. L'impasse la plus certaine serait de vouloir rétablir l'autorité ou de redonner aux pouvoirs les ornements qui les sacralisent. Aujourd'hui, on ne peut plus exercer l'autorité de manière traditionnelle ; on est obligé de négocier. On ne dit plus « C'est comme ça et pas autrement ». On avance ses arguments. Le droit du plus fort a disparu. Même dans les familles, les enfants ne l'acceptent plus. [...]

Propos recueillis par **Danièle Laufer**, *Marie-France*, mai 2005

Texte 2

Brève rencontre avec...

Bernard Darniche

N.O.- Dans votre livre *Citoyens de la route*[1], vous y allez fort en affirmant que dans les rues et sur les routes la France se transforme en « État policier »...

B.Darniche.- Mais oui ! Évidemment, il faut taper très fort quand des mômes se font écraser par des chauffards qui ont 3 grammes d'alcool dans le sang. Mais pour le reste : quand on se fait arrêter cinq ou six fois dans la même semaine, à un moment ça suffit ! Un contrôle approfondi, c'est une demi-heure ! Calculez le temps perdu ! Ce sont des gesticulations de jeunes policiers qui vous font la morale et vous emmerdent gratuitement. 50 % d'entre eux n'ont pas le permis de conduire ! [...]. Il faut que la punition ait du sens et qu'elle soit juste.

■ D'après Agathe Logeart, *Le Nouvel Observateur*, juillet 2005 ■

[1] *Citoyens de la route*, par Bernard Darniche (Bourin Éditeur)

1 Lisez les deux textes ci-dessus, puis répondez aux questions.
   1) Quelle est la conception de l'autorité pour chacun de ces deux auteurs ?
   2) Leurs points de vue s'opposent-ils ? Sont-ils complémentaires ?

CE Règlement intérieur d'une usine vers 1880 (sélection d'articles)

ARTICLE I - Piété, propreté et ponctualité font la force d'une bonne affaire.

ARTICLE II - Notre firme ayant considérablement réduit les horaires de travail, les employés de bureau n'auront plus à être présents que de sept heures du matin à six heures du soir, et ce les jours de semaine seulement.

ARTICLE III - Dans les bureaux, on ne portera ni manteau ni par-dessus. Toutefois, lorsque le temps sera particulièrement rigoureux, les écharpes, cache-nez et calottes seront autorisés.

ARTICLE V - Aucun employé de bureau ne sera autorisé à quitter la pièce sans la permission de M. le Directeur. Les appels de la nature sont cependant permis et, pour y céder, les membres du personnel pourront utiliser le jardin au-dessous de la seconde grille. Bien entendu, cet espace devra être tenu dans un ordre parfait.

ARTICLE VII - Il est strictement interdit de parler durant les heures de bureau.

ARTICLE X - Maintenant que les heures de bureau ont été énergiquement réduites, la prise de nourriture est encore autorisée entre 11h30 et midi, mais, en aucun cas, le travail ne devra cesser durant ce temps.

ARTICLE XIII - (...) Les propriétaires reconnaissent et acceptent la générosité des nouvelles lois du Travail, mais attendent du personnel un accroissement considérable du rendement en compensation de ces conditions presque utopiques.

Le Peuple français, revue d'histoire populaire, n° 6, avril-juin 1972

2 EE Lisez le règlement intérieur ci-dessus. Qu'en pensez-vous ? Mettez-le au goût du jour en le pastichant.

🎧 **3 CO** Un sketch !

Écoutez pour le plaisir ce sketch de Raymond Devos. En quoi consiste-t-il ?

✎ **4 EO** Jeu de rôle. Peut-on vivre en société sans autorité ?

L'association HAA (Halte aux accidents) organise, dans le cadre de journées citoyennes, un débat sur la prévention routière. Pour analyser la situation et établir des priorités d'action, elle réunit des représentants des autorités locales, des usagers de la route, des membres d'associations (victimes d'accidents, cyclistes…), des psychologues…

Chacun exposera son point de vue, proposera des solutions et évaluera les propositions des autres.

CE EO EE *Tâche finale*

S'informer et informer

Vous allez lire deux articles portant sur un même sujet de société, les résumer et les commenter. Puis vous rédigerez une synthèse de ces deux textes sous forme d'article informatif.

✎ PHASE 1 : LECTURE ET ÉCHANGE EN TANDEM (30 minutes environ)

Lisez les articles choisis (un pour chaque membre du sous-groupe), puis après une courte préparation, répondez.
1) Résumez-les oralement entre vous.
2) Engagez un échange sur les idées essentielles des deux textes, les points de vue des journalistes et vos points de vue personnels.

PHASE 2 : RÉDACTION (45 minutes environ)

Rédigez un article de 200 mots environ, qui offre une synthèse des deux articles.
↗ *Portfolio, page 13 : Du résumé à la synthèse.*

✎ PHASE 3 : CO-ÉVALUATION (20 minutes environ)

Échangez vos productions et co-évaluez-les en utilisant les critères du CECR correspondant au niveau B2.

- Je peux comprendre des articles sur des problèmes contemporains et dans lesquels les auteurs adoptent une position ou un point de vue particulier.

- Je peux synthétiser des informations et des arguments issus de sources différentes.

- Je peux participer à une discussion informelle dans un contexte familier en faisant des commentaires, en exposant un point de vue clairement, en évaluant d'autres propositions ainsi qu'en émettant et en réagissant à des hypothèses.

- Je peux écrire des textes clairs et détaillés sur des sujets relatifs à mon domaine d'intérêt en faisant la synthèse et l'évaluation d'informations et d'arguments empruntés à des sources diverses.

Choisissez l'option qui convient (a, b, c) pour compléter le texte suivant.

BOB, UN EXEMPLE POUR L'EUROPE

Pour mieux vivre ensemble, soyons responsables !

Au fil des années et des actions de sensibilisation sur le terrain, Bob est parvenu à modifier la perception du rôle *a priori* peu plaisant et peu enviable du conducteur sobre et responsable.

En partant d'un … (1) très simple : *celui qui conduit, c'est celui qui ne boit pas*, l'Institut Belge pour la sécurité routière a créé un personnage à connotation positive, suffisamment sympathique … (2) inspirer l'exemple : Bob.

En Belgique, le compagnon sobre, désigné ou autodésigné, qui prendra le volant, fait … (3) figure de héros de la soirée. Bob est le bon samaritain à qui l'on doit la liberté de s'amuser sans risques. … (4), Bob sauve des vies.

Le succès est … (5) que Bob atteint en Belgique et aux Pays-Bas un taux de notoriété spontanée de 96 % -autant que Coca-Cola ! - … (6) la proposition plaisante d'une entrée dans le dictionnaire néerlandais.

Devant ce succès, le concept Bob s'est européanisé, s'adaptant aux … (7) culturelles de chaque État-membre, … (8) que de nombreuses appellations ont vu le jour : *Not tonight* en Grèce, *Lince* en Espagne, ou encore *Cab Driver* au Danemark… En France, c'est l'expression plus pragmatique de *Capitaine de soirée* qui a été choisie.

Parallèlement, et … (9) sensibiliser les jeunes, en les incitant à devenir, eux aussi, des … (10) de la route respectueux, des opérations grand format ont été menées auprès des discothèques. De sorte qu'ils … (11) exhiber leur nouveau statut, les élus se voient dotés d'un bracelet symbole. À leur sortie, les … (12), (500 en France) se chargent de vérifier si l'engagement a été … (13). Dans le cas contraire, il suffit que les fautifs attendent … (14) leur corps élimine totalement l'alcool emmagasiné.

Pourquoi ne pas intégrer l'éducation … (15) à l'école ? Durant toute la scolarité, … (16) d'une heure par mois, pour en ressentir les … (17). Cette demande exprimée au Gouvernement par les … (18) de la Prévention Routière permettrait de façonner les esprits dès leur plus jeune âge. … (19) l'acquisition des mauvaises habitudes dont nous sommes tous coutumiers serait-elle évitée.

Le conducteur redeviendrait … (20) ce qu'il aurait toujours dû rester : un citoyen au volant.

www.lequotidienauto.com

1)	a) principe	b) effet	c) droit
2)	a) d'	b) à	c) pour
3)	a) tant	b) donc	c) si
4)	a) En conséquence	b) De telle sorte	c) Pourtant
5)	a) tant	b) tel	c) tellement
6)	a) Donc	b) Alors	c) D'où
7)	a) valeurs	b) lois	c) autorités
8)	a) dans le but	b) à tel point	c) parce que
9)	a) à cause de	b) de crainte de	c) afin de
10)	a) citoyens	b) citadins	c) conducteurs
11)	a) peuvent	b) pourraient	c) puissent
12)	a) bénéficiaires	b) bénévoles	c) bénéfiques
13)	a) tenu	b) manifesté	c) exercé
14)	a) de peur que	b) afin de	c) pour que
15)	a) de la route	b) routière	c) circulatoire
16)	a) Il suffirait	b) il faudrait	c) Il aurait fallu
17)	a) causes	b) effets	c) règles
18)	a) responsables	b) magnats	c) élites
19)	a) Donc	b) C'est pourquoi	c) Aussi
20)	a) en ce moment	b) alors	c) déjà

OBJECTIFS

▶ Bien comprendre tant les informations principales que secondaires de textes journalistiques oraux ou écrits.

▶ Apprécier le ton d'un texte et le point de vue de l'auteur.

▶ Être sensible et réagir à l'implicite contenu dans différents types de textes écrits ou oraux.

▶ Reformuler une information orale en un bref texte écrit.

▶ Enrichir un texte à l'aide d'éléments complémentaires.

▶ Respecter les contraintes textuelles d'articles de presse.

▶ Être sensible à certaines formes d'humour (jeux de mots).

▶ Découvrir des auteurs francophones de fiction (romans policiers).

▶ Lire à haute voix un texte informatif dans le cadre d'une émission radiophonique.

▶ Auto-évaluer sa capacité à transmettre clairement des informations détaillées.

▶ Mettre à jour ses connaissances concernant la presse francophone.

CONTENUS

Aspects langagiers

▶ Lexique : faits divers ; langue juridique ; langue de la presse ; humour.
▶ Grammaire : voix passive ; forme impersonnelle ; nominalisation ; quelques connecteurs argumentatifs.
▶ Communication : procédés de style et tons utilisés (textes argumentatifs, narratifs, expositifs).

Aspects culturels

Quelques auteurs de « polars » ; la presse.

Stratégies

Lecture à haute voix.

Tâche finale

Simulation : élaboration d'un flash d'information régional.

CE Un roman noir pour une nuit blanche…

L'auteur, disparu en 1994, nous a laissé quelques chefs-d'œuvre (*Le Pont de la rivière Kwaï*, *La Planète des Singes*) et cet inédit. Ce polar nous mène, via un archéologue amateur, sur les traces d'Akhénaton, ce pharaon qui tenta en vain d'instaurer le monothéisme dans l'Égypte antique, et son épouse, la belle Néfertiti.

David Twep, espion novice au service de Sa Très Gracieuse Majesté, découvre la moiteur de Calcutta en 1935, où tout est déliquescent : le climat, les mœurs des Européens, l'Empire britannique. Tout cela sent la fin de règne. D'ailleurs, Édouard VIII, en visite en compagnie de Wallis Simpson, est là pour nous le rappeler. Sorciers hindous, nazis, patriotes anglais, tous tirent de fragiles ficelles. Twep parviendra-t-il à sauver l'empereur-roi et sa maîtresse ?

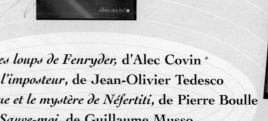

1. *Les loups de Fenryder,* d'Alec Covin
2. *Jean l'imposteur,* de Jean-Olivier Tedesco
3. *L'archéologue et le mystère de Néfertiti,* de Pierre Boulle
4. *Sauve-moi,* de Guillaume Musso
5. *Les ogres du Gange,* de Philippe Cavalier

Prophète ou imposteur ? Réincarnation de Saint-Jean ou Antéchrist ? Qui est donc ce Ben Youssef qui bouleverse des millions de téléspectateurs en s'exprimant mot pour mot comme l'apôtre Jean, et qui disparaît aussitôt ? Doté du pouvoir de lire au fond des âmes, Augustin Lévêque doit retrouver le gourou pour établir sa véritable identité. Sur son chemin, des témoins touchés par la grâce… et d'atroces meurtres rituels.

Le pseudo sonne américain, l'inspiration doit tout à Stephen King, l'intrigue se déroule en Louisiane, mais l'auteur de ce premier roman est bel et bien de chez nous. Un auteur à succès lève le secret d'une antique malédiction, et lui seul, sans savoir comment, peut faire cesser les meurtres qui s'enchaînent, à commencer par celui de sa propre fille…

Deux êtres empêtrés dans leurs mensonges mais réunis par un coup de foudre, un crash d'avion au-dessus de l'Atlantique, un mystérieux émissaire venu de l'au-delà : du souffle, du suspense et une bonne dose de surnaturel. Après le succès de son premier roman, *Et après…* (Pocket, 2005) vendu à plus de trois cent mille exemplaires, l'auteur récidive avec un roman qui se déguste, dernière ligne comprise.

Viollaine Gelly et Isabelle Taubes, *Psychologies Magazine,* juillet-août 2005

✒ **Répondez aux questions suivantes.**

1) Lisez les titres des romans ci-dessus et observez les couvertures : imaginez pour chacun le lieu de l'action, l'intrigue et l'atmosphère générale.

2) Lisez les présentations (textes à l'envers), puis associez chacune d'entre elles à une couverture.

3) La lecture de ces présentations vous permet-elle de confirmer ou d'infirmer votre première impression ?

4) Lequel de ces cinq romans policiers choisiriez-vous de lire en ce moment, en fonction de votre état d'âme ?

co Entendu à la radio

🎧 **1** Écoutez cet extrait radiophonique et répondez.
1) De combien de parties se compose-t-il ?
2) Quels sont les contenus essentiels de chacune d'entre elles ?

🎧 **2** Réécoutez par groupes de 6.
1) Chaque membre choisit une partie et relève les éléments nécessaires pour la reconstituer à partir des questions : Qui ? Quoi ? Où ? Quand ? Pourquoi ?
2) À partir de ces éléments, chaque membre fait le compte rendu à l'ensemble du groupe et le commente. En ce qui concerne les publicités, reconstruisez les informations minimales et le discours publicitaire.

3 Mettez en commun vos informations. Quel est le public visé par cet extrait ? Justifiez.

4 Que pensez-vous des sketchs élaborés pour les spots publicitaires que vous venez d'entendre ? À quels implicites (culturels, sociaux…) a-t-on recours pour « vendre » ces produits ?

5 **EE** Transformez deux des informations écoutées en courts entrefilets pour un quotidien régional. Observez le modèle suivant.

> Deux malfrats ont été arrêtés hier matin en plein centre de Toulouse alors qu'ils s'apprêtaient à cambrioler une supérette.

6 **EO** Conversation.
1) Aimez-vous écouter la radio ? Pourquoi ? Quels genres d'émissions écoutez-vous de préférence ?
2) Rapportez des nouvelles que vous avez entendues récemment et qui vous ont frappé(e).

co Un auteur de romans noirs s'explique

L'œuvre de Thierry Jonquet est très largement reconnue. Sur un ton singulier, il écrit des romans noirs et des récits cocasses, où se mêlent faits divers et satire politique.

> ### Qu'est-ce qu'un fait divers ?
> **a)** Un fait divers est un événement du jour ayant trait aux accidents, crimes et délits, faisant l'objet d'une rubrique dans les médias. **(Le petit Robert)** Il concerne généralement l'actualité locale.
> **b)** Il peut être rapporté dans l'ordre chronologique des événements ou dans un ordre différent.
> **c)** Le texte peut être accompagné d'une illustration / photo de l'événement.

🎧 **1** Écoutez le premier extrait de cette conférence, puis répondez aux questions.
1) Quel est le comportement des gens auxquels le romancier fait allusion ?
2) Comment celui-ci explique-t-il ce comportement ?

🎧 **2** Écoutez le deuxième extrait, puis résumez en quelques mots le fait divers que l'auteur a lu dans le journal.

🎧 **3** Écoutez le troisième extrait, puis répondez.
1) Qu'éveillent chez Thierry Jonquet les promenades nocturnes au cœur d'une ville ?
2) Le fait divers du journal a inspiré un roman à Thierry Jonquet. Quel en est le titre ?
3) Quel en est le sujet ?

🎧 **4** Réécoutez les trois extraits, puis donnez un titre à l'ensemble.

5 **EO** Conversation à bâtons rompus.
Certains écrivains de série noire s'inspirent souvent de faits divers. Pensez-vous que leurs romans peuvent nous révéler des dysfonctionnements de la société ? Donnez des exemples.

6 **EE** Reconstituez, en 100 mots environ, le fait divers lu dans le journal par le romancier.

> ### Pour vous aider à rédiger un fait divers.
> **a)** Respectez les « commandements » : Qui ? Quoi ? Où ? Quand ? Éventuellement, comment ? Pourquoi ?
> **b)** Ajoutez des informations complémentaires.
> **c)** Faites parler un des « acteurs » principaux ou un des témoins.
> **d)** Donnez des précisions sur les conséquences du fait, ou sur la situation actuelle.
> **e)** Utilisez les temps du passé, la voix passive, le discours direct et le discours rapporté.

LA VOIX PASSIVE : FORMES ET EMPLOIS

1 Observez la forme passive dans les phrases suivantes, puis mettez celles-ci à la voix active. Comparez, pour chaque forme, le sujet des verbes et la préposition qui introduit le complément d'agent.
1) Les parents sont dépassés par le phénomène *Star Ac.*
2) Les fauteurs de trouble ont été interpelés.
3) La veste de leur uniforme est bordée d'un ruban.
4) Elle est aimée de tous.

1. La forme passive

1) La plupart des verbes ayant un COD peuvent se mettre à la forme passive, à tous les temps de la conjugaison : *Patrons et syndicats ont consenti tous les sacrifices pour sauver le journal. → Tous les sacrifices ont été consentis pour sauver le journal.*

> Observez la place des auxiliaires, des pronoms et des particules négatives : *Le patron ne leur a jamais été présenté.*

2) Le complément d'agent
– Toujours situé après le verbe, il est introduit par *par* ou *de.*

2 Comparez ces deux phrases.
1) L'actrice a été suivie par les paparazzis jusque dans son hôtel.
2) Le journal télévisé est suivi de la série policière, l'émission préférée du public.

Après des verbes très courants de sens abstrait ou figuré, ou certains verbes d'état ou de sentiment, on trouve de préférence la préposition *de* : *bordé(e), couvert(e), décoré(e), entouré(e), orné(e), suivi(e), surmonté(e)… / aimé(e), apprécié(e), envié(e), haï(e), respecté(e)…*
– Lorsque le sujet du verbe actif est *on*, la voix passive n'a pas de complément d'agent : *Les résistants n'ont pas été dénoncés.*
– Lorsque le sujet est un pronom personnel, la phrase se met rarement au passif : *Il a déchiffré le message codé.*

2. Verbes et expressions verbales de sens passif

1) **Se faire, se laisser, se voir, s'entendre** (+ infinitif) : *L'adolescent s'est fait renverser par un chauffard ivre.*

2) Certains verbes s'emploient à la forme pronominale avec un sujet inanimé : **s'acheter, s'ajouter, se boire, se dire, s'écrire, se prononcer, se servir, se vendre, se voir…** : *La nouvelle revue se vend bien.*

3. Les emplois de la forme passive

1) On l'utilise quand le sujet est évident, implicite ou bien inconnu, d'où son emploi dans le discours de la presse : *La victime a été identifiée. - Le Président fut mal conseillé à l'époque.*

2) L'auxiliaire n'est pas toujours exprimé ; le participe s'emploie alors comme un adjectif : *Appréhendé par la police, le suspect a avoué sur-le-champ.*

3 Comparez la première phrase avec la deuxième, plus condensée grâce aux participes et au passif.
1) Le jeune homme a été relâché une première fois ; puis un passant l'a surpris en flagrant délit ; on a interpellé le jeune homme le lendemain.
2) *Relâché une première fois, **puis surpris** en flagrant délit par un passant, **le jeune homme a été interpellé** le lendemain.*

4 Sur le modèle ci-dessus, condensez les phrases suivantes pour former une seule phrase.
1) La jeune femme avait été expulsée à tort ; on l'a rapatriée ; elle sera relogée dans une HLM. *Expulsée…*
2) L'équipe a été privée de son meilleur joueur ; l'arbitrage injuste l'a démoralisée ; elle a été battue. *Privée…*
3) On avait volé deux colliers chez Cartier ; ils ont été recherchés en vain par la police pendant plusieurs mois ; un SDF les a retrouvés par hasard dans une décharge. *Volés…*

LA FORME IMPERSONNELLE DES VERBES

1 Observez les phrases suivantes.
1) « Il n'y a pas d'amour heureux. » (Louis Aragon)
2) Il vaut mieux être riche et bien portant que pauvre et malade. (Fernand Raynaud)
3) Aux Galeries, il se passe toujours quelque chose. (Slogan publicitaire)

1. Verbes impersonnels par nature

Certains verbes sont impersonnels par nature *(s'agir, pleuvoir, falloir…)* : *Il s'agit d'une nouvelle loi.*

2. Verbes employés à la forme impersonnelle

1) Le verbe *être.*
   – Suivi d'un nom, il signifie *exister* : *Il est des pays où il ne pleut pas.* (Jacques Brel)
   – Suivi d'un adjectif ou d'un participe passé employé comme tel + *de* (+ infinitif) / + *que* (+ indicatif ou subjonctif), il permet d'indiquer une opinion, une intention, un sentiment : *Il est recommandé de porter plainte pour tout vol ou délit.*

2) Des verbes et des expressions.
   – ***Arriver, rester, découler de*** + nom : *Il nous est arrivé un malheur. - Il reste / manque 30 €.*
   – ***Il est temps, il n'est pas question, il suffit + de*** (+ infinitif) / + ***que*** (+ subjonctif) : *Il est temps de partir si on veut arriver avant la nuit.*
   – ***Il n'y a qu'à*** (+ infinitif), ***il vaut mieux*** (+ infinitif) / ***que*** (+ subjonctif) : *Il vaut mieux que tu appelles la police.*
   – ***Se former, se poser*** + nom : *Il se pose un problème. - Il se forme des bouchons.*
   – ***Il se peut que*** (+ subjonctif), ***il s'avère que*** (+ indicatif) : *Il se peut que le train ait du retard.*

LA NOMINALISATION

1. Formation

1) La nominalisation consiste à former des noms à partir d'adjectifs ou de verbes. Elle se fait généralement à l'aide de suffixes.
   – Adjectifs : ***bon → bonté ; faible → faiblesse ; doux → douceur…***
   – Verbes : ***préparer → préparation ; agrandir → agrandissement ; étaler → étalage…***

2) Certaines nominalisations se font sans suffixe : ***choisir → choix ; débuter → début ; prendre → prise.***

3) Parfois, le verbe n'a pas la même racine que le nom correspondant : ***dormir → sommeil.***

4) De nombreux verbes sont à la base de deux noms de sens différents. C'est le cas des verbes polysémiques :
   appeler → appel / appellation ; arriver → arrivée / arrivage ; changer → change / changement

2. Emplois

La nominalisation permet la condensation de l'expression, d'où ses différents emplois :
– dans les titres et intertitres de presse : *Rupture des négociations à « Nice-Matin ».*
– dans les résumés.
– comme reprise de ce qui a été dit : *Les délinquants furent exécutés sans sommation ; **ces exécutions** sommaires…*

POUR S'IMPLIQUER DANS SON ARGUMENTATION : QUELQUES CONNECTEURS

1. *En effet*

1) Ce connecteur marque l'accord avec l'interlocuteur dans l'échange oral : *Ce polar est captivant ! –En effet, je l'ai dévoré !*

2) Il apporte un élément qui justifie l'affirmation : *Ce jeu vidéo a remporté un vif succès : en effet, 30 000 exemplaires en ont été vendus le jour de sa sortie.*

3) *En effet* peut exprimer la cause : *Le petit pays était en liesse ; en effet, le marathonien avait remporté la médaille.*

2. *Or*

1) Ce connecteur marque l'opposition : *Le candidat semblait mesuré ; or ses dernières déclarations ont choqué.*

2) Il sert à introduire un élément qui fait progresser le récit : *Les pompiers accourent pour maîtriser l'incendie. Or à leur arrivée, le propriétaire de la maison en feu s'enfuit…*

3. *D'ailleurs*

Ce connecteur complète une affirmation en la justifiant : *Je pense que G. Simenon a un extraordinaire sens de l'humain ; d'ailleurs, son commissaire Maigret est universellement apprécié.*

FAITS DIVERS

On ne peut pas gagner à tous les coups !
La carte était fausse, mais l'identité était vraie

L'employé d'une agence de la Poste, à Avignon, dans le Vaucluse, a tout de suite eu des soupçons devant la couleur étrangement turquoise de la carte d'identité que lui présentait un homme de 34 ans venu ouvrir un compte. Le préposé prévient discrètement la police, et des agents emmènent l'homme au commissariat voisin. Là, un examen minutieux de la carte révèle qu'en effet, elle est fausse… mais que le nom et le prénom portés dessus, comme le numéro de série et la photographie, sont rigoureusement exacts. L'homme est passé aux aveux : ayant perdu sa vraie carte d'identité, il avait préféré se procurer un faux document pour éviter les tracasseries administratives qu'il aurait dû endurer pour en obtenir une vraie, étant né à l'étranger. ■

Marianne, du 10 au 16 décembre 2005

Déraillé. Le voleur de train sifflera 20 fois

Rien à faire pour calmer la passion pour le moins cocasse de ce New-Yorkais de 39 ans. C'est plus fort que lui, chaque fois qu'il voit un train ou un métro, il rentre dans la locomotive et il démarre. En tout il a dérobé 20 convois dans sa « carrière ». Pour cela, il fut condamné à dix ans de prison. À peine sorti, la semaine dernière, que croyez-vous qu'il fit ? Il se précipita dans une gare de triage et s'offrit un tour à bord d'une motrice M7. Aussitôt remis en prison, il a expliqué qu'il ne pouvait pas s'en empêcher. C'est tout de même idiot d'agir ainsi alors qu'il lui suffirait de passer le concours de conducteur de trains pour assouvir sa passion en toute légalité. ■

Marianne, du 16 au 22 avril 2005

Pas de chance…
Le voleur braque le dessinateur qui le croque

Un criminel australien n'a pas eu de chance en volant ce vieux monsieur, la semaine dernière à Heathmont, un faubourg de Melbourne.

Certes, le vol à l'arraché a été un succès, l'octogénaire n'ayant opposé aucune résistance. Mais il s'agissait de Bill « Weg » Green, l'un des plus célèbres dessinateurs de presse australiens. Grâce au portrait de l'agresseur rapidement dessiné par Green et distribué aux policiers locaux, le voleur a vite été identifié et arrêté. ■

Marianne, du 28 janvier au 3 février 2006

Non, ce n'est pas un poisson d'avril.
Vous avez demandé la police, ne cambriolez pas !

Au début, les policiers du comté d'Hawkins, dans le Tennessee, ont pensé qu'il s'agissait d'un poisson d'avril. Pensez donc : un appel était arrivé tôt le matin au numéro d'urgence, le 911 aux États-Unis. Au bout du fil, aucun interlocuteur, juste une conversation à voix basse entre deux hommes qui… préparaient minutieusement un cambriolage ! Au bout de 40 minutes, l'appel a été coupé, mais les flics savaient tout. Ils se sont donc dissimulés aux abords du magasin indiqué, et ont pu arrêter Jason Arnold, 29 ans, et James Benton, 38 ans, au moment où ils quittaient les lieux avec leur butin sous le bras. « L'examen du téléphone mobile d'Arnold nous a donné l'explication » a révélé la détective […]. « Sur ce modèle-là, si vous appuyez sur la touche 9 pendant quelques secondes, l'appareil compose automatiquement le 911. » ■

Marianne, du 16 au 22 avril 2005

---

1 Quels adjectifs utiliseriez-vous pour caractériser les faits divers ci-dessus ? Pourquoi ?
banal, cocasse, incroyable, insolite, saugrenu, sanglant, tragique

2 Quel est le ton employé pour caractériser ces faits divers ? Est-il propre à ce genre d'articles ?
humoristique, ironique, neutre, objectif, satirique, subjectif, tragique

3 Répondez aux questions.
1) Associez faits divers et délits : **a)** usage de faux **b)** usurpation de biens publics **c)** vol à la tire **d)** vol par effraction.
2) Dites comment s'appellent les personnes qui commettent ces délits et relevez, dans chaque fait divers, les mots correspondant à ces infractions.

4 Délits et crimes.
1) Classez les mots suivants selon des critères que vous choisirez vous-mêmes.
arnaque, assassinat, braquage, détournement de fonds, enlèvement, escroquerie, hold-up, homicide, meurtre, racket, viol, vol à l'étalage, vol avec effraction, vol à main armée
2) Quelles sont les nuances qui différencient les verbes dans les paires suivantes ?
a) escroquer / faire chanter **b)** assassiner / poignarder **c)** dévaliser / cambrioler **d)** subtiliser / dérober

5 Crimes de sang ou… quand la mort s'ensuit. Connaissez-vous des personnages célèbres (réels ou de fiction) ayant eu recours à certains des procédés cités ci-contre ?

> égorger, empoisonner, étrangler, étouffer, noyer, pendre, poignarder, rouer de coups, tirer (un coup de feu) sur

6 Quelques acteurs du pouvoir judiciaire. Qui est qui ? Associez.

1) le parquet
2) l'avocat général
3) l'avocat
4) le juré
5) le juge d'instruction
6) le juge

a) citoyen appelé à faire partie du jury
b) ensemble des magistrats qui représentent le ministère public auprès d'une juridiction
c) membre du parquet qui exerce les fonctions du ministère public près le tribunal
d) magistrat chargé de de faire arrêter les prévenus et de rassembler les preuves
e) magistrat chargé d'appliquer les lois et de rendre la justice
f) personne qui fait profession de plaider en justice

LA LANGUE DE LA PRESSE

1 Quelle est la fonction des professionnels suivants ?
a) le pigiste b) le journaliste c) l'envoyé spécial d) le (grand) reporter e) le chroniqueur f) le critique
g) le rédacteur en chef

2 Quelle langue utilisent-ils ? (inspiré de *Le dico français/français*, Philippe Vandel © Éditions J.C. Lattès)

des classiques
– dans un premier / deuxième temps
– tirer la sonnette d'alarme / lancer un cri d'alarme
– un aspect **incontournable**
– La **désinformation**
– Se situer dans la **mouvance** de…
– Être **concerné(s)** par un phénomène
– Le **profil psychologique** de l'accusé…

des périphrases
– Les **hommes en blanc** au bord de l'infarctus !
– Les **soldats du feu** viennent à bout de l'incendie.
– L'**empire du soleil levant** connaît d'extraordinaires avancées technologiques.
– L'**île de beauté**, où a vu le jour Napoléon Bonaparte…

des clichés
– Les **grands dossiers** de la semaine : les grèves et la Sécurité sociale.
– La **rentrée sera chaude** : pas le temps de se remettre des vacances !
– Quand verrons-nous **la partie immergée de l'iceberg** ?

3 Pour rapporter les propos des protagonistes : les verbes de parole.
1) Faites des phrases à l'aide des verbes suivants. Pourriez-vous compléter cette liste ?
affirmer, assurer, avertir, avouer, déclarer, garantir, conseiller, jurer, poursuivre, préciser, prier, reprendre, riposter, s'exclamer, supplier, témoigner
Exemple : *Oui, j'ai le droit de faire ce que bon me semble, **a-t-il affirmé.***
2) Désirez-vous connaître plus de vocabulaire concernant cette profession ? Journalistes, photographes de presse… Choisissez cinq mots « de base » de votre profession et faites-en part aux autres étudiants en les commentant.

HUMOUR ET JEUX DE MOTS

Voici les titres de plusieurs romans policiers du célèbre San Antonio. En quoi consiste l'humour dans chaque titre ?
Du brut pour les brutes - Entre la vie et la morgue - Ma langue au Chah - Le casse de l'oncle Tom - Ménage tes méninges - Un os dans la noce - Salut mon pope - À tue et à toi

Quelques expressions de la langue du milieu !

une difficulté : un os	un policier : un flic
un vol : un casse	un cadavre : un macchabée
un indicateur de police : un mouchard, une balance, un indic	une arme à feu : un flingue
	tuer : descendre, buter

CO *Déménageurs distraits*

🎧 **1** Écoutez la première partie du document et imaginez la suite de l'histoire.

🎧 **2** Écoutez la deuxième partie, puis comparez vos hypothèses avec le dénouement réel de l'histoire.

🎧 **3** Réécoutez le document en entier.
   1) À votre avis, s'agit-il d'un fait divers ou d'une histoire de fiction ? Justifiez votre réponse.
   2) Sur quel ton est raconté le dénouement de cette histoire : **a)** neutre **b)** humoristique **c)** dramatique ?
   3) Donnez un autre titre à cette histoire.

4 EO À la suite de ce cambriolage, un procès a été ouvert. Improvisez sous forme de monologue la déposition des personnes suivantes.
   a) la concierge.
   b) cambrioleur enfermé dans l'armoire.
   c) la victime du vol.

5 EE Racontez cette histoire sous forme de fait divers, puis transformez ce dernier en entrefilet.
   Deux cambrioleurs ont été arrêtés à la suite d'un cambriolage particulièrement astucieux. En effet, ils…

CE La presse en danger

1 Lisez le titre et le chapeau de l'article ci-contre.
   Que pouvez-vous déduire quant au contenu de l'article ? Selon vous, s'agit-il **a)** d'analyser la situation actuelle de la presse ? **b)** d'alerter l'opinion publique sur la situation dramatique de la presse ? **c)** de mettre en garde les lecteurs contre la lecture de certains journaux ?

2 Lisez l'article de la page ci-contre, puis répondez aux questions.
   1) Dans quel(s) but(s) a-t-il été écrit : **a)** pour informer **b)** pour proposer un sujet de réflexion **c)** pour orienter notre opinion ? Justifiez votre réponse.
   2) Quel est le ton du journaliste tout au long de l'article ? **a)** dubitatif **b)** neutre **c)** pessimiste **d)** véhément

3 Les phrases ci-dessous résument certains passages de l'article. Repérez dans le texte les paragraphes auxquels elles se rapportent.
   1) Les responsables des maux de la presse en sont les dirigeants eux-mêmes.
   2) Les usagers des transports en commun lisent souvent des journaux d'information gratuits.
   3) On observe une crise de la lecture dont l'école et la télévision sont responsables.
   4) Malgré la crise, on peut dire que la presse française est de qualité.
   5) Les bénéfices apportés par la publicité sont en baisse.
   6) L'absence de pluralisme est une des causes de la désaffection du lecteur.

4 Recherchez les mots du lexique spécialisé, puis expliquez-les.
   1) Dans le deuxième paragraphe à partir de *États des lieux…*, relevez quelques mots et expressions employés pour parler de l'agonie de la presse actuelle.
   2) Dans le troisième paragraphe à partir de *La raison de ce désastre…*, relevez quelques mots et expressions employés pour parler de la qualité de la presse.

5 Quelle est l'opinion du journaliste ? Comment met-il en valeur ses arguments ? Relevez quelques exemples de connecteurs, de questions adressées au lecteur, d'accumulation de termes percutants…

6 EO Débat. D'après le journaliste, la presse française se porte mal. En est-il de même dans votre pays ? À votre avis, pourquoi ?

7 EE Lettre au directeur de votre quotidien habituel.
   Vous réagissez devant la place de plus en plus grande que le journal octroie aux faits divers ; vous lui reprochez de céder à la tendance générale et vous lui demandez de donner une plus grande importance à d'autres rubriques : vie de quartier, culture, opinion des lecteurs, sport…

Presse : les dessous d'une catastrophe

Désastre, cataclysme. Les journaux d'information se portent très mal. Crise culturelle de l'écrit, chute des investissements publicitaires, dirigeants usés ou bien opinion populaire en mal de représentation ? État des lieux. *Par Serge Maury*

Crise cataclysmique de la presse. Or, à sa tête, qui trouve-t-on ? Généralement ceux qui ont accompagné, sinon porté, cette catastrophe. Le sauvetage ne passe-t-il pas par leur retrait, qui permettrait à une nouvelle génération de prendre le relais ? Les journalistes exigent fréquemment le remplacement de dirigeants d'entreprise (ou de gouvernement) qui sont en faillite. Pourquoi cette règle devrait-elle s'appliquer en tout domaine, sauf à la presse ?

État des lieux : qui n'a constaté qu'on peut, aujourd'hui, prendre le train ou le métro sans rencontrer un seul voyageur qui lit un journal d'information « payant » ? Résultat : *France-Soir* à l'agonie, *l'Humanité* exsangue, *Libération* saigné à blanc, *le Monde* dans les affres, *le Figaro* en recul sur son recul, *la Tribune* aussi déficitaire que la Sécu, presque tous les quotidiens de province sur un toboggan, les ventes de *l'Express* mal en point, *Télérama* flageolant, *Paris Match* en deuil de sa grandeur passée, *Challenges* (presque) sans lecteurs, au point qu'une lente usure, telle celle, un peu inquiétante, du *Nouvel Observateur,* apparaît comme un moindre mal. À quoi on ajoutera le rétrécissement de l'écoute des radios généralistes et l'insuccès de nombreuses émissions télévisées d'information ou de réflexion écrabouillées par le déferlement de crétineries débilitantes. *la Croix, le Point,* surtout, sont en hausse mais ce sont des exceptions. Même la presse économique, télé et féminine dévisse, au profit des people[1] et des journaux *trash*[2].

Acculturation et abrutissement

La raison de ce désastre ? Il y aura toujours, évidemment, un malin pour proclamer, du haut de son propre génie, que la presse française d'opinion et d'information, effectivement en faillite, coule parce qu'elle est mauvaise ! Or, c'est faux : *le Parisien* est un quotidien populaire de qualité infiniment supérieure à ses concurrents anglais ou allemands, *Libération* est sans doute le meilleur quotidien européen issu des mouvances d'extrême gauche, *le Monde* reste une noble et incontournable référence ; *le Figaro* jure avec la médiocrité et le sectarisme de beaucoup d'organes conservateurs anglo-saxons, *l'Express* publie d'excellentes enquêtes et le *Nouvel Obs* brille de 100 plumes scintillantes. Alors, pourquoi ?

D'abord parce que le travail d'acculturation et d'abrutissement mené par les entreprises de divertissement, en particulier télévisuelles, aggravé par le délabrement pédagogique de l'école, sape, à la base, les capacités de lecture d'une presse de qualité.

Ensuite, il y a les causes matérielles objectives. Les coûts excessifs de distribution, d'impression (faute de concurrence) et du papier induisant des prix trop élevés, la disparition accélérée des kiosques et points de vente, l'apparition des gratuits en violation de toutes les règles libérales de « concurrence non faussée » ; l'auto-cannibalisation par les sites Internet ; les personnels pléthoriques, compte tenu de la baisse des recettes.

À quoi s'ajoute la chute des recettes publicitaires, conséquence à la fois du marasme économique et de la réorientation des annonceurs en direction de la télévision et du « hors média ». [...]

La presse française est de très bon niveau, mais fort peu pluraliste. Cela aussi entraîne des conséquences négatives. Quand 90 % des médias font campagne pour le oui au référendum européen, mais que le non l'emporte, cela provoque, à l'évidence, de considérables dégâts. L'immense majorité des journaux écrits expriment soit une sensibilité libérale-libertaire, soit une sensibilité conservatrice néolibérale. Or, ces deux sensibilités sont minoritaires dans le pays. [...]

Marianne, du 10 au 16 décembre 2005

---

[1] *People* (anglicisme) : *presse / magazine people,* qui traite des vedettes, des personnalités (notamment de leur vie privée).

[2] *Trash* (mot anglo-américain, fam) : *D'un goût douteux.*

Des frissons... au cercle polar !

Texte 1

Je n'ai jamais vu la mer.
Le sol carrelé de noir et de blanc ondule comme l'eau à quelques centimètres de mes yeux.
J'ai mal à en mourir.
Je ne suis pas morte.
Quand on s'est jeté sur moi -je ne suis pas folle, quelqu'un, quelque chose s'est jeté sur moi- j'ai pensé : je n'ai jamais vu la mer. Depuis des heures, j'avais peur. Peur d'être arrêtée, peur de tout. Je m'étais fabriqué un tas d'excuses idiotes et c'est la plus idiote qui m'a traversé l'esprit : ne me faites pas de mal, je ne suis pas vraiment mauvaise, je voulais voir la mer.
Je sais aussi que j'ai crié, crié de toutes mes forces, et que mes cris pourtant sont restés enfermés dans ma poitrine. On m'arrachait du sol, on m'étouffait.
Criant, criant, criant, j'ai pensé encore : ce n'est pas vrai, c'est un cauchemar, je vais me réveiller dans ma chambre, il fera jour. [...]

Sébastien Japrisot,
La dame dans l'auto avec des lunettes et un fusil ©
Folio, Denoël 1966

Texte 2

–Pierre, il y a quelque chose qui déraille dans le jardin, dit Sophia. Elle ouvrit la fenêtre et examina ce bout de terrain qu'elle connaissait herbe par herbe. Ce qu'elle voyait lui faisait froid dans le dos.
Pierre lisait son journal au petit déjeuner. C'était peut-être pour ça que Sophia regardait si souvent par la fenêtre. Voir le temps qu'il faisait. C'est quelque chose qu'on fait assez souvent quand on se lève. Et chaque fois qu'il faisait moche, elle pensait à la Grèce, bien entendu. Ces contemplations immobiles s'emplissaient à la longue de nostalgies qui se dilataient certains matins jusqu'au ressentiment. Ensuite, ça passait. Mais ce matin, le jardin déraillait.
–Pierre, il y a un arbre dans le jardin.
Elle s'assit à côté de lui.
–Pierre, regarde-moi.
Pierre leva son visage lassé vers sa femme. [...]
–Qu'est-ce qui te prend, Sophia ?
–J'ai dit quelque chose.
–Oui ?
–J'ai dit : « Il y a un arbre dans le jardin ».
–J'ai entendu. Ça paraît normal, non ?
–Il y a un arbre dans le jardin, mais il n'y était pas hier. [...]

Fred Vargas, *Debout les morts* © Éditions Viviane Hamy, 1995

Texte 3

Je m'accroupis devant le cadavre de Pierre Ugolini. Ugo. Je venais d'arriver sur les lieux. Trop tard. Mes collègues avaient joué les cow-boys. Quand ils tiraient, ils tuaient. C'était aussi simple. Des adeptes du général Custer. Un bon Indien, c'est un Indien mort. Et à Marseille, des Indiens, il n'y avait que ça, ou presque.
Le dossier Ugolini avait atterri sur le mauvais bureau. Celui du commissaire Auch. En quelques années, son équipe s'était taillé une sale réputation, mais elle avait fait ses preuves. On savait fermer les yeux sur ses dérapages, à l'occasion. La répression du grand banditisme est à Marseille une priorité. La seconde, c'est le maintien de l'ordre dans les quartiers nord. Les banlieues de l'immigration. La cité interdite. Ça, c'était mon job. Mais moi, je n'avais pas droit aux bavures.
Ugo, c'était un vieux copain d'enfance. Comme Manu. Un ami. Même si Ugo et moi on ne s'était plus parlé depuis vingt ans. Manu, Ugo, je trouvais que ça cartonnait dur sur mon passé. J'avais voulu éviter ça. Mais je m'y étais mal pris. [...]

Jean-Claude Izzo, *Total Khéops* ©
Éditions GALLIMARD, 2001

Sébastien Japrisot (1931-2003) a commencé à écrire dès l'âge de 17 ans. Quelques-uns de ses romans ont été portés à l'écran avec succès : *L'été meurtrier, Un long dimanche de fiançailles.*

Jean-Claude Izzo est né à Marseille en 1945. C'est avec *Total Khéops* qu'il s'est fait connaître en 1995. Il a disparu prématurément à l'âge de 55 ans.

Fred Vargas est née en 1957 à Paris. Archéologue et spécialiste du Moyen-Âge, elle a écrit de nombreux romans policiers. Ses dernières publications sont des best-sellers.

1 Lisez les trois débuts de romans policiers ci-dessus, puis répondez aux questions.
1) Lequel préférez-vous ? Justifiez votre réponse en vous appuyant sur les textes : personnages, atmosphère, style, amorce de l'intrigue...
2) Que vous suggère le titre de cette page ?

2 EO Lisez-vous des romans policiers ? Si oui, comment les choisissez-vous ? Sinon, pourquoi ?

Élaborer un flash d'information pour une radio régionale

Par groupes de 4, vous allez :
- rédiger trois nouvelles sur des sujets différents ;
- organiser le « flash d'information » en décidant de l'ordre des nouvelles ;
- lire votre flash à haute voix et, si vous le pouvez, l'enregistrer.

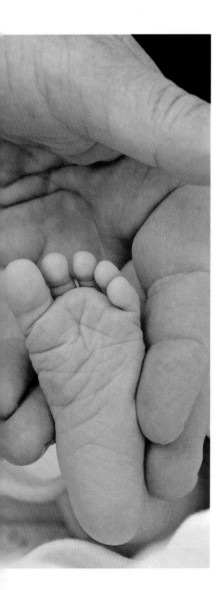

PHASE 1 : RÉDACTION D'UNE NOUVELLE DE 4 À 5 PHRASES SUR LE SUJET DE L'ADOPTION EN FRANCE (40 minutes environ)

1 Utilisez cet entrefilet paru dans le quotidien *Aujourd'hui en France*.

L'Agence française de l'adoption (AFA), inaugurée hier, était très attendue par les 25 000 familles qui ont obtenu l'agrément du Conseil Général et espèrent l'arrivée prochaine d'un enfant.

« Une nouvelle loi pour adopter », *Aujourd'hui en France*, 19 mai 2006

2 Lisez les informations ci-dessous, qui complètent la nouvelle et sélectionnez celles que vous désirez apporter à vos auditeurs.

- L'AFA est la première agence au monde, une révolution.
- Elle a été inaugurée par Philippe Bas, ministre délégué à la Famille.
- Jusqu'ici, sur 8 000 familles acceptées chaque année par le Conseil Général, 5 000 accueillent finalement un enfant.
- Les difficultés pour adopter sont énormes et de toutes sortes : « **Le plus dur, c'est l'incertitude. Sans parler du coût de la démarche** ».
- Avant la création de l'Agence, ceux qui ne pouvaient pas faire ces démarches seuls devaient se mettre en contact avec un organisme autorisé pour l'adoption. Exemple : **Médecins du Monde** s'occupe du dossier, moyennant une commission.
- Propos de la directrice générale de l'AFA, Laure de Choiseul : **Le but de l'Agence est de** : transmettre les dossiers « **sans sélection, gratuitement, en ayant fait tout un travail d'information, de conseil, puis d'accompagnement** » des candidats à l'adoption.
- Budget de l'Agence : 4 millions d'euros.
- Nombre de collaborateurs : une dizaine.
- Un relais dans chaque département.
- Des accords sont passés avec les pays où il y a des enfants à adopter.

3 Rédigez les informations sélectionnées en les intégrant à l'entrefilet de presse pour obtenir la nouvelle définitive.

PHASE 2 : ÉLABORATION DU « FLASH INFOS » (50 minutes environ)

1 Choisissez les deux autres nouvelles qui apparaîtront dans votre « flash infos ». La première doit obligatoirement toucher les domaines de la culture ou de la politique (nationale ou internationale), la deuxième, les faits divers ou de société.

2 Rédigez ces deux nouvelles et décidez l'ordre selon lequel l'ensemble sera présenté.

3 Préparez entre vous la lecture à haute voix des informations.

↗ *Portfolio*, page 14 : *Lecture à haute voix*.

PHASE 3 : LECTURE DU « FLASH INFOS » (30 minutes environ)

1 Chaque sous-groupe lit son « flash infos » en imitant la diction et le rythme des locuteurs de radio entendus dans la leçon *(Ouvertures, Pratiques)*.

2 Commentez et évaluez les flashs à partir des critères du CECR donnés ci-dessous.

- Adéquation des informations au type d'émission demandé.
- Qualité de structuration et de rédaction de chaque information.
- Qualité d'élocution des journalistes improvisés.

Choisissez l'option qui convient (a, b, c) pour compléter les textes suivants.

Le commissaire Maigret lit un extrait de lettre à sa femme :
« Que c'est le meilleur petit-gars du pays et que sa maman, qui n'a que lui, est capable d'en mourir. J'ai la certitude qu'il est … (1). Mais les marins à qui j'en ai parlé prétendent qu'il … (2) parce que les tribunaux civils n'ont jamais rien compris aux choses de la mer...
Fais tout ce que tu pourras, comme si c'était pour toi-même... J'ai appris … (3) journaux que tu es devenu une haute personnalité de la Police … (4) et... »
C'était un matin de juin, madame Maigret, dans l'appartement du boulevard Richard-Lenoir, […] achevait de bourrer de grandes malles d'osier, et Maigret, sans faux col, lisait à mi-voix.
« De qui est-ce ?
- Jorissen... Nous avons été à l'école ensemble... Il … (5) instituteur à Quimper... Dis donc, tu tiens beaucoup à ce que nous passions nos huit jours de vacances en Alsace ? »
Elle le regarda sans comprendre, tant la question était inattendue. … (6) vingt ans qu'ils passaient invariablement leurs congés ensemble, chez des parents, dans le même village de l'Est.
« Si nous allions plutôt à la mer ?... »
Il relut avec attention des passages de la lettre :
« … tu es mieux placé que moi pour obtenir des … (7) précis. En bref, Pierre Le Clinche, un jeune homme de vingt ans qui … (8) mon élève, s'est embarqué il y a trois mois à bord de *l'Océan*, un chalutier de Fécamp, qui pêche la morue à Terre-Neuve. Le navire … (9) au port avant-hier. Quelques heures plus tard, on découvrait le … (10) du capitaine dans le bassin et tous les … (11) font croire à un crime. … (12), c'est Pierre Le Clinche qu'on a arrêté »
« Nous ne serons pas plus mal pour nous reposer à Fécamp qu'ailleurs ! » … (13) Maigret sans enthousiasme. […]

Au rendez-vous des Terre-Neuvas, Georges Simenon © Éditions Le Livre de Poche

Fait divers. *1 + 1 = 1 ?*
Elle ne manquait pas d'astuce ! … (14) d'une femme qui roulait au milieu du désert américain et qui … (15) par la police, dimanche dernier. Savez-vous qu' … (16) de rouler seul dans le désert ? Lors de son jugement, celle-ci … (17) en prétextant qu'elle n'était pas seule puisqu'elle était... enceinte ! Grâce à ce subterfuge, elle … (18). Mais, la police ne lâchant pas prise, a riposté sous prétexte que le code de la route … (19) d'être à deux sur le même siège... La femme, … (20), a dû payer une forte amende !

(entendu à la radio)

1)	a) innocent	b) affectueux	c) aimable
2)	a) sera détourné	b) sera acquitté	c) sera condamné
3)	a) pour les	b) par les	c) des
4)	a) montée	b) municipale	c) judiciaire
5)	a) est devenu	b) devenait	c) a étudié
6)	a) Depuis	b) Il faisait	c) Il y avait
7)	a) renseignements	b) dépêches	c) rapports
8)	a) aurait été	b) a été	c) devait être
9)	a) a rentré	b) rentrerait	c) est rentré
10)	a) corps	b) dépouille	c) défunt
11)	a) index	b) indices	c) empreintes
12)	a) Ainsi	b) Donc	c) Or
13)	a) soupira	b) pria	c) implora
14)	a) Il traite	b) Il s'agit	c) Il paraît
15)	a) serait arrêté	b) s'est arrêtée	c) s'est fait arrêter
16)	a) il est interdit	b) on interdit	c) il a été interdit
17)	a) était défendu	b) s'est défendue	c) a été défendue
18)	a) n'a pas été soupçonnée	b) n'a pas été acquittée	c) n'a pas été condamnée
19)	a) refuse	b) sanctionne	c) défend
20)	a) donc	b) en revanche	c) pourtant

L7-8 BILAN COMPÉTENCES 4 : PORTFOLIO, PAGE 22

Paysage catalan, Joan Miró

OBJECTIFS

- Saisir l'implicite dans différents discours oraux : intention de communication, fil conducteur, implications des locuteurs, références culturelles…

- Comprendre des informations d'ordre scientifique dans un texte (oral ou écrit).

- Distinguer différents tons dans des conversations.

- Identifier certaines caractéristiques linguistiques propres au discours expositif (domaine scientifique).

- Participer avec à propos à une conversation.

- Rédiger un manifeste.

- Décrire un objet quotidien oralement ou par écrit (courriel).

- Écrire une lettre de réclamation.

- Participer à une discussion en faisant valoir son point de vue et en tenant compte de celui des autres.

- Auto-évaluer sa capacité à capter l'attention de ses interlocuteurs dans une discussion.

- Réutiliser certaines marques orales caractéristiques de l'interaction.

- Respecter les normes culturelles de l'interaction sociale.

CONTENUS

Aspects langagiers

- Lexique : discours scientifique [(astro)physique, climatologie, domotique] ; objets.
- Grammaire : négation ; restriction ; participe présent et gérondif.
- Communication : objectivité et subjectivité (humour implicite).

Aspects culturels

Entre passé et modernité : nos rapports aux objets.

Tâche finale

Simulation : décisions à prendre.

EO Ces trucs vides qui nous remplissent de rage…

Maitena, *Les déjantées 4* © Éditions Métailié

Lisez la planche de BD ci-dessus, puis répondez aux questions.

1) Vous amuse-t-elle ? Pourquoi ?

2) Complétez la liste des « trucs » que l'on trouve vides quand on en a le plus besoin.

3) L'enveloppe en cellophane du DVD qu'on ne peut pas retirer, les portes qu'on ne sait pas ouvrir (tirer / pousser ?)… Y a-t-il d'autres objets de la vie quotidienne qui vous « remplissent de rage » quand ils vous résistent ? Quelle attitude adoptez-vous alors ?

CO La forme des liquides

Qu'ont en commun une imprimante à jet d'encre, un appareil d'arrosage automatique et la chambre de combustion d'un moteur de voiture ?
C'est que, pour les rendre performants, les fabricants appliquent les résultats des recherches scientifiques sur les liquides, et particulièrement sur les bulles et les gouttes.
Pourquoi la surface des liquides est-elle plane ? Quelle est la forme d'une goutte d'eau qui tombe ? Sphérique, ovale, celle d'une larme ?
Des chercheurs qui s'attachent à observer et à comprendre ces phénomènes répondent à ces questions.

1 Écoutez le début de l'interview, puis répondez aux questions.
1) De quelles bulles parle-t-on ?
2) Que signifie le verbe *buller* ? Quels sont les synonymes proposés ?

2 Écoutez l'interview des deux chercheurs, puis répondez.
1) Quelle différence de forme y a-t-il entre la surface des liquides et celle de la goutte d'eau ?
2) Ces formes sont différentes mais pour une même raison : laquelle ?

3 Écoutez le document en entier.
1) Il n'est pas question de *buller en expliquant les bulles*, dit la journaliste : que veut-elle dire ?
2) Quel mécanisme physique explique la forme des deux objets étudiés ?
3) Comment le chercheur qualifie-t-il la comparaison entre les gouttes de pluie et des larmes ?

4 Réécoutez le document pour vérifier vos réponses. Ensuite, relevez les termes exacts correspondant aux mots et groupes de mots en caractères gras.
1) Les systèmes aiment **réduire** leur énergie.
2) Il va adopter la surface **minimum**.
3) Elle est déformée par **le frottement** de l'air.
4) Elle va **garder sa forme arrondie.**
5) On voit ces petits objets **minuscules**.
6) À peine **visibles** à l'œil nu.

CO Brocanteurs, chineurs, antiquaires et autres...

1 Écoutez cette interview, puis répondez.
1) Où se trouvent les intervenants ? Qui sont-ils ?
2) Relevez les questions posées. Quel est le fil conducteur de l'interview ?

2 Réécoutez, puis répondez.
1) Selon l'organisateur, quelles sont les différences entre une brocante et un vide-grenier ?
2) Comment qualifie-t-il l'atmosphère des vide-greniers ?
3) Un homme se mêle spontanément à la conversation. Qui est-il ? Qu'ajoute-t-il sur l'ambiance entre vendeurs et acheteurs ? Quels objets collectionne-t-il ? Comment vit-il sa passion ?

3 Réécoutez avec la transcription sous les yeux.
1) Quel est le ton des personnes interviewées quand elles parlent du vide-grenier ?
a) ironique b) passionné c) détaché d) solennel
2) Justifiez votre réponse en vous appuyant sur la transcription.

4 EO Conversation à bâtons rompus.
1) Brocante, vide-grenier... Connaissez-vous ce système de vente ? Ce genre de commerce existe-t-il dans votre pays ?
2) Aimez-vous collectionner des objets ? Si oui, lesquels ? Pour quelles raisons ?

5 EE Marché de quartier.
Avec les membres de l'association de quartier dont vous faites partie, vous avez décidé d'organiser tous les mois un petit marché. Rédigez en 120 mots un « manifeste » dans lequel vous exposerez les raisons de votre initiative et tenterez de convaincre les commerçants et les particuliers de faire des dons (invendus, objets à recycler...).

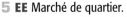

AUTOUR DE LA NÉGATION : REGISTRES, EUPHÉMISMES, DOUBLE NÉGATION…

◈ 1 Quelles remarques vous inspirent les phrases ci-dessous (mots négatifs, registres, sens) ?

1) Ils prônent **la non-violence**.
2) Ça m' fait **ni** chaud **ni** froid !
3) Ils **ne** peuvent le dire.
4) **Nul n'**est prophète en son pays.
5) On a retrouvé son corps **sans vie**.
6) Il **n'est pas inutile** de procéder à ces tests.

1. Les marques de la négation

1) La négation porte sur le verbe ou le groupe verbal : on emploie *ne … pas, ne … plus / jamais / rien / personne / aucun ; sans* (+ infinitif), *sans que* (+ subjonctif).

2 Observez la place des particules négatives dans ces phrases.
🡕 *Précis grammatical*, page 134.

1) Elle **n'**a **plus jamais** voulu consulter personne à ce sujet.
2) Ils ont pour consigne de **ne pas** enseigner l'histoire de l'évolution.

> **Distinguez**
> - La porte est fermée, **ils ne peuvent pas** sortir.
>   ≠ La porte est ouverte, mais **ils peuvent ne pas** sortir.
> - Elle n'arrive **pas toujours** à l'heure !
>   ≠ Il est 5 heures et elle n'arrive **toujours pas** !
> - Vous avez lu tous les livres de Modiano ? Moi, **aucun** !
>   ≠ Moi, **pas tous** !

2) La négation porte sur un autre élément de la phrase.
– Devant un nom, on emploie *non* ou *sans* : *le point de non-retour, un sans-papiers…*
– Devant un adjectif, on emploie les particules *non* ou *pas* : *une décision non négociable, des photos pas très nettes.*

Remarque : la négation d'un élément peut servir à la mise en valeur d'un autre : *Ces nouvelles cocottes sont **non pas** en fonte, **mais** en grès émaillé. L'or, **et non** l'argent, est employé comme composant de ce nouveau CD-Rom.*

3) La coordination des éléments négatifs.
– *Ni … ni : Il n'y a plus ni thé ni café.*
– *Sans … ni : Ils ont disparu sans donner de nouvelles ni expliquer leur geste.*
– *Ne … pas, ni : Elle n'aime pas les bibelots, ni les gadgets.*
– *Pas de … ni de : Il n'y a pas d'école ni de commerces dans ce village.*

◈ 3 Mettez les éléments en caractères gras à la forme négative pour que les phrases retrouvent un sens logique.

1) Ces robots ne sont pas au point puisque ils savent **débarrasser la table et faire les vitres**.
2) On lui a tout volé : **il a encore des devises et des chèques**.
3) Ce jeune chef a renouvelé la cuisine française **en perdant ses capacités inventives et en renonçant à l'évolution des goûts**.

4) Renforcement de la négation : quelques expressions.
– *Ne … pas du tout, absolument pas, vraiment pas* (registre standard) : *Je ne suis absolument pas d'accord avec vous.*
– *Pas le moins du monde, aucunement, en rien, nullement* (registre soutenu) : *Cette tâche n'est nullement aisée !*

5) Autres moyens d'exprimer une négation.
– **Prépositions / Locutions prépositionnelles :** *faute de, de peur de, à moins de, sauf… : À moins d'un empêchement, il arrivera demain.*
– **Préfixes + adjectifs / verbes / noms :** *amoral, invivable, immobile, illisible, dépourvu, décrocher, mésestimer, mésentente, désaccord…*

2. La double négation

◈ 4 Commentez le sens des groupes de mots en caractères gras. Dites la même chose à la forme affirmative et comparez.

1) Elle a dit « d'accord ! », **non sans** malice…
2) **Vous n'êtes pas sans savoir** que l'entreprise traverse une crise.
3) **Ce n'est pas inintéressant !**
4) Parmi ces teintes, on remarque une « nuit bleutée » **qui ne manque pas de charme**.

3. La négation et les registres de langue

1) Registre familier
– Suppression très fréquente de *ne* : *Faut pas exagérer !*

AvM

2) Registre soutenu

– Suppression de **pas** avec certains verbes **(pouvoir, oser, cesser, savoir)** : *Les sondes spatiales ne cessent de nous faire parvenir des informations.*

– Emploi de **nul(le)** (adjectif ou pronom), **nullement** : *Ce vin offre la saveur que le cabernet révèle comme nul autre cépage.*

– Emploi de **ne … guère, ne … point** : *Le directeur des recherches ne s'inquiète guère de ces résultats.*

– Emploi du **ne** explétif après *avant que, de crainte que, de peur que… plus / moins … que* et certains verbes (*craindre, redouter, éviter, empêcher*) : *Partons avant qu'il (n')arrive.- J'en ai entendu plus qu'il n'en faut !*

4. Emplois particuliers de la négation

1) Comme euphémisme (litote). La forme négative est fréquemment employée pour renforcer une affirmation :
Ce n'est pas bête, ce que tu dis ! - C'est pas évident !

2) Dans des questions à la forme négative.

5 Observez ces phrases interro-négatives : quelle est l'intention du locuteur ? Pourquoi choisit-il cette forme ?
1) Pourquoi tu ne vas pas jouer dans la cour ?
2) Mozart n'est-il pas le plus grand ?

EXPRIMER LA RESTRICTION

1. L'emploi de *ne … que*

1) Registres standard et familier : *Ça **ne** coûte **que** 20 €* équivaut à **seulement** : *Ça coûte 20 € seulement.*

2) **Il n'y a que … qui** est utilisé lorsque la restriction porte sur le sujet du verbe : *Il n'y a que toi qui puisses m'aider !*

3) Pour proposer à quelqu'un de faire quelque chose, on emploie fréquemment **n'avoir qu'à / il n'y a qu'à** (+ infinitif) :
Tu es furieux ? Tu n'as qu'à démissionner ! - Y'a qu'à partir ! (registre familier)

2. L'emploi de l'adjectif *seul(e)(s)*

Il relève surtout du registre soutenu : *Seule ma grand-mère aurait pu me dire ce qu'il y avait dans cette lettre.*

EMPLOYER LE PARTICIPE PRÉSENT ET LE GÉRONDIF *AvM* ⟨13/3⟩

1. Le participe présent (ou participe en *-ant*)

1) Ce participe a deux valeurs : descriptive (équivalent d'une relative introduite par *qui*), ou causale (Leçon 3).

1 Transformez les groupes de mots en caractères gras à l'aide d'une subordonnée de même sens.
1) Ces tissus cicatrisants renferment des microcapsules **contenant des antiseptiques.**
2) Les dinosaures à plumes ne seraient que des oiseaux **ayant perdu l'aptitude au vol.**
3) **Désirant me perfectionner en français,** je voudrais faire un stage chez vous.
4) **Les analyses ayant révélé une infection,** le médecin a prescrit des antibiotiques.

2) Le participe à valeur causale est très utilisé dans le langage administratif. Il peut avoir le même sujet que la principale (phrase 3), ou un sujet propre et former une proposition participiale (phrase 4).

2. Le gérondif (*en* + participe en *-ant*)

1) Le gérondif a plusieurs sens : cause, condition, manière, simultanéité dans le temps.

2 Remplacez le gérondif par des expressions équivalentes et dites quel est leur sens dans les phrases suivantes.
1) Ces tissus nous protègeront du stress **en éliminant** l'électricité statique.
2) C'est une drôle de petite auto qui chante : elle fait do-mi-sol **en passant.**
3) Cet anti-transpirant naturel élimine les odeurs **tout**[1] **en laissant** la peau respirer.
4) **En agissant** tout de suite, on pourrait limiter la dégradation de l'environnement.
5) **En acceptant** de témoigner, tu lui as rendu un grand service.

2) Le sujet du gérondif doit toujours être le même que celui de la principale : ***En allant se fixer*** *sur les vaisseaux sanguins,* ***cette substance détruit*** *la tumeur.*

---

[1] On peut renforcer le gérondif par l'adverbe *tout* pour traduire l'action en cours d'accomplissement.

LA LANGUE SCIENTIFIQUE

read. 27/2/13.

> L'Univers en question

1 Relevez dans le texte suivant les termes spécifiques du domaine de l'astrophysique et ceux qui sont communs à plusieurs sciences.

[…] Nous pensons avoir identifié les paramètres fondamentaux de l'Univers : sa densité ; sa géométrie -elle est plane et non courbée puisque la lumière s'y propage en ligne droite- ; son contenu, constitué à 30 % de matière et à 70 % d'une énergie dite « noire », qui explique sa vitesse d'expansion. Ensuite, nous bénéficions de bonnes informations sur près de 95 % de l'histoire de l'Univers, grâce aux observations des télescopes qui nous montrent les galaxies à différentes étapes de leur évolution…

Le big bang est maintenant daté à 13,7 milliards d'années. 400 000 ans après, l'Univers émet un rayonnement cosmologique, dit « fossile », cartographié en 1992 par le satellite Cobe de la Nasa. Son successeur Wmap a détaillé en 2002 ses minuscules fluctuations, révélatrices des écarts de densité à partir desquels tout le cosmos s'est ordonné en galaxies et en grandes structures.[…] Nous avons baptisé « âge sombre » cette ère où la matière du cosmos n'est constituée que de gaz neutre, qui s'étend, se dilue et se refroidit. Trois cent millions d'années après, naissent les premières étoiles.

« **Tester les théories par le virtuel** », *Libération*, samedi 17 et dimanche 18 juin 2006

2 Aimez-vous les films qui retracent des épopées spatiales ? Qu'est-ce que vous aimez le plus dans ces films ? Racontez une séquence qui vous semble particulièrement réussie.

3 Pour parler de sciences.

1) Voici quelques verbes pour votre boîte à mots scientifiques. Quels sont les substantifs correspondants ?

agrandir, analyser, combiner, contribuer à, chercher, (se) développer, disparaître, distribuer, (se) diversifier, (s')éteindre, (se) multiplier, observer, (se) ramifier, rechercher, rejeter, (se) reproduire

2) Composez, avec le maximum des mots mis à votre disposition, des phrases pouvant se trouver dans des textes scientifiques.

3) Ingénieurs, physiciens, climatologues…, choisissez cinq mots de « base » de votre lexique et faites-en part aux autres étudiants en les commentant !

ÉQUIPEMENT ET AMÉNAGEMENT : LA DOMOTIQUE

Observez cet exemple de maison intelligente.

1) Quel équipement vous semble le plus important ? Lequel feriez-vous installer chez vous en priorité ? Lequel semble manquer ? Lequel ne vous convainc pas du tout ? Pourquoi ?

2) Connaissez-vous des maisons intelligentes ? Aimeriez-vous y habiter ?

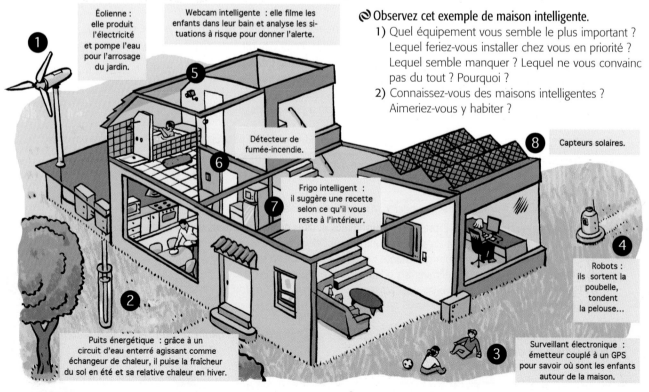

1 Éolienne : elle produit l'électricité et pompe l'eau pour l'arrosage du jardin.

5 Webcam intelligente : elle filme les enfants dans leur bain et analyse les situations à risque pour donner l'alerte.

Détecteur de fumée-incendie.

6

Frigo intelligent : il suggère une recette selon ce qu'il vous reste à l'intérieur.

7

8 Capteurs solaires.

4 Robots : ils sortent la poubelle, tondent la pelouse…

2 Puits énergétique : grâce à un circuit d'eau enterré agissant comme échangeur de chaleur, il puise la fraîcheur du sol en été et sa relative chaleur en hiver.

3 Surveillant électronique : émetteur couplé à un GPS pour savoir où sont les enfants autour de la maison.

LES OBJETS ET NOUS

1 Des inventions qui ont compté. Lisez ces textes, puis répondez aux questions.

1) L'indiscret en toute intimité

Innovation du second Empire (1852-1870), l'indiscret favorise les conversations à trois. Les sièges de ce curieux canapé tournent autour d'un axe à la manière d'une hélice à trois pales. [...] Connu sous le nom de confident, on l'appelle encore *vis-à-vis*. Dans les salons surpeuplés, ces sièges favorisaient les entretiens intimes.

Femme actuelle,
2003

2) Le coteau laguiole

[...] entièrement fabriqué à la main dans nos ateliers à Laguiole, petit village de l'Aubrac aveyronnais. Il est né au début du XIXᵉ siècle du besoin des éleveurs de bœufs de l'Aubrac, pour lesquels il était à la fois un outil et une arme. Son manche galbé épouse parfaitement les formes de la main. Sa lame effilée, célèbre pour son tranchant légendaire, est forgée dans les meilleurs aciers, notamment l'acier chirurgical 440 inaltérable. Ce couteau est garanti contre « tout vice de fabrication ».

(notice)

3) Plus vite que l'éclair ! La fermeture Éclair

Brevetée en 1917 par G. Sundback. « [...] Ce n'est qu'au cours des années 30 que la fermeture Éclair devint suffisamment légère et flexible pour être adjointe à des vêtements élégants. Au début, [...] toujours fabriquées en métal, elles étaient dissimulées par des replis du tissu. Dans les années 60, elles s'exhibèrent au grand jour. Des fermetures Éclair de grande taille et de couleur vive maintenaient les pans de minijupes en plastique rigide ou en piqué de coton, ce qui donnait aux femmes l'air de s'être habillées avec des couvercles d'appareils ménagers ».

Courrier International n° 477-478

1) Quelle est l'origine du nom des objets décrits ci-dessus ?
2) Quels sont la forme, la matière et l'usage de chacun d'entre eux ?
3) Qu'est-ce qui fait de chacun de ces objets quelque chose d'unique ?
4) Comme ci-dessus, décrivez le plus précisément possible un objet appartenant au patrimoine culturel de votre pays.

2 Conditionnements et contenants. Ils peuvent être de différentes matières et avoir plusieurs usages. Par exemple : *un pot en grès / de confiture / à moutarde.* Jouez de la même manière avec les mots de votre choix.

> une boîte, une caisse, une chemise (en carton), un classeur, un emballage, un écrin, un étui, un fichier, un flacon, une pochette, un sac, un sachet, une sacoche, un tube…

3 Les objets au quotidien. Dans la liste d'objets suivants, lesquels se trouvent dans une boîte à outils, dans une boîte à couture, sur le bureau d'un étudiant ?

> une agrafeuse, une aiguille, une aiguille à tricoter, une bobine de fil, un bouton, des ciseaux, une clé anglaise, un clou, un crochet, un marqueur, un marteau, une pelote de laine, un surligneur, des tenailles, un taille-crayon, un tournevis, un trombone, une vis…

4 Ces objets que l'on aime.
1) Que fait un chineur dans une brocante ? Faites des phrases contenant les verbes suivants : *déplier, feuilleter, flâner, faire le tour des stands et des étals, fouiller, marchander, soulever, soupeser, trier, comparer.*
2) Quels objets achèteriez-vous sur un marché aux puces : *un bibelot, des fripes, un jouet, un luminaire, de vieilles revues…* ? Complétez cette liste si vous le désirez.

5 Ranger, déménager. Quels gestes faites-vous pour ranger chez vous ou au travail ? Et pour préparer un déménagement ?
classer, déchirer, emballer, empiler, entasser, jeter, laisser en attente, mettre dans des cartons, ranger, trier…

EXPRESSIONS TOUTES FAITES (REGISTRE FAMILIER)

Observez les expressions ci-dessous.
1) Regroupez celles qui ont un sens négatif, celles qui ont un sens (plutôt) positif et celles dont le sens dépend du contexte.
2) Choisissez quatre expressions et inventez une mini-conversation pour chacune d'entre elles.
Exemple : *Il y a encore 10 km à faire ! –C'est pas la mer à boire !*

1 (Ne) t'en fais pas ! ~ dont worry
2 C'est pas de la tarte !
3 C'est pas évident !
4 C'est pas rien !
5 C'est pas la porte à côté !
6 C'est pas cool !
7 C'est pas le bout du monde !
8 Ça (ne) me dit rien !
9 C'est pas demain la veille !
10 Ça doit pas être marrant !
11 Ça vaut pas le coup !
12 Y'a pas de quoi en faire un fromage !
13 Ça casse pas des briques !
14 Ça vole pas bien haut !
15 Ça casse pas trois pattes à un canard !

Lead 27/2/13.

CE

Neptune : plongée dans le grand bleu

Aux confins glacés du système solaire, plongée dans un crépuscule éternel, tourne Neptune, la dernière grande planète du système solaire. Pour les scientifiques, cet astre aux reflets d'abysses représente véritablement un nouveau monde. Presque invisible -même au télescope- depuis la Terre, il est apparu pour la première fois en détail sous les puissantes caméras de la sonde *Voyager 2* en août 1989.

[...] Comme les trois autres géantes, Neptune est constituée surtout de gaz légers, hydrogène et hélium, et de quelques pour cent de méthane, lequel habille la haute atmosphère de la planète de sa splendide robe bleue. Contrairement à Uranus, dont les phénomènes atmosphériques sont constamment masqués par la brume, l'atmosphère de Neptune montre de nombreux détails. Comme Jupiter et Saturne, la planète bleue est cerclée de bandes nuageuses parallèles à l'équateur. Ces grands bancs nuageux portent des systèmes anticycloniques évoquant, à une échelle moindre, la Grande Tache rouge de Jupiter.

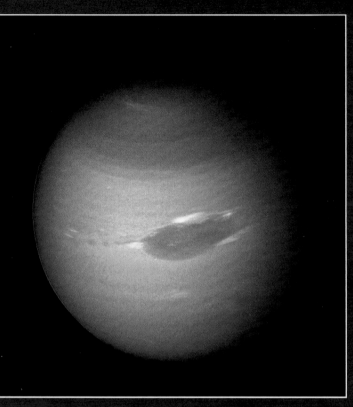

Sur Terre, les perturbations atmosphériques et le cycle des saisons sont liés intimement au puissant rayonnement solaire. Neptune, au fin fond du système solaire, où le Soleil n'apparaît plus que comme une étoile éclatante perçant le noir de la nuit, ne subit pratiquement aucune influence de l'astre du jour. Pourtant ses phénomènes atmosphériques sont d'une richesse surprenante ; comment l'expliquer ? Sans doute l'atmosphère de Neptune est-elle perturbée par le rayonnement interne de la planète. Les mesures de l'émission infrarouge de la planète ont en effet montré que celle-ci émet près de trois fois plus d'énergie qu'elle n'en reçoit du Soleil. La périphérie de l'atmosphère de Neptune, subissant directement le froid glacial de l'espace, est portée à une température extrêmement basse, inférieure à -220° C. De fait, elle est particulièrement perturbée par la chaleur en provenance du cœur hyperdense et brûlant de Neptune. Cette sorte d'inversion des phénomènes atmosphériques, gouvernés par une étoile intérieure, influence la planète comme si elle était dirigée par le Soleil. Le grand bleu insondable de Neptune connaît en effet des tempêtes d'une violence indescriptible, où les vents soufflent jusqu'à 2 200 km/h. La Grande Tache sombre, un anticyclone monstrueux semblable à la Grande Tache rouge de Jupiter, et assez grand pour engloutir la Terre, creuse sa dépression dans la haute atmosphère neptunienne, et jette dans le ciel des cirrus éclatants qui se subliment en quelques heures. [...]

Autre sujet d'études et d'étonnement pour les spécialistes de la mécanique céleste : le système d'anneaux de la planète géante. Celui-ci, à première vue, rappelle ceux de Jupiter, de Saturne et d'Uranus. Les quatre anneaux de Neptune sont étonnamment fins, dessinant de véritables cerceaux autour de la planète. Les anneaux baptisés Le Verrier et Adams mesurent respectivement 120 000 km et 100 000 km de diamètre, pour une largeur de 10 km seulement et une épaisseur qui ne dépasse sans doute pas 100 m ! Comme ceux de Saturne et d'Uranus, les anneaux de Neptune sont curieusement irréguliers. Leur circonférence présente de fortes condensations, appelées arcs, dont l'origine, la nature, la stabilité et l'évolution sont toujours incomprises. Ces structures sont-elles éphémères ? Perdurent-elles sur des millions d'années ? Nous l'ignorons. Les chercheurs soupçonnent toutefois que l'existence de ces arcs est liée à la présence, au sein même des anneaux, de six satellites. Ceux-ci jouent sans doute le rôle de « bergers » dans l'environnement de Neptune, en confinant la poussière des anneaux sur des orbites extrêmement précises. Ces satellites qui naviguent dans les anneaux expliquent sans doute aussi la finesse et la netteté extraordinaire de ces derniers. [...]

Un jour, peut-être avant la fin du XXIᵉ siècle, les hommes d'une génération à venir assisteront au débarquement d'astronautes à la surface de quelques-uns de la quarantaine de satellites qui tournent autour des quatre planètes gazeuses géantes, et qui offrent un balcon idéal pour les observer. Depuis les surfaces d'Amalthée, de Prométhée, d'Ophélie ou de Triton, et dans le silence absolu du vide spatial, le spectacle des planètes-tempêtes sera prodigieux.

Serge Brunier, *Voyage dans le système solaire*, Bordas, 2000

1 Lisez le texte ci-contre, puis répondez aux questions suivantes.

   1) Comparez les quatre planètes géantes du système solaire. Qu'ont-elles en commun ? Qu'est-ce qui les différencie ?
   2) Comment expliquer les phénomènes climatiques sur Neptune ?
   3) Quelle hypothèse l'auteur de l'article formule-t-il pour l'avenir ? À quel spectacle fait-il référence et comment l'imagine-t-il ?

2 Relisez le texte, puis répondez.

   1) Quel est le but de l'auteur ? (Plusieurs réponses sont possibles.)
      a) divulguer des recherches en astrophysique **b)** faire comprendre certains phénomènes **c)** chercher la confrontation
      d) communiquer sa passion au lecteur **e)** amuser le lecteur
   2) Pour justifier votre réponse, relevez dans le texte des passages ou expressions appartenant au langage scientifique ou à la langue poétique.

3 EO Conversation à bâtons rompus.

   « Le soleil se couche », disons-nous couramment. Pourtant, depuis Copernic nous savons que c'est la Terre qui est en rotation et non le Soleil. Quelles autres découvertes scientifiques ont modifié notre perception du monde tout au long de l'histoire ?

co Manies et superstitions

1 Écoutez cette conversation, puis répondez.

   1) Qui sont les deux premiers interlocuteurs, où se trouvent-ils et de quoi parlent-ils au début ?
   2) Deux personnes se mêlent à la conversation. Qui sont-elles ? Pourquoi et comment interviennent-elles ?

> Comment avez-vous fait pour interpréter ?

   3) Quels sont les différents « moments » de la conversation ?

2 Réécoutez, puis analysez.

   1) Définissez le ton de cette conversation au cours des différents « moments ».
   2) Relevez les principales marques d'oralité.
   3) Quel est le registre de langue utilisé ? Relevez les mots qui en sont les plus représentatifs.

3 Réécoutez en vous aidant de la transcription, vérifiez vos réponses à la question 2, puis relevez…

   1) des « petits mots » utilisés pour prendre la parole.
   2) quelques procédés employés pour donner son point de vue, accepter celui de l'autre ou s'y opposer.

> – Vous êtes superstitieux ?
> – Ah non, ça porte malheur !

4 Répondez aux questions.

   1) Mettez en commun et commentez vos réponses aux questions 2 et 3.
   2) Connaissiez-vous les manies et les superstitions citées par les interlocuteurs ?

5 EO Discussion. Amusez-vous à imiter les interlocuteurs que vous venez d'entendre.

   Choisissez à votre guise quatre expressions utilisées par les interlocuteurs pour prendre la parole et / ou pour donner son avis, adoptez deux marques d'oralité que vous trouvez amusantes ou très représentatives de la manière de parler des francophones et… lancez-vous ! Discutez à bâtons rompus pendant 2-3 minutes : que pensez-vous de la superstition ? Y a-t-il des différences entre rituel, manie et superstition ? Y a-t-il des superstitions bien vivantes dans votre pays ?
   Attention ! Ne trichez pas. Vous devez utiliser les six éléments que vous venez de sélectionner !

CO Le chat botté
(auteur, compositeur, interprète : Thomas Fersen)

On ne veut plus les quitter

Quand on les enfile.

Essayer c'est adopter

Les mules en reptile.

🎧 **1** Écoutez le premier couplet et le refrain de cette chanson avec la transcription.
   1) Où se trouve le personnage ? Comment devine-t-on sa profession ?
   2) Qu'est-ce qui caractérise la première cliente ?
   3) Que perçoit-il d'elle ? Que ressent-il ?

🎧 **2** Écoutez maintenant le deuxième couplet.
   1) Qu'est-ce qui caractérise la deuxième cliente ?
   2) Que perçoit d'elle le personnage ? Que ressent-il ?

🎧 **3** Écoutez le troisième couplet. Le protagoniste compare la jeune fille à Cendrillon. Pourquoi ?

🎧 **4** Écoutez le quatrième couplet.
   1) Que provoque l'objet en question chez le protagoniste ?
   2) De quoi rêve-t-il ?

🎧 **5** Réécoutez la chanson en entier avec la transcription sous les yeux.
   1) Résumez en quelques mots l'histoire racontée (par la chanson).
   2) Cette rencontre, qui aurait pu être banale, est racontée sur le mode du merveilleux. Relevez tous les éléments qui contribuent à cet effet (expressions imagées, références culturelles).
   3) Avez-vous aimé cette chanson de Thomas Fersen ?

EO *Les objets et vous*

1 Votre rapport aux objets.
   1) Reconnaître un objet d'enfance. Lisez le texte ci-dessous. L'expérience narrée vous est-elle familière ?

> Vous videz un grenier ou une cave. Plongée dans une maison de votre vie d'autrefois. Héritage, grands-parents, oncle de province. Ou bien simplement une vieille caisse dans vos reliquats. Ou encore le hasard d'une brocante, plus insolite. En tout cas, surgit un jouet oublié. [...] Dès qu'il apparaît, pourtant, vous le reconnaissez. Sans hésitation, pleinement, sous ses moindres aspects. Ce jouet vous est familier, habituel, bien connu, consubstantiel. C'est le vôtre. Vous en retrouvez chaque éclat de peinture, chaque égratignure, chaque marque de crayon. Une fêlure minuscule, une rugosité du bord, un petit bout qui manque, vous savez tout par cœur, de manière évidente, assurée. Vous vous sentez d'emblée transporté dans le monde de ce jouet...
>
> Roger-Pol Droit, *101 expériences de philosophie quotidienne*
> © Éditions Odile Jacob, 2003

🎧 **2)** Écoutez cet extrait d'une émission de radio. Êtes-vous accro aux objets ?
   3) En vous inspirant des documents ci-dessus (texte et enregistrement), décrivez dans ses moindres détails un objet auquel vous êtes très attaché(e). Expliquez en quoi il est si important pour vous.

2 EE Objets, engins, machins. Choisissez un des sujets suivants, puis rédigez (100 mots).
   1) Vous avez acheté un objet design très onéreux par correspondance. Malheureusement, vous ne pouvez pas vous en servir. Écrivez une lettre à l'établissement qui vous l'a vendu pour protester et exiger une solution.
   2) Le professeur Tournesol a inventé un ingénieux sous-marin en forme de requin. À votre tour, inventez un objet qui n'existe pas et qui pourrait être utile et / ou amusant. Décrivez votre invention dans un courriel que vous adresserez au site du Concours Lépine.

Philippe Starck

Tâche finale

Décisions à prendre

Par groupes de 4, vous allez :

1) participer à une discussion approfondie sur une des quatres situations proposées en vous y impliquant personnellement ;

2) prendre des décisions collectivement ;

3) assister en « spectateurs avertis » aux autres discussions et les évaluer.

Situation 1 : Le désordre de certains membres de votre famille rend la cohabitation si difficile qu'il faut établir un nouveau modus vivendi.

Situation 2 : Vous commencez une expérience de colocation : vous devez distribuer les espaces de l'appartement et répartir, entre tous, les tâches communautaires.

Situation 3 : Au bureau, il y a les amateurs de la climatisation à outrance et ceux qui ne la supportent pas. Les esprits s'échauffent et il faut trouver une solution acceptable pour tous.

Situation 4 : La direction de l'établissement où vous suivez vos cours de français lance une campagne intitulée « une école pour apprendre, une école où se sentir bien ». Elle demande aux représentants des étudiants de décider, avec elle, des aménagements et transformations à prévoir.

PHASE 1 : PRÉPARATION DE LA DISCUSSION
(20 minutes environ)

1 Choisissez la situation dont vous avez envie de débattre et formez des sous-groupes.

2 À l'intérieur de chaque sous-groupe, analysez la situation et définissez des rôles. Cernez les caractéristiques des personnages sans oublier le / la médiateur / médiatrice qui servira d'intermédiaire entre les parties. Répartissez-vous les rôles.

3 Préparez individuellement votre rôle.
1) Adoptez un caractère, un comportement, un point de vue et des arguments pour le défendre.
2) Choisissez, en fonction de la situation, votre registre de langue, votre manière de parler, des mots et des expressions « béquilles ».
3) Fabriquez-vous aussi une « boîte à mots et expressions » indispensable pour vous exprimer avec exactitude sur le sujet choisi.

PHASE 2 : LA DISCUSSION
(15 minutes environ par sous-groupe)

Chaque sous-groupe intervient, à tour de rôle, devant le groupe-classe.

1 Le / La médiateur / médiatrice explique à tous les raisons et les objectifs de la discussion et présente (le cas échéant) les participants les uns aux autres.
Il / Elle demande à chacun :
1) d'expliquer son point de vue sur la situation présente en insistant sur les éléments qui doivent être améliorés ou changés ;
2) de proposer les décisions qui lui semblent pertinentes.

2 Chaque participant intervient pour expliquer avec exactitude la raison de sa présence, donne son point de vue, le justifie et l'illustre avec des anecdotes.
La discussion s'engage entre tous les participants qui argumentent, prennent position, s'opposent ou cherchent des alliances pour négocier une décision collective.

3 Les autres sous-groupes écoutent avec attention et prennent des notes pour la co-évaluation postérieure. (Les spectateurs, après concertation, se répartissent les personnages à évaluer.)
Pour vous aider, voici les critères du CECR concernant le niveau B2.

- Je peux intervenir de manière adéquate dans une discussion, en utilisant les moyens d'expression appropriés.
- Je peux poser des questions pour vérifier si j'ai compris ce que le locuteur voulait dire et faire clarifier les points équivoques.
- Je peux mettre en valeur la signification personnelle de faits et d'expériences, exprimer mes opinions et les défendre avec pertinence en fournissant explications et arguments.
- Je peux exprimer des émotions d'intensité variée et souligner ce qui est important pour moi dans un événement ou une expérience.
- Je peux corriger mes erreurs et mes lapsus quand je m'en rends compte ou quand ils ont causé un malentendu.

Choisissez l'option qui convient (a, b, c) pour compléter le texte suivant.

La chasse au météore

D'après la hauteur et la dimension apparente du bolide, son diamètre doit être de cinq à six mètres. Voilà ce que les … (1) ont permis d'établir jusqu'ici. Mais … (2) encore été possible de déterminer sa nature d'une manière suffisante. Ce qui le rend visible, … (3) de jumelles assez puissantes, c'est qu'il est vivement … (4), et probablement grâce à son frottement à travers les … (5) atmosphériques, -bien que leur densité soit très … (6) à cette altitude, rien qu'à la distance de dix-huit kilomètres-cette densité est déjà dix fois moindre qu'à la surface du sol. Mais … (7) qu'un amas de matière gazeuse, ce bolide ? Ne se compose-t-il pas, au contraire, d'un noyau solide … (8) d'une chevelure lumineuse ? Et quelle est la grosseur, quelle est la nature de ce noyau, c'est ce qu'on ne sait pas, ce qu'on ne saura … (9) peut-être…

Maintenant, y a-t-il à prévoir une … (10) dudit bolide ? Non, évidemment. Sans doute depuis un temps, qu'il est impossible d'évaluer, il … (11) son orbite autour de la Terre, et si les … (12) de profession ne l'avaient pas encore aperçu, il ne faut s'en prendre qu'à eux.

C'est à nos deux compatriotes, M. Dean Forsyth et le docteur Sydney Hudelson, … (13) la gloire de cette magnifique … (14). […]

À qui appartiendrait le bolide ?

[…] Bref, après dix jours de discussions, … (15) aboutir, la Commission Internationale se sépara sur une séance qui nécessita l'intervention de la police de Boston.

Il arriva donc que la question fut tranchée de la façon la plus naturelle, et qui sait si … (16) la meilleure ?

Puisque les délégués … (17) s'entendre sur un partage, soit égal, soit proportionnel, le bolide appartiendrait à celui des pays sur lequel il finirait par tomber.

Cette décision, … (18) les intéressés, fut acceptée avec empressement par tous les États qui … (19) intérêt dans l'affaire, et combien cela est humain ! En somme, ladite affaire ne serait plus qu'une loterie, … (20) un seul lot d'une valeur invraisemblable. […] Tant mieux pour qui aurait le bon numéro. […]

La chasse au météore, Jules Verne

	a)	b)	c)
1)	a) statistiques	b) inventions	c) observations
2)	a) il n'a	b) il n'a pas	c) il n'a plus
3)	a) en se servant	b) se servant	c) servant
4)	a) allumé	b) éclairci	c) éclairé
5)	a) couches	b) franges	c) bandes
6)	a) mince	b) faible	c) petite
7)	a) est-ce seulement	b) n'est-ce pas	c) n'est-ce
8)	a) entouré	b) tourné	c) retourné
9)	a) plus	b) jamais	c) encore
10)	a) tombée	b) avalanche	c) chute
11)	a) trace	b) tourne	c) court
12)	a) astrologues	b) astronomes	c) astronautes
13)	a) qui était réservée	b) à qui était réservée	c) qu'était réservée
14)	a) découverte	b) invention	c) innovation
15)	a) en ne pouvant	b) qui ne purent	c) sans rien
16)	a) ce n'était que	b) ce n'était pas	c) ce n'était plus
17)	a) en ne pouvant	b) ne pouvaient ni	c) n'avaient pu
18)	a) ne satisfaisant pas	b) ne satisfaisait pas	c) en ne satisfaisant pas
19)	a) n'avaient pas un	b) n'avaient aucun	c) n'avaient ni
20)	a) en ayant	b) rien qu'à	c) ayant

La joie de vivre, Henri Matisse

OBJECTIFS

▸ Repérer et identifier les caractéristiques de propos spontanés à l'oral.

▸ Dégager les idées principales d'un texte à la première écoute et à la première lecture.

▸ Utiliser le contexte pour cerner le sens d'expressions peu connues et de tournures propres à la langue parlée.

▸ Réagir par écrit et oralement, de manière personnelle, à des sujets de société.

▸ Participer de façon pertinente à des débats ou conversations sur des sujets de société.

▸ Rapporter les propos d'un locuteur ou d'un auteur en les reformulant.

▸ Apprécier des éléments de style (images, comparaisons) et en inclure dans ses propres productions.

▸ Élaborer un texte personnel en mettant en œuvre tous les savoir-faire acquis.

▸ Lire à haute voix, à l'adresse d'un public, des textes poétiques et des créations personnelles.

▸ Découvrir le point de vue de penseurs contemporains et prendre du recul par rapport à certains stéréotypes culturels.

CONTENUS

Aspects langagiers

▸ Lexique : termes philosophiques et psychologiques ; appréciations ; « locutions-énoncés ».

▸ Grammaire : subjonctif ; se situer par rapport à son discours ; le connecteur *or*.

▸ Communication : différentes typologies de textes ; implicite.

Aspects culturels

Regard des sciences humaines sur le bonheur aujourd'hui.

Tâche finale

La magie du texte.

CE Le bonheur

1 Lisez ce questionnaire paru dans le *Journal des Femmes* (avril 2004) et répondez-y individuellement.

1 Sur cette échelle de 1 à 6 du bonheur, où vous situez-vous ?

1 ○ très malheureux(se)
2 ○ malheureux(se)
3 ○ pas très heureux(se)
4 ○ assez heureux(se)
5 ○ très heureux(se)
6 ○ parfaitement heureux(se)

2 Pour votre bonheur personnel, quelle importance accordez-vous aux critères suivants ? (Si vous n'avez pas d'avis, passez à la question suivante.)

● secondaire ; ●● important ; ●●● indispensable

	●	●●	●●●
Réussir sa vie de couple.			
Ne pas avoir de soucis de santé.			
Avoir des enfants épanouis.			
Être bien chez soi.			
Être en bonne forme.			
Rendre les autres heureux.			
Avoir un métier stimulant.			
Être à l'aise financièrement.			
Croire en une religion.			
Être beau / belle.			
Avoir l'estime des autres.			

3 Choisissez un synonyme de « bonheur ».

harmonie _____
insouciance _____
générosité _____
immortalité _____
nostalgie _____

4 Par rapport aux autres, vous vous estimez…

○ plutôt plus heureux(se).
○ pareil.
○ plutôt moins heureux(se).

5 Ce qui vous rendrait heureux(se), là tout de suite, ce serait…

○ de gagner au loto.
○ de trouver l'âme sœur.
○ de partir en vacances.
○ de faire un enfant.

6 Être parfaitement heureux(se), pour vous, c'est…

○ un objectif.
○ un état passager.
○ votre humeur permanente.
○ une illusion.

7 Dans 2 ans, vous pensez que vous serez…

○ plutôt plus heureux(se).
○ je ne sais pas.
○ pareil.
○ plutôt moins heureux(se).

8 Votre définition du bonheur ?

_____
_____
_____

2 Commentez et comparez vos réponses. Est-ce que vos résultats sont les mêmes, que vous soyez un homme ou une femme ?

3 Choisissez la plus belle définition du mot *bonheur* proposée dans votre groupe.

4 Lisez les résultats obtenus à deux des questions de cette enquête (944 lectrices interviewées). Que pensez-vous de ces pourcentages ? Selon vous, seraient-ils les mêmes dans votre pays ?

très malheureuse	0,8 %	assez heureuse	42,5 %	plutôt plus heureuse	40,8 %
malheureuse	2,5 %	très heureuse	28,9 %	plutôt moins heureuse	1,1 %
pas très heureuse	20,8 %	parfaitement heureuse	4,5 %	pareil	20,1 %
				je ne sais pas	38,1 %

CO Plaisir et bonheur

🎧 **1** Vous allez entendre deux personnes parler du bonheur et du plaisir de façon spontanée. Répondez aux questions.

1) La dame répond-elle avec précision à la question posée ?
2) Quels sont ses petits plaisirs ?
3) Comment l'homme définit-il le bonheur par rapport au plaisir ? Quelle image utilise-t-il pour décrire un moment de bonheur ?

✑ **2 EO** Conversation.

1) Avec laquelle de ces deux personnes vous sentez-vous le plus en accord ? Expliquez pourquoi.
2) *Ponctuels, éphémères, quotidiens, sensuels, inattendus…* Parmi ces mots, lesquels définissent le mieux les petits plaisirs, selon vous ?
3) Quels sont vos petits plaisirs ?

CE Cultivons nos neurones

Dans quelle mesure peut-on former son esprit à fonctionner de façon constructive, à remplacer l'obsession par le contentement, l'agitation par le calme, la haine par la compassion ?

Voilà vingt ans, un dogme des neurosciences voulait que le cerveau contienne tous ses neurones à la naissance et que leur nombre ne soit pas modifié par les expériences vécues. Mais, à l'heure actuelle, les neurosciences parlent davantage de neuroplasticité, le cerveau évoluant continuellement en fonction de nos expériences, et étant capable de fabriquer de nouveaux neurones durant toute notre vie. Le cerveau peut, en effet, être profondément modifié à la suite d'un entraînement spécifique : l'apprentissage de la musique ou d'un sport, par exemple. Ceci suggère que l'attention, la compassion et même le bonheur peuvent, eux aussi, être cultivés et relèvent en grande partie d'un savoir-faire acquis.

*Par **Matthieu Ricard**, Le Figaro Magazine, Idées*
Matthieu Ricard est docteur en biologie moléculaire
et moine bouddhiste depuis 1978

1 Lisez ce texte composé d'un chapeau et d'un paragraphe de quatre phrases.
1) Quel est le but principal de l'auteur ? **a)** argumenter **b)** conseiller **c)** informer **d)** provoquer
2) Reformulez la question posée dans le chapeau.
3) Résumez chacune des quatre phrases en commençant par…
   a) *Il y a 20 ans, les neurosciences…*
   b) *Mais aujourd'hui…*
   c) *Le cerveau peut, en effet…*
   d) *Cela semble démontrer que…*
4) Proposez un autre titre pour ce texte.

2 Le texte contient implicitement un message optimiste. Lequel ?

3 EE Intéressé(e) ou surpris(e) par ce texte, vous écrivez au Courrier des lecteurs pour faire part de votre réaction.

LE SUBJONCTIF : MODE DE LA SUBJECTIVITÉ

✎ **1 Observez ces phrases. Expliquez l'emploi du subjonctif.**

1) Je voulais que les autres me **voient** comme je suis.
2) Bien qu'il **soit** un peu difficile, il faut que vous **lisiez** ce roman.
3) Je suis heureuse que tu **sois** là, avec moi, maintenant.
4) C'est bizarre qu'il n'**ait** rien **dit** avant de partir !
5) Ils ne sont pas encore là ! J'ai peur qu'**ils se soient trompés** de route !
6) J'avais refusé qu'**ils m'accompagnent** chez le médecin.

1. Les temps utilisés

Dans le français actuel, seuls deux temps du subjonctif survivent : le présent et le passé.
Le présent renvoie à une action simultanée (phrases 1, 3, 6) ou postérieure (phrase 2) par rapport au verbe de la principale, quel que soit le temps auquel il est conjugué. Le passé indique une antériorité par rapport au verbe dont il dépend (phrases 4 et 5).

2. Emplois du subjonctif

1) Après des verbes / expressions verbales et constructions impersonnelles exprimant :
   – **la volonté et ses nuances** (*vouloir, désirer, proposer, suggérer, ordonner, interdire… que…*) : *Je veux que ça fasse partie de ma vie professionnelle.*
   – **une appréciation ou un sentiment** (*aimer, préférer, regretter, craindre, s'étonner… que…; être heureux / triste / ravi que… ; trouver bien / mal / normal / bizarre que… ; tenir / s'attendre à ce que… ; il est naturel / logique / dommage que…*) : *Tu tiens vraiment à ce que nous passions huit jours en Alsace ?*
   – **l'obligation** (*il faut, il est nécessaire / indispensable / important que…*) : *Il faut que la punition ait du sens et qu'elle soit juste.*
   – **la possibilité et le doute** (*douter que ; il est douteux / possible / impossible / improbable que…*) : *Je doute que la sécurité soit améliorée.*

> **exception :**
> espérer +
> indicatif

2) Après les verbes ***refuser, accepter, permettre, éviter…*** : *Nous acceptons qu'ils protestent, mais pas qu'ils cassent !*

✎ **2 Les verbes en caractères gras ci-dessous sont-ils au subjonctif ou à l'indicatif ? Justifiez votre réponse.**

1) Je suis heureux que cette génération **accepte** des modèles positifs.
2) Je n'ai pas envie qu'on nous **traite** comme des survivants d'une autre époque.
3) Je pense que tous les enfants **dessinent** bien.
4) Je trouve que, contrairement à ce qu'on dit, les parents **bougent** pour leurs enfants.
5) Je souhaite que cette épreuve **contribue** à faire oublier les récentes polémiques.
6) Il est important que les projets choisis **trouvent** un financement rapide.
7) Je veux montrer que la lutte quotidienne des enseignants **constitue** un gage d'avenir.

3) Dans certaines subordonnées circonstancielles de temps, de concession, de cause, de but… introduites pas une conjonction / locution conjonctive : *jusqu'à ce que, avant que, bien que…* (cf. de la leçon 3 à la leçon 7).
   ↗ *Précis grammatical,* page 136.

4) Dans certaines propositions indépendantes.
   – Des expressions figées : *Vive les vacances ! Qu'à cela ne tienne ! Soit un triangle équilatéral ABC…*
   – Après *pourvu que* : *Pourvu que les secondes soient des heures !*

3. L'alternance subjonctif / autres modes

1) L'alternance subjonctif / infinitif

✎ **3 Observez les phrases ci-dessous : quand emploie-t-on l'infinitif au lieu du subjonctif ?**

1) Il faut que vous lisiez ce roman. / Il faut lire pour apprendre.
2) Je suis heureuse que tu sois là. / Je suis heureuse d'être avec toi.
3) J'avais refusé qu'il m'accompagne. / J'avais refusé d'être accompagné(e).
4) J'ai peur qu'ils se soient trompés. / J'ai peur de m'être trompée de route.

> Les verbes **demander, ordonner, interdire, permettre…** peuvent également être suivis de **de + infinitif** même lorsque le sujet de la principale et de la subordonnée sont différents : **Le Président demande que le gouvernement agisse vite. / Il lui demande d'agir vite.**

2) L'alternance subjonctif / indicatif.

– **Certains verbes** construis avec l'indicatif à la forme affirmative, se construisent **avec le subjonctif lorsqu'ils sont employés à la forme négative** : *Je crois qu'il est innocent. / Je ne crois pas qu'il soit innocent.*

> verbes d'opinion et de jugement : **penser, croire, considérer, trouver, s'imaginer que…** ; verbes ou expressions exprimant la certitude : **être sûr que…, trouver évident que…** ; **il est probable / sûr / certain que…**

– **À la forme interrogative,** ces verbes peuvent être **suivis de l'indicatif ou du subjonctif** : *Vous croyez vraiment qu'il est innocent ?* (interrogation sur la sincérité du locuteur) */ Croyez-vous qu'il soit innocent ?* (interrogation et mise en doute de l'innocence).

– Le subjonctif peut également être employé dans **des propositions relatives** lorsque l'antécédent est considéré comme virtuel, unique ou qu'il est caractérisé par un superlatif : *L'aurore boréale, c'est vraiment le plus beau spectacle qu'on puisse voir.*

4 Comparez les deux propositions relatives dans chaque phrase.
  1) De tous les hommes qu'elle a connus, c'est le seul qu'elle ait aimé.
  2) J'ai un métier qui me prend tout mon temps ; je cherche un job qui me permette d'avoir du temps libre.

SE SITUER PAR RAPPORT À SON DISCOURS[1]

1. Adverbes et expressions

1) Pour exprimer une opinion personnelle, on peut utiliser différentes formules *(personnellement, en ce qui me concerne, quant à moi, à mon sens, de mon point de vue, pour moi…)* :
Personnellement, je refuse de céder à son chantage. - Tu pense que nous devrions lui avouer ce que nous savons ; quant à moi, je préfère ne pas m'en mêler.

2) D'autres adverbes marquent la position du locuteur par rapport à une situation donnée *(en effet, forcément, heureusement, justement, précisément…)* :
Franchement, je ne voulais pas la vexer. - Heureusement, c'est un accident sans gravité et il n'y a pas de blessés !

3) Certains adverbes marquent un degré de certitude plus ou moins grand *(peut-être, probablement, sans doute, certainement, effectivement, assurément, sans aucun doute, à coup sûr, incontestablement…)* :
On a sans doute tendance à rejeter ce qui nous est inconnu… - Le médecin va certainement l'envoyer chez un spécialiste afin de confirmer son diagnostic.

2. Divers moyens de ne pas prendre à son compte ce que l'on dit.

1) Les verbes *il paraît que, il semblerait que, paraît-il, semble-t-il… dit-on, soi-disant :*
Le climat se détériore d'année en année, semble-t-il. (d'après les observations faites) ≠ *Il paraît que les mafias contrôlent le gouvernement du pays.* (selon la rumeur)

2) Le conditionnel : *Le bonheur serait une question de volonté.* (leçon 6)

3) La citation, à l'écrit ou à l'oral : *Selon Sénèque, / Sénèque a dit : « Il est parfois bon d'avoir un grain de folie ». - Les États-Unis « défendent -je cite- la sécurité et la stabilité de la Toile ».*

LE CONNECTEUR *OR*[2]

1. Dans les récits (leçon 8)

Il peut marquer une opposition ou bien introduire un élément faisant progresser le récit.

2. Dans les raisonnements logiques

Le connecteur *or* introduit un élément qui va modifier une affirmation antérieure et donner lieu à une nouvelle affirmation :
L'idée que certaines langues sont en danger vient du fait qu'on croit qu'elles meurent. Or les langues se transforment au contact des autres. Il faut donc étudier leurs évolutions. - Tous les hommes sont mortels. Or Socrate est un homme. Donc Socrate est mortel. (syllogisme)

[1] Emploi des verbes modaux : *Cahier,* page 77.
[2] Adverbes et connecteurs : *Cahier,* page 77.

PSYCHOLOGIE ET PHILOSOPHIE

Optimistes ou pessimistes ?

1 Complétez le texte ci-dessous avec les mots suivants.

a) comportemental b) émotionnel c) intégrer d) lien e) médicament f) résider g) siège h) terrain i) thérapeutique

Les travaux en imagerie cérébrale que mènent les chercheurs en neurologie montrent que le … (1) du pessimisme … (2) à la fois dans le cortex -le cerveau de la pensée- et dans le système limbique -le cerveau … (3)- que nous avons en commun avec les animaux. On peut donc en déduire qu'il en est de même pour l'optimisme.

Cette double appartenance démontre les … (4) entre la pensée et l'action et indique qu'il est possible de modifier la circulation de l'information dans le cerveau d'une personne : soit par des … (5), soit par l'adoption de pratiques … (6). L'apprentissage de l'optimisme est possible, même si on a un … (7) génétique favorable au pessimisme. On peut … (8) les données de son environnement favorables à l'optimisme et on peut apprendre à voir les choses différemment grâce à une thérapie … (9) et cognitive.

2 Associez les attitudes plutôt pessimistes à leurs contraires. Tous ces verbes sont-ils du même registre ?

1) s'attrister
2) déprimer
3) se sentir dévalorisé(e)
4) douter
5) rater
6) renoncer

a) avoir la pêche
b) persévérer
c) réussir
d) oser
e) se réjouir
f) avoir confiance en soi

3 Et vous, comment « vivez-vous » la vie ?

Généralement, vous préférez…

– être comblé(e) d'attentions par votre entourage ou… le combler d'attentions ?
– jouir d'un petit moment de détente ou… en préparer un pour vos amis ?
– saisir les petits instants de plaisir ou… en procurer aux autres ?
– rechercher votre bien-être ou… tenter d'en apporter à ceux qui vous entourent ?
– satisfaire tous vos désirs ou… être attentif(ve) à ceux des autres ?
– savourer un bon repas, un beau morceau de musique ou… en délecter les autres ?

4 Avez-vous le moral ? Parmi les noms ci-dessous, lesquels prononcez-vous le plus fréquemment ? Dans quelle(s) situation(s) ou à quel propos ?

adversité, attente, chance, confiance, conviction, déception, désillusion, déveine, difficulté , échec, espoir, malchance, projet, satisfaction

Pour parler de psychologie et de philosophie

5 Les listes de mots suivants relèvent de disciplines différentes.

1) Chassez les intrus (deux par série).

a) l'âme, le bien, la croyance, la divinité, l'ego, l'espérance, l'essence, l'éternité, l'existence, l'infini, la psychothérapie
b) l'acquis, l'autonomie, le complexe, l'inné, l'intuition, le lieu de culte, le refoulement, la subjectivité, le traumatisme, le prêtre
c) concevoir, la déduction, le cartésianisme, l'hypothèse, la raison, la preuve, raisonner, le rejet, la rêverie, le syllogisme
d) l'avocat, espionner, la faute, juger, le bien et le mal, la norme, le péché, la sagesse, l'universalisme, la valeur

2) Attribuez chaque liste à l'une des branches suivantes :
a) psychologie b) morale c) métaphysique d) logique
3) Philosophes, psychologues, vous qui vous intéressez au développement personnel, choisissez cinq mots « de base » de votre vocabulaire et faites-en part aux autres membres du groupe-classe.

6 Observez les proverbes ci-dessous, puis répondez aux questions.

1) Choisissez le(s) proverbe(s) que vous préférez et dites ce qu'il(s) vous suggère(nt).

Pour vivre heureux, vivons cachés. - Aide-toi, le ciel t'aidera. - À chaque jour suffit sa peine. - À quelque chose malheur est bon. - Après la pluie, le beau temps. - Œil pour œil, dent pour dent.

2) Existe-t-il dans votre langue des proverbes correspondant à ceux-ci ?

3) Amusez-vous ! Inventez vos propres proverbes. Exemple : *Pour vivre heureux, vivons couchés.* (Pierre Perret).

PORTER DES APPRÉCIATIONS POSITIVES OU NÉGATIVES

1 Sur quelqu'un. Tous ces mots désignent des qualités. Sélectionnez-en dix, puis cherchez leurs contraires.

Noms

le courage, la délicatesse, l'esprit critique, la gaieté, la gentillesse, l'humour, la légèreté, la lucidité, la noblesse, la profondeur, la ténacité

Adjectifs

consciencieux(se), disponible, humain(e), libre, lumineux(se), précieux(se), prudent(e), simple, singulier(ère), talentueux(se)

Adverbes

aimablement, gentiment, humblement, attentivement, parfaitement, poliment, sereinement

2 Sur des éléments du paysage. Pour chacun des noms suivants, cherchez deux adjectifs, l'un positif, l'autre négatif.

a) un rond-point b) une maisonnette c) une impasse d) un chêne e) un banc public

Comparaisons et expressions imagées

3 Des comparaisons pour parler de quelqu'un.

Expressions reposant sur des verbes

boire comme un trou ; changer d'avis comme de chemise ; dormir comme un loir ; manger comme un cochon ; marcher comme un canard ; pleurer comme une madeleine ; trembler comme une feuille ; rire comme une baleine…

Expressions reposant sur des adjectifs

aimable comme une porte de prison ; bavard comme une pie ; bête comme ses pieds, blanc comme un linge ; joli comme un cœur ; maigre comme un clou ; malin comme un singe ; rouge comme une tomate, solide comme un roc ; têtu comme une mule…

1) Quelles sont les expressions qui vous semblent plutôt positives, neutres ou négatives ?

2) Parmi celles reposant sur des adjectifs, lesquelles qualifient l'aspect physique et lesquelles le caractère ?

3) Pourriez-vous ajouter d'autres expressions à ces deux listes ?

4 Des expressions imagées. Certaines utilisent des éléments terrestres, d'autres, des éléments du corps humain. Choisissez-en cinq et paraphrasez-les.

Exemple : *remuer ciel et terre → tout faire pour obtenir quelque chose de très difficile.*

éléments terrestres

avoir les pieds sur terre ; avoir la tête dans les nuages ; avoir un cœur de pierre ; avoir un esprit terre à terre ; couper l'herbe sous le pied de quelqu'un ; lutter contre vents et marées ; remuer ciel et terre

éléments du corps humain

avoir l'estomac dans les talons ; avoir les yeux plus grands que le ventre ; avoir une dent contre quelqu'un ; avoir les dents longues ; ne pas savoir sur quel pied danser ; prendre les jambes à son cou ; se faire des cheveux blancs

DE L'ORAL À L'ÉCRIT : LES « LOCUTIONS-ÉNONCÉS »

■ Donnez des équivalents des exclamations suivantes que vous avez sans doute entendues dans la langue orale familière.

Exemple : *Ah bon ! = Pas possible !*

Ah bon ! - Assez ! - Bien entendu ! - Bien sûr ! - Bof ! - Ça alors ! - Ça y est ! - C'est ça ! - Chiche ! - Chouette ! - Et alors ? Ouste ! - Tant mieux ! - Tiens !

CE

SENSATIONS DOUCES OU AMÈRES

1 Sensation

Par les soirs bleus d'été, j'irai dans les sentiers,
Picoté par les blés, fouler l'herbe menue :
Rêveur, j'en sentirai la fraîcheur à mes pieds.
Je laisserai le vent baigner ma tête nue.

Je ne parlerai pas, je ne penserai rien :
Mais l'amour infini me montera dans l'âme,
Et j'irai loin, bien loin, comme un bohémien,
Par la Nature, –heureux comme avec une femme.

Arthur Rimbaud, Poésies (1870)

2

La vie, c'est comme une dent
D'abord on n'y a pas pensé
On s'est contenté de mâcher
Et puis ça se gâte soudain
Ça vous fait mal, et on y tient
Et on la soigne et les soucis,
Et pour qu'on soit vraiment guéri
Il faut vous l'arracher, la vie

Boris Vian, Je voudrais pas crever (1962)

3 Alicante

Une orange sur la table
Ta robe sur le tapis
Et toi dans mon lit
Doux présent du présent
Fraîcheur de la nuit
Chaleur de ma vie.

Jacques Prévert, Paroles (1949)

4

Je mis la fraise en bouche, elle était fraîche sur sa surface et chaude en son âme, peau douce presque froide, chair tempérée. Écrasée sous mon palais, elle se fit liquide qui inonda ma langue, les joues, puis descendit au fond de ma gorge. J'ai fermé les yeux. Mon père était là, à mes côtés, travaillant la terre, courbé sur les planches du potager. L'espace d'un instant -une éternité-, je fus cette fraise, une pure et simple saveur répandue dans l'univers et contenue dans ma chair d'enfant. De son aile, le bonheur m'avait frôlé avant de partir ailleurs.

Michel Onfray, La Raison gourmande (1995) © Éditions Grasset et Fasquelle

1 Lisez les textes ci-dessus : lequel vous émeut le plus ? Pourquoi ?

2 Les textes 1, 3 et 4 ont pour point de départ une sensation physique : laquelle dans chaque texte ?

3 Dans chacun des textes, cette sensation évolue en un sentiment au fil des vers : comment s'opère cette transformation ?

4 Justifiez la comparaison du premier vers dans le deuxième texte.

5 Lisez l'un de ces textes à haute voix, comme si vous vouliez le faire découvrir aux membres du groupe : donnez tout leur poids au rythme, aux mots et aux images.

CO Plaisir du chant

🎧 **1** Écoutez cet extrait d'interview, puis résumez-le en trois lignes.

🎧 **2** Réécoutez, puis répondez aux questions.
1) Pour quelles raisons l'homme interviewé s'est-il décidé à chanter dans une chorale ?
2) Quel est l'itinéraire musical de la professeur de solfège ?
3) Que représente le chant pour elle ?

3 Reformulation. La personne qui a demandé à son professeur ce que le chant représente pour elle, rencontre aussitôt après un(e) camarade de chorale. Elle lui explique ce qu'elle a appris : *Tu sais quoi ? J'ai parlé avec…* Continuez.

4 EO Conversation à bâtons rompus.
Il y a actuellement en France une multitude de chorales, d'adultes ou d'enfants, amateurs ou non. Cet engouement existe-t-il dans votre pays ? Chantez-vous vous-même ? Jouez-vous d'un instrument ? Croyez-vous que la musique et le chant contribuent au bien-être et à la connaissance de soi ?

CE

La chute des étoiles

Pourquoi scrutons-nous avec une curiosité malsaine les liaisons, les ruptures, les deuils de ceux qu'on appelle les stars ? C'est que ces êtres hors du commun à qui il suffit d'apparaître pour être et que l'on reconnaît même si on ne les connaît pas, ces êtres qu'aucun tabou, aucun excès ne retient ne sont vénérés que pour être ensuite ramenés au niveau commun. […] Et la presse du cœur n'existe peut-être que pour rassurer ses lecteurs, les certifier dans l'idée que princes, vedettes de cinéma et du show-biz sont les incarnations ambivalentes du bonheur, d'un idéal qu'ils peinent à réaliser. De là notre délectation amère de les voir frappés des mêmes maux que nous.

Ces *happy few*[1] censés sublimer notre destin, nous arracher à nos soucis ridicules, à nos malheurs insignifiants, nous prouvent qu'aucune caste ou classe supérieure ne connaît la béatitude, seul apanage des dieux, disait déjà Aristote, alors que « les hommes sont heureux autant qu'un mortel peut l'être ». Et qu'enfin une secrétaire peut avoir la vie tumultueuse et agitée d'une princesse et une princesse mener l'existence rangée et popote d'une ménagère. C'est cela le processus démocratique : les orgies et les excès sardanapalesques[2] des anciens monarques sont désormais accessibles au tout-venant. À travers les indiscrétions des médias, nous vérifions avec soulagement et tristesse que ces gens-là ne sont pas d'une autre essence que nous : en quoi ces mêmes médias constituent aussi des *machines à freiner l'envie* et remplissent derrière leur futilité un rôle essentiel. Dans son panthéon clinquant, la star échappe peut-être à l'anonymat mais elle succombe tout comme nous au désarroi, à la solitude, à l'âge (la disparition progressive de la beauté chez les actrices somptueuses est une figure de rhétorique obligée dans une certaine presse qui la consigne avec un sadisme navré). Nous élisons les stars comme les hommes politiques et les gommons avec la même indifférence, la même versatilité. Notre appétit de ragots, de détails n'a pas sa source, comme on l'a dit, dans l'aliénation ou la dépossession. Le culte de la célébrité puise directement et contradictoirement dans les progrès de l'égalisation démocratique.

Pascal Bruckner, *L'euphorie perpétuelle, essai sur le devoir de bonheur*, © Éditions Grasset et Fasquelle

[1] *happy few* : privilégiés, fortunés.
[2] Allusion au roi assyrien de Sardanapale, légendaire pour son luxe et sa débauche.

1 Lisez le texte ci-dessus, puis répondez aux questions suivantes.
1) À votre avis, pourquoi l'auteur utilise-t-il le verbe *scruter* au début du texte ?
2) L'auteur cite Aristote. Dans quel but, selon vous ?
3) Pour l'auteur, quel est le rapport entre l'égalité démocratique et le contenu des revues *people* ?
4) Quel paradoxe renferme le titre ?
5) Montrez qu'il correspond à la thèse défendue par Pascal Bruckner. Relevez dans le texte des expressions illustrant l'idée de chute et quelques mots pour parler des « étoiles ».

2 EE Un(e) de vos ami(e)s se passionne pour la presse people. Vous lui écrivez à ce sujet en évoquant la lecture du texte de Pascal Bruckner.
Maintenant, je sais pourquoi tu adores lire les magazines people. Une lecture de Pascal Bruckner m'a fait comprendre bien des choses…

co Les ados et le sens de la vie

Éthologue de formation, Boris Cyrulnik a ouvert en France le champ de la recherche à l'éthologie humaine dans une approche résolument pluridisciplinaire, bouleversant de nombreuses idées reçues sur l'être humain. Ses deux ouvrages, *Un merveilleux malheur* et *Les vilains petits canards*, qui ont connu un immense succès en France, relatent ses travaux sur le concept de résilience, cette capacité à pouvoir surmonter les traumatismes psychiques et les blessures émotionnelles les plus graves : maladie, deuil, viol, torture, attentat, déportation, guerre… Autant de violences physiques et morales auxquelles des millions d'enfants, de femmes et d'hommes sont exposés dans le monde aujourd'hui.

www.diplomatie.gouv.fr/label_france/FRANCE/IDEES/cyrulnik/

1 Écoutez cet extrait de conférence, puis dites si les affirmations suivantes sont vraies ou fausses. Justifiez vos réponses.

1) La culture de consommation nous empêche de donner du sens aux choses.
2) La drogue est un symptôme de cette culture chez les adolescents.
3) Quand les enfants arrivent à l'adolescence, ils sont conscients de leur identité.
4) Les adolescents s'imposent des épreuves gratifiantes.
5) Toutes les cultures ont supprimé les rituels d'intégration des adolescents.

6) Les rituels d'intégration ont pour but de faire côtoyer la mort.
7) Les progrès techniques ont amélioré le développement des petits enfants.
8) Actuellement, les enfants sont mûrs bien plus tard.
9) L'autonomie sociale des jeunes s'est développée considérablement.
10) Puberté et autonomie sociale sont complètement dissociées.

2 Réécoutez, puis répondez aux questions.

1) Quel ton Boris Cyrulnik utilise-t-il dans cet extrait de conférence ? Justifiez votre réponse.
2) Quelle est son intention ? (Plusieurs réponses sont possibles.)
   a) inviter à la réflexion b) tirer la sonnette d'alarme
   c) décrire une évolution sociale d) parler de son dernier ouvrage

3 EO Débat. Choisissez un de ces trois sujets.

1) Les sports à risque connaissent un succès grandissant. Qu'en pensez-vous ? Ce discours de B. Cyrulnik vous permet-il de mieux en parler ?
2) Pour certains, le service militaire représentait un véritable rituel d'intégration des jeunes. Partagez-vous cette opinion ?
3) Que pensez-vous de la boutade de Boris Cyrulnik à la fin de son discours ?

co La domination masculine

Pierre Bourdieu (1930-2002) est une figure centrale de la sociologie française de la seconde moitié du XXe siècle. Son œuvre est dominée par une analyse des mécanismes de reproduction des hiérarchies sociales. Il a écrit de très nombreuses œuvres sur des sujets très différents. Les extraits que vous allez entendre sont issus de la présentation de son livre, « La domination masculine », paru en 1998.

1 Écoutez cet extrait de conférence, puis répondez aux questions.

1) Sur quoi portent les propos de Pierre Bourdieu ? (De qui et de quoi parle-t-il ? Que nous en dit-il ?)
2) Quel ton utilise-t-il pour exposer son point de vue ?
3) Quel registre de langue emploie-t-il ?
4) Quel sens donnez-vous aux expressions suivantes ? a) *Il faut faire l'homme.* b) *La virilité, ça coûte.* c) *Foutu pour foutu…* d) *Pas la peine de mourir debout !* e) *Les hommes ont le beau rôle.* f) *Ils pourraient lâcher là-dessus.*

2 Dites ce que signifient les locutions en caractère gras en tenant compte de l'élocution du conférencier. À quelles fonctions (a, b, c) se rapportent-elles ?

1) *Il faut faire l'homme, quoi* ! 2) *alors évidemment*, c'est puéril 3) *alors voilà*, la domination donc… 4) *peut-être qu'il faudrait…* 5) *voilà*, ça peut se négocier…
a) conclusion (en résumant) b) expression d'une opinion c) transition pour introduire un nouveau point

3 EO Débat. Selon Pierre Bourdieu, *les hommes ont le beau rôle* ; faut-il en déduire que les femmes ont le mauvais rôle ?

La magie du texte

Vous allez rédiger individuellement un texte créatif
(160-180 mots en 1h30) sur le
thème de la nuit, puis, pour
le plaisir des mots, vous allez
découvrir un texte poétique
sur le même sujet.

PHASE 1 : L'ÉVOCATION

Constituez une liste de vocabulaire autour du thème proposé.
1) Quand vous évoquez le mot *nuit*, quels mots (adjectifs, noms, verbes, adverbes), quelles expressions vous viennent à l'esprit ? (Écrivez-les sur une feuille de papier.)
2) Précisez votre évocation : situez cette nuit dans un lieu et un environnement déterminés (présence d'êtres animés, d'éléments divers, climat, bruits, couleurs, odeurs). Ajoutez ces nouveaux mots à votre liste.
3) Incluez-vous dans le « décor » et notez les mots qui surgissent (mouvements, réactions, sensations, émotions).

PHASE 2 : LA RECHERCHE DU PLAN

Reprenez votre liste.
1) En fonction de l'image mentale qui s'est peu à peu précisée en vous, choisissez votre point de vue en tant que narrateur / narratrice et établissez les différents moments de votre description.
2) Sélectionnez les caractéristiques principales que vous voulez mettre en valeur.
3) Complétez votre liste avec des mots dont vous aimez la couleur et la densité, avec des comparaisons et des images.
4) Remplacez, sur cette même liste, les mots que vous aimez le moins par d'autres que vous chercherez dans le dictionnaire (de synonymes ou d'antonymes, par exemple).

PHASE 3 : L'ÉCRITURE

1 Faites un plan détaillé et organisez votre corpus lexical, puis rédigez.

2 Reprenez votre production pour l'améliorer (pour l'enrichir, soignez le passage d'un paragraphe à un autre, corrigez les fautes éventuelles…)

3 Après l'avoir préparé à voix basse, lisez votre texte devant le groupe-classe (avec le plus d'expressivité possible).

PHASE 4 : POUR LE PLAISIR

Et si vous le désirez, pour le plaisir… voici ce texte de Jean Grenier qui offre, lui aussi, une vision de la nuit.

À Tunis, dans la ville arabe, la nuit, j'aspirais à ne plus voir clair, à ne plus marcher que d'une lampe à une autre ou à la lueur de la lune. Je m'égarais en effet ; mais au lieu d'atteindre à l'obscurité et de m'y engloutir, je finissais par éprouver un étrange sentiment de plénitude et de lumière. J'avais beau avancer à tâtons dans ces ruelles où les maisons blanches pressées les unes contre les autres composaient une foule de Mauresques le vendredi au cimetière, j'allais de plus en plus sûrement, et les voiles tombaient l'un après l'autre devant mes pas. Par instants, au fond d'une impasse, j'entendais résonner un battoir[1] ; mais non, c'était le timbre d'argent de la solitude, qui réveillait en moi des échos indéfiniment prolongés.

Leïla, la nuit (…). Douceur des cafés maures le soir dans l'ombre tiède : l'on y passe, accroupi sur les nattes, des heures liquides sans mémoire et sans désir. Le passé et l'avenir n'ont plus de sens ; et la folie paraît être l'agitation des passants, de ceux qui émiettent leur vie dans une pantomime dont la signification aurait été oubliée et dont les gestes continueraient d'être répétés mécaniquement.

Jean Grenier, *Inspirations méditerranéennes*, © Éditions GALLIMARD

[1]*Battoir :* instrument pour battre le linge au cours de son lavage.

Choisissez l'option qui convient (a, b, c) pour compléter les textes suivants.

Faut-il se mêler de leurs chagrins d'amour ?

C'est souvent à l'adolescence que naissent les grandes idylles et les premiers chagrins. Doit-on les laisser se morfondre ? Conseils du Dr Patrick Delaroche, pédopsychiatre et psychanalyste[1].

On adopte « la politique de l'autruche » ?

Si votre enfant souffre, pas question de faire comme si de rien n'était ! De deux choses l'une : soit il … (1) à vous, soit il se tait, mais, de toute façon, il vous a montré qu'il … (2) puisque vous vous en êtes aperçue. Donc, il attend une … (3). Dans le premier cas, écoutez-le. Il a … (4) de parler. Si c'est un garçon, il vaudrait mieux que … (5) avec son père, si celui-ci est d'accord. S'il ne vous dit rien, essayez d'en savoir plus. Il vous rembarrera … (6), sous prétexte que « cela ne vous regarde pas », mais il sera quand même content que vous lui … (7) posé la question. Ne vous … (8) pas blessée s'il a une réaction de … (9). Souhaitez-lui « bon courage ». Quoi qu'il en soit, puisqu'il est … (10), cela vous regarde. Il ne faut surtout pas qu'il … (11) seul au monde.

Comment les consoler ? En leur disant : « Une de perdue dix de retrouvées » ou « Il ne te méritait pas » ?

Il faut compatir sans minimiser ni dramatiser. …(12), vous pouvez leur raconter vos propres … (13) amoureuses au même âge. En revanche, ne dévalorisez jamais ce qu'il (ou elle) … (14) ni l'objet de son amour. Suggérez-lui simplement que ce n'était peut-être pas la bonne personne, puisqu'elle n'a pas su répondre à ses … (15). Si cela amorce un dialogue, proposez-lui des sorties pour lui changer les … (16). Montrez-lui qu'il existe autre chose dans la vie que l'amour fou. S'il … (17), laissez-le tranquille mais demeurez vigilante.

Il (ou elle) ne risque pas de faire une bêtise ?

À cet âge-là, un chagrin d'amour peut … (18) être dévastateur. [...]
Sans vous mêler de sa … (19) et de ses histoires de cœur, essayez quand même de savoir où il en est. Ce n'est pas intrusif de tendre une perche. C'est votre … (20) de parent.

Par D. Laufer avec C. Jauregui, C. Levaseur et A. Neiss. *Marie-France,* octobre 2005

[1] Responsable d'un hôpital de jour pour adolescents, auteur de *Adolescence à problèmes* (Albin Michel)

	a)	b)	c)
1)	a) se lamente	b) s'approche	c) se confie
2)	a) allait mal	b) était mal	c) était malade
3)	a) déduction	b) réaction	c) compensation
4)	a) besoin	b) désir	c) faim
5)	a) c'est	b) ce soit	c) ce serait
6)	a) toujours	b) peut-être	c) parfaitement
7)	a) aviez	b) auriez	c) ayez
8)	a) sentiez	b) sentirez	c) sentez
9)	a) rejet	b) retour	c) réponse
10)	a) amoureux	b) malheureux	c) consciencieux
11)	a) ait senti	b) se sentirait	c) se sente
12)	a) Je crois	b) Sûrement	c) Éventuellement
13)	a) déceptions	b) raison	c) chances
14)	a) éprouve	b) prouve	c) sent
15)	a) intentions	b) attentes	c) émotions
16)	a) plaisirs	b) idées	c) impressions
17)	a) refuse	b) refuserait	c) refusera
18)	a) effectivement	b) peut-être	c) semble-t-il
19)	a) intimité	b) vie privée	c) psychologie
20)	a) place	b) qualité	c) rôle

A – Les types de phrases

I – LA PHRASE INTERROGATIVE

La phrase interrogative est une modalité de la phrase simple par opposition aux phrases déclarative (affirmative ou négative), exclamative ou impérative. Elle exprime une demande d'information ou une demande de confirmation et comporte toujours un point d'interrogation (?) à l'écrit.

1 – L'interrogation totale

Elle porte sur l'ensemble de la phrase et appelle une réponse par *oui, si* ou *non.* Elle peut être formulée de trois manières.

L'INTONATION	*Tu veux un café ?*	*Tu ne veux pas de café ?*
L'INVERSION DU SUJET	*Veux-tu un café ?*	
L'EMPLOI DE *EST-CE QUE*	*Est-ce que tu veux un café ?*	

Notes :
• L'intonation relève de la langue orale tandis que l'inversion du sujet appartient à un registre soutenu.
• Inversion du sujet : la postposition est complexe lorsque celui-ci n'est pas un pronom personnel. Il est alors repris par un pronom : ***Benoît** a-t-**il** rejoint son poste de travail ?*

2 – L'interrogation partielle

Elle porte sur un élément de la phrase, appelle une information et nécessite la présence d'un mot interrogatif (adverbe, adjectif ou pronom). L'emploi des mots interrrogatifs ne dispense pas d'appliquer l'une des trois manières d'interrogation décrites ci-dessus (intonation, inversion ou emploi de la locution *est-ce que*).

2.1 – Les adverbes interrogatifs

Ils introduisent une question portant sur les circonstances de l'action : lieu, temps, quantité, manière ou cause.

LIEU	**où**	*Où veux-tu aller ?*
TEMPS	**quand**	*Quand va-t-il arriver ?*
QUANTITÉ	**combien (de)**	*Combien y a-t-il d'élèves ?*
MANIÈRE	**comment**	*Comment va-t-on procéder ?*
CAUSE	**pourquoi**	*Pourquoi est-il arrivé si tard ?*

2.2 – Les adjectifs interrogatifs

Ils précèdent le nom sur lequel porte l'interrogation. Ils sont variables et s'accordent en genre et en nombre avec le nom qu'ils déterminent.

MASCULIN SINGULIER	**quel**	*Quel film préférez-vous ?*
FÉMININ SINGULIER	**quelle**	*Quelle option choisis-tu ?*
MASCULIN PLURIEL	**quels**	*Quels chemins ont-ils suivis ?*
FÉMININ PLURIEL	**quelles**	*Quelles voies peut-on emprunter ?*

2.3 – Les pronoms interrogatifs

Ils portent sur les sujets, les attributs ou les compléments. Il existe des formes invariables (qui diffèrent selon qu'elles renvoient à des animés ou à des non animés) et des formes variables composées (se référant toujours à un antécédent).

Formes invariables

	SUJET	ATTRIBUT / COMPLÉMENT	
ANIMÉS	qui	qui	*Qui est là ?* *Qui as-tu rencontré ?*
NON ANIMÉS	qu'est-ce qui	que (qu')	*Qu'est-ce qui se passe ?* *Que lui as-tu dit ?*
		quoi	*De quoi lui as-tu parlé ?*

Note :
• Placé après le pronom interrogatif, *est-ce* renforce l'interrogation. Il est suivi d'un pronom relatif qui peut être sujet (*qui*) ou COD (*que*) : *Qui **est-ce qui**... ? Qui **est-ce que**... ? Qu'**est-ce qui**... ? Qu'**est-ce que**... ? De quoi **est-ce que**... ?*

Formes variables

MASCULIN SINGULIER	lequel	*Voulez-vous voir un film ? Lequel préférez-vous ?*
FÉMININ SINGULIER	laquelle	*Il faut choisir une option. Laquelle choisis-tu ?*
MASCULIN PLURIEL	lesquels	*Par quels chemins sont-ils passés ? Lesquels ont-ils suivis ?*
FÉMININ PLURIEL	lesquelles	*On cherche des voies possibles. Lesquelles peut-on emprunter ?*

Le pronom interrogatif s'accorde en fonction de l'antécédent qui peut être explicite, comme dans les exemples ci-dessus, ou implicite comme ci-dessous :

Voilà des films. [Quel film préférez-vous ?] *Lequel préférez-vous ?*
Il y a plusieurs options. [Quelle option choisis-tu ?] *Laquelle choisis-tu ?*

Notes :
• Les mots interrogatifs peuvent être précédés de prépositions.
  ***Depuis** quand les connais-tu ? - **À** qui a-t-on accordé la bourse ?*
  ***Par** quels chemins sont-ils passés ? - **À laquelle** des options veux-tu t'inscrire ?*
• Quand les pronoms interrogatifs sont précédés des prépositions *à* ou *de,* le pronom masculin singulier et les pluriels, masculin ou féminin, présentent des formes contractées :
  auquel, auxquels, auxquelles, duquel, desquels, desquelles
• L'interrogation indirecte, contrairement à l'interrogation directe présentée ci-dessus, est une forme qui apparaît dans une subordonnée et qui ne comporte pas de point d'interrogation (voir § IV-9.1).

II – LA PHRASE NÉGATIVE

La phrase négative exprime le contraire d'une phrase déclarative affirmative. Elle se construit à l'aide de termes négatifs appartenant au groupe des adverbes d'opinion ou de négation (par opposition aux adverbes exprimant l'affirmation ou le doute) et qui s'appliquent au verbe.

La forme tonique de l'adverbe de négation est *non,* équivalent d'une proposition, et la forme atone intervenant dans une phrase est *ne / n',* accompagnée généralement d'un autre mot (pronom, adjectif ou adverbe) qui prend dès lors un sens négatif.

3 – Les termes de la négation

Ils encadrent le verbe ; d'abord *ne / n',* puis un deuxième terme qui le renforce. Ce dernier dépend de l'élément de la phrase sur lequel porte l'interrogation.

TOUTE LA PHRASE	ne … pas	*Je ne sais pas.*
UNE / DES PERSONNE(S)	ne … personne	*Il n'y a personne.*
QUELQUE CHOSE	ne … rien	*Elle ne veut rien.*
UN SEUL NOM	ne … aucun(e)…	*On n'a aucun problème.*
DEUX NÉGATIONS	ne … ni… ni…	*Je ne bois ni vin ni bière.*
UNE RESTRICTION	ne … que…	*Je ne bois que de l'eau.*
LE TEMPS	ne … plus / ne … jamais	*Je ne fume plus. - Je ne plaisante jamais.*
DES LIEUX	ne … nulle part	*Nous n'allons nulle part.*

Notes :
• Il est possible de combiner plusieurs termes négatifs dans la même phrase : *Nous **n'**inviterons **plus jamais personne.***
• Les deuxièmes termes peuvent faire partie de locutions négatives :
  Pas du tout ! - Pas le moins du monde ! - Jamais de la vie !

3.1 – La place des termes négatifs

Elle dépend du temps et du mode auxquels le verbe est conjugué.

• TEMPS SIMPLE CONJUGUÉ : ***ne (n')** + verbe + 2ᵉ terme*
  *Elle **ne** veut **rien**. - Il **n'**y a **personne**.*
• TEMPS COMPOSÉ : ***ne (n')** + auxiliaire + **pas / rien / plus / jamais** + participe passé*
  *Vous **n'**avez **pas** répondu. - Ils **n'**avaient **jamais** fumé.*
  ne (n')** + auxiliaire + participe passé + **personne / aucun(e)…/ ni… ni…/ que…/ nulle part
  *Il **n'**y a eu **personne**. - Il **n'**a bu **que** de l'eau.*

• IMPÉRATIF : ***ne (n')** + verbe + 2ᵉ terme*
  ***Ne** restez **pas** ici ! - **Ne** touche **jamais** à la drogue !*
• INFINITIF : *… **ne** + 2ᵉ terme + verbe à l'infinitif*
  *Il est conseillé de **ne pas fumer** dans la salle.*

Note :
• Certains pronoms indéfinis jouant en général le rôle de deuxième terme de la négation peuvent occuper la place du sujet et se placer en tête de phrase. C'est le cas de *personne, rien, aucun(e)* et *nul* :
  Personne ne doit pénétrer dans ce local. - Nul n'est censé ignorer la loi.

3.2 *Ne* employé seul

Il conserve son sens négatif et apparaît par exemple dans des expressions toutes faites ou dans certaines subordonnées de condition : *Qu'à cela ne tienne. - Ne vous en déplaise.*

3.3 *Ne* explétif

Dans certaines constructions, il s'emploie seul mais est dépourvu de son sens négatif. C'est le cas :
• après l'expression de la crainte : *Je crains qu'il ne soit arrivé un malheur. - On part de peur qu'il n'arrive.*
• après des verbes exprimant le doute, employés négativement ou interrogativement : *On ne doute pas que vous n'ayez de l'expérience mais…*
• après l'expression d'une défense ou d'une précaution à prendre : *Évitez que cet enfant ne monte sur l'échelle.*
• après des comparatifs : *C'était mieux que je ne croyais. - Elle paraît plus vieille qu'elle n'est.*
• après des locutions telles que *avant que, à moins que, sans que* : *Je m'en vais, à moins que vous ne changiez d'avis. - Il est venu sans que personne ne l'invite.*

III – LES PHRASES IMPÉRATIVE, EXCLAMATIVE ET PRÉSENTATIVE

Les phrases impérative et exclamative sont des modalités de la phrase, au même titre que les phrases déclarative (affirmative ou négative) et interrogative. La phrase présentative est une phrase simple ou complexe comportant des présentatifs.

4 – La phrase impérative

Elle permet d'exprimer un ordre ou une interdiction (ordre négatif) grâce à l'emploi du mode impératif essentiellement. Mais on peut aussi utiliser les modes subjonctif et infinitif quand les destinataires sont absents du discours.

Deuxièmes personnes **IMPÉRATIF**	*Sors d'ici !* *Sortez d'ici !*	*Ne pars pas !* *Ne partez pas !*
Première personne pluriel **IMPÉRATIF**	*Partons d'ici tout de suite !*	*Ne nous laissons pas gagner par la panique !*
Troisièmes personnes **SUBJONCTIF**	*Qu'il / elle vienne ici !* *Qu'ils / elles viennent ici !*	*Qu'il / elle n'y aille pas !* *Qu'ils / elles n'y aillent pas !*
Personnes indéterminées **INFINITIF**	*Éviter tout bruit !*	*Ne pas donner à manger aux animaux !*

Notes :
• On peut atténuer un ordre par l'emploi de la locution *s'il vous plaît / s'il te plaît* ou du semi-auxiliaire *vouloir* :
  Rendez-moi mon permis, s'il vous plaît. - Veuillez me rendre mon permis.
• Le mode impératif peut également exprimer un conseil ou une prière :
  Prends soin de toi. - Laisse-moi m'en aller.

5 – La phrase exclamative

Elle permet d'exprimer des sentiments d'étonnement, d'admiration, de joie ou de mécontentement. À l'oral, elle est marquée par l'intonation et, à l'écrit, par un point d'exclamation (!). Elle peut aussi être introduite au moyen de mots exclamatifs (variables ou invariables) comme des adjectifs, des adverbes, des présentatifs ou des interjections. Parfois, elle se présente sous la forme d'une phrase incomplète.

ADJECTIFS	quel, quelle, quels, quelles	*Quel dommage ! - Quelles belles paroles !*
ADVERBES	comme, que (qu')	*Comme il a grandi ! - Qu'il est beau !*
PRÉSENTATIFS	c'est, voilà	*C'est un comble ! - Voilà le résultat !*
INTERJECTIONS	hélas, chut, mince…	*Hélas ! Elle est partie ! - Chut ! Pas de bruit !*

Note :
• En l'absence de mot exclamatif, les pronoms peuvent être postposés : *Suis-je bête ! - Est-ce possible !*

6 – La phrase présentative

Elle est introduite par des présentatifs : mots ou locutions mettant en relief ce qui les suit (personnes, objets, lieux ou faits).

Voilà Voici	*Voilà le directeur de l'usine.* *Voici la clé du coffre.*
C'est Ce sont	*C'est une affaire difficile à régler.* *Ce sont les responsables du conflit.*
Il y a	*Il y a des grévistes sur la place.*

Note :

• En tant que moyen de mise en valeur, les présentatifs participent à des constructions complexes dans lesquelles interviennent la conjonction de subordination *que,* les pronoms relatifs ou les démonstratifs relatifs (voir plus loin, § VIII-17.3) :
C'est aujourd'hui *que* le délai expire. - *Il y a* très longtemps *que* je ne l'ai pas vu. - *Voilà* l'homme *qui* a commis le crime. - *C'est* à lui *que* nous avons adressé notre pétition. - *Ce qui* est étrange, *c'est qu'*on ne l'ait pas compris plus tôt. - *C'est* moi *qui* ai téléphoné. - *C'est* là *qu'*on l'a retrouvé. - *Voilà* comment il faut procéder.

IV – LA PHRASE COMPLEXE

Alors que la phrase simple est constituée d'une seule proposition indépendante : groupe sujet + groupe verbal (verbe et compléments), la phrase complexe est constituée de plusieurs propositions : soit indépendantes, juxtaposées ou unies par un mot de coordination, soit dépendantes les unes des autres, avec une proposition dite « principale » et les autres dites « subordonnées ».

7 – La proposition subordonnée relative

Elle est introduite par un pronom relatif qui la relie à un antécédent (nom ou pronom) appartenant à la proposition principale. Elle qualifie et complète cet antécédent à la manière d'un adjectif ou d'un complément de nom. Le choix du pronom relatif dépend de la fonction que celui-ci remplit dans la proposition subordonnée -et non de la fonction que son antécédent occupe dans la principale- (voir aussi § VIII-17.1).

qui	Sujet	*Choisissez les options qui vous intéressent.*
que	Complément d'objet direct (COD)	*Soigne le matériel que tu utilises.*
où	Complément circonstanciel de lieu (CC) Complément circonstanciel de temps (CC)	*On visitera le village où le tournage a lieu.* *Il regrette le temps où il était beau.*
dont	Complément de nom Complément d'adjectif Complément d'objet indirect (COI)	*Il va te présenter l'homme dont la femme est partie.* *Il a perdu la femme dont il était amoureux.* *Tu veux voir le monument dont on a parlé ?*
quoi	Complément d'objet indirect (COI) Complément circonstanciel (CC)	*Je ne vois pas ce à quoi tu fais allusion.* *Fermez bien, sans quoi le froid pénétrera.*
lequel, laquelle…	Complément d'objet indirect (COI) Complément circonstanciel (CC)	*Ils vivent de ce maigre espoir auquel ils s'accrochent.* *Regardez l'œuvre d'art pour laquelle on s'est ruinés.*

Notes :

• Une proposition relative est dite « explicative » si elle n'est pas indispensable au sens de la phase, et « déterminative » si elle l'est : *Le gagnant de la course, qui est très modeste, a remporté la coupe.* - *On a remis le prix au coureur qui a gagné la course.*

• Une proposition relative peut ne pas avoir d'antécédent explicité : *Qui aime bien, châtie bien.* - *Quoi qu'il fasse, on est avec lui.*

• Le mode de la proposition relative est généralement l'indicatif mais dans certains cas, on peut trouver le subjonctif :
*Je cherche un ouvrier **qui puisse** réparer la toiture.* - *C'est le plus beau tableau **qu'on n'ait jamais vu.***

8 – Les propositions subordonnées conjonctives

Elles sont introduites par une conjonction de subordination ou par une locution conjonctive. Elles peuvent être **complétives ou circonstancielles** (de comparaison, de temps, de but, de cause, de conséquence, d'opposition, de concession, de condition).

8.1 – La complétive

Elle complète le verbe de la proposition principale en tant que COD, au même titre qu'un groupe nominal complément. Elle est généralement introduite par la conjonction *que* faisant suite à des verbes de déclaration, de connaissance, d'opinion, de perception, de sentiment, de souhait, de volonté, ou à des tournures impersonnelles exprimant la nécessité ou l'obligation. Elle comporte, selon les cas, un verbe à l'indicatif ou au subjonctif.

DÉCLARATION	dire, affirmer, déclarer, raconter, annoncer, répondre, répliquer…	**que** + indicatif	*On annonce qu'il va pleuvoir.* *Le présentateur affirme que c'est fini.*
CONNAISSANCE ET PERCEPTION	savoir, apprendre, voir, constater, entendre, sentir…	**que** + indicatif	*Je vois bien que tu as des problèmes.* *Nous savons qu'il est déjà arrivé.*
OPINION	croire, penser, trouver, estimer…	**que** + indicatif	*Je crois que ce n'est pas le bon moment.*

Notes :
- Les verbes de déclaration sont également introducteurs du discours indirect (voir 9.2).
- Les verbes d'opinion à la forme négative sont suivis d'une subordonnée au subjonctif (comme les verbes de sentiments ci-dessous) : *Je ne crois pas que **ce soit** le bon moment. - Je ne pense pas qu'**il soit** là.*

SENTIMENT	préférer, aimer, craindre, douter, déplorer, regretter, avoir peur…	**que** + subjonctif	*Je préfère que tu t'en ailles.* *Je déplore qu'on lui ait interdit l'accès.*
SOUHAIT OU VOLONTÉ	vouloir, souhaiter, désirer, exiger, ordonner, avoir besoin…	**que** + subjonctif	*J'exige que tu sortes immédiatement.* *Nous voulons que vous vous amusiez.*
TOURNURES IMPERSONNELLES	Il faut… Il est nécessaire… Il convient… Il est bon…	**que** + subjonctif	*Il faut qu'on termine les travaux à temps.* *Il convient que tu prennes du repos.*

Notes :
- Un bon nombre de verbes introducteurs de complétives peuvent également être suivis d'un infinitif (proposition infinitive) quand le sujet de la principale et celui de la complétive sont les mêmes :
  *Elle sait jouer de plusieurs instruments. - **Je crois pouvoir** résoudre le problème. - **Le témoin affirme avoir vu** l'assassin. - **Elle désire rester** dans cette maison.*
- Il en est de même pour les tournures impersonnelles (l'infinitif étant précédé de la préposition *de,* excepté avec *il faut*) :
  ***Il convient d'avancer** les travaux. - **Il faut terminer** ce chantier avant l'arrivée de l'hiver.*
- Les complétives peuvent occuper d'autres fonctions, par exemple de COI, de sujet de la principale ou d'attribut :
  *Je veillerai **à ce que les termes du contrat soient respectés**. - **Que tu sois en retard** ne m'étonne pas. - L'essentiel est **que tout soit prêt comme prévu**.*

8.2 – La comparative

C'est une proposition subordonnée circonstancielle introduite par une conjonction ou une locution conjonctive, telles que :
comme, même que, moins que, plus que, mieux que, tel que, autant que, ainsi que, plutôt que…

La comparative marque un rapport de comparaison avec un fait exprimé dans la principale, soit de ressemblance ou d'égalité, soit de différence ou de proportion : *Il agit **comme** le ferait tout autre à sa place. - Elles ont dansé **mieux que** ne l'auraient fait des professionnelles. - Il travaille **d'autant plus que** son collègue travaille **moins**.*

Notes :
- La comparaison dans une phrase simple présuppose une proposition comparative non explicitée :
  *Il est plus grand que moi. = Il est **plus grand que je ne le suis**. - Elle mange moins que toi. = Elle mange **moins que tu ne le fais**.*
- Pour les éléments introduisant la comparaison dans la phrase simple, voir aussi « le degré de l'adjectif », § VI-13.2, et « les adverbes d'intensité » § VI-14.1.

8.3 – La temporelle

C'est une proposition subordonnée circonstancielle de temps, introduite par une conjonction de subordination ou une locution conjonctive. Entre le verbe de la principale (dont elle est complément) et la subordonnée temporelle, il peut y avoir un rapport :
- **d'antériorité** : l'action du verbe de la principale a lieu avant celle du verbe de la subordonnée ;
- **de simultanéité** : l'action du verbe de la principale a lieu en même temps que celle du verbe de la subordonnée ;
- **de postériorité** : l'action du verbe de la principale a lieu après celle du verbe de la subordonnée.

ANTÉRIORITÉ	SIMULTANÉITÉ	POSTÉRIORITÉ
avant que, en attendant que, jusqu'à ce que	quand, lorsque, comme, au moment où, pendant que, tandis que, tant que, aussi longtemps que, à mesure que, à chaque fois que…	après que, dès que, aussitôt que, sitôt que, lorsque, quand, une fois que…
+ subjonctif	+ indicatif	+ indicatif

8.4 – Les rapports logiques

Les rapports logiques entre la principale et la subordonnée sont établis par les **propositions conjonctives de but, de cause, de conséquence, d'opposition, de concession, de condition ou d'hypothèse.**

Les subordonnées de cause, de conséquence et d'opposition sont suivies d'un verbe à **l'indicatif** ; celles de but et de concession, d'un verbe au **subjonctif**. Les subordonnées conditionnelles sont suivies de l'indicatif quand elles sont introduites par la conjonction *si* ; elles sont suivies du subjonctif ou du conditionnel lorsqu'elles sont introduites par une autre conjonction que *si*.

CAUSE	parce que, puisque, comme, du fait que, étant donné que, sous prétexte que…	+ indicatif	*On arrête puisqu'il le faut.* *Partons étant donné qu'il n'y a plus rien.*
CONSÉQUENCE	si bien que, tant et si bien que, à tel point que, de telle manière que, de sorte que…	+ indicatif	*On était en retard si bien qu'on n'a rien vu.* *Tout augmente à tel point qu'on se ruine.* *C'était déjà fini de sorte qu'on est partis.*
OPPOSITION	alors que, tandis que…	+ indicatif	*Tu l'adores alors que je le déteste.*

Notes :
- Des conjonctions de coordination ou des adverbes peuvent également établir des rapports de cause, de conséquence ou d'opposition entre deux propositions indépendantes : *Il a fallu rentrer **car** il était tard. - C'était déjà fini **alors** je suis parti.*
- C'est aussi le cas de certaines locutions prépositives qui permettent d'introduire une cause : *Ils sont rentrés **à cause du** mauvais temps. - Il réussit **grâce à** ses efforts.*

BUT	pour que, afin que, de manière que, à seule fin que… de peur que, de crainte que	+ subjonctif	*Ils ont apporté des vivres pour que les rescapés puissent manger.* *Il parlait bas de peur qu'on ne l'entende.*
CONCESSION	bien que, quoique, quel(s) / quelle(s) que, sans que…	+ subjonctif	*Il a échoué quoiqu'il ait bien travaillé.* *Je m'y oppose quel que soit votre but.*

Notes :
- La préposition *pour* suivie d'un infinitif est apte à introduire le but : *Ils ont apporté des vivres **pour** nourrir les rescapés.*
- La préposition *malgré* suivie d'un nom introduit un lien de concession : *Je m'y opposerai **malgré** votre bonne volonté.*

CONDITION	si	+ présent de l'indicatif	*Je viendrai si tu m'invites.*
HYPOTHÈSE IMPROBABLE	si	+ imparfait de l'indicatif	*Je viendrais si tu m'invitais.*
HYPOTHÈSE IRRÉELLE	si	+ plus-que-parfait de l'indicatif	*Je serais venu si tu m'avais invité.*
CONDITION, SUPPOSITION, RESTRICTION	à condition que, pourvu que, en admettant que, à supposer que, à moins que…	+ subjonctif	*Il veut bien à condition que tu sois là.* *Dis-le, en admettant que tu le saches.* *Ce sera dur à moins que tu ne l'aides.*
ÉVENTUALITÉ	au cas où, dans le cas où, quand bien même…	+ conditionnel	*Prends un manteau au cas où il ferait froid. – Je m'y opposerais quand bien même vous me supplieriez.*

Note :
- Comme pour un grand nombre de subordonnées conjonctives, les subordonnées conditionnelles ou hypothétiques peuvent précéder la proposition principale ; une virgule sépare alors les deux propositions : *Si tu m'avais invité, je serais venu.*

9 – Le discours rapporté ou style indirect

Il sert à rapporter des propos, ce qui a été dit ou écrit. S'il s'agit d'une interrogation, on a recours à la subordonnée interrogative indirecte ; s'il s'agit d'une phrase déclarative, on a recours à une subordonnée complétive.

9.1 – La subordonnée interrogative indirecte

Elle est introduite par la conjonction *si,* par un mot interrogatif (pronom, adjectif ou adverbe) ou par un démonstratif relatif neutre. Elle dépend d'un verbe de la proposition principale exprimant une interrogation explicite (*demander, se demander, chercher à savoir, vouloir savoir…*) ou implicite (*ne pas savoir, ignorer…*). L'interrogative indirecte ne se termine pas par un point d'interrogation. Le choix du mot introducteur dépend de ce sur quoi porte l'interrogation : toute la phrase ou un des éléments de celle-ci.

TOUTE LA PHRASE	si	*Je me demande s'il est venu.*
UN LIEU	où	*Elle demande où est la gare.*
UN MOMENT	quand	*On veut savoir quand le concert a lieu.*
UNE QUANTITÉ	combien (de)	*Elle demande combien ça coûte.*
LA CAUSE	pourquoi	*Je me demande pourquoi tu es là.*
LA MANIÈRE	comment	*Il se demande comment je fais.*
UNE PERSONNE	qui	*Je veux savoir qui est là.*
UN NON ANIMÉ SUJET	ce qui	*Je me demande ce qui t'arrive.*
UN NON ANIMÉ COD	ce que	*Il demande ce que tu veux.*

| UN NON ANIMÉ COI / CC | préposition + **quoi** | *Je me demande à quoi tu penses.* |
| UNE ALTERNATIVE, UN NOM PARMI D'AUTRES | **quel(s) / quelle(s)** + nom **lequel / laquelle / lesquels / lesquelles** | *Il demande quel âge elle a.* *On se demande quel chemin on doit prendre.* *Il voudrait savoir lequel des deux.* |

Notes :
- Comme dans les interrogations directes, les mots interrogatifs qui introduisent la proposition interrogative indirecte peuvent être précédés de prépositions : *Je me demande **par où** il est passé.*
- La principale peut être une phrase impérative qui exprime une recherche d'information :
  Dis-moi *comment tu as fait ça.* - **Explique-moi** *pourquoi tu es parti.*

9.2 – Le discours indirect

Il est introduit au moyen de la conjonction *que,* en tant que subordonnée complétive dépendant du verbe de déclaration de la principale (*dire, affirmer, déclarer, raconter, annoncer, répondre, répliquer, répéter…*). Le verbe de la complétive est à l'indicatif : *Cet article de journal **affirme que** les responsables **sont** entre les mains de la police. - Ton professeur me **dit que** tu **négliges** ton travail. - On **raconte que** le maire de la commune **est** très malade.*

Note :
- Pour rapporter une phrase impérative exprimant un ordre, une suggestion ou un conseil, on a recours à des propositions infinitives, introduites par la préposition *de* :
  *Il est interdit **de stationner** dans la rue sous peine d'amende. - Sa mère lui dit **de ranger** sa chambre.*

9.3 – La concordance des temps

Elle doit être respectée lors du passage au discours rapporté. Le temps employé dans la subordonnée complétive ou dans la subordonnée interrogative dépend d'abord de celui du verbe introducteur ; puis du type de relation (simultanéité, antériorité ou postériorité) existant entre le verbe de la principale et celui de la subordonnée.

PRINCIPALE AU PRÉSENT / CONDITIONNEL / FUTUR	On dit… On dirait / dira…	Je me demande…
SUBORDONNÉE SIMULTANÉE AU PRÉSENT	qu'ils arrivent.	s'ils arrivent.
SUBORDONNÉE ANTÉRIEURE AU PASSÉ	qu'ils sont arrivés.	s'ils sont arrivés.
SUBORDONNÉE POSTÉRIEURE AU FUTUR	qu'ils arriveront.	s'ils arriveront.

PRINCIPALE AU PASSÉ / CONDITIONNEL PASSÉ	On disait / a dit / avait dit… On aurait dit…	On demandait / a demandé / avait / aurait demandé…
SUBORDONNÉE SIMULTANÉE À L'IMPARFAIT	qu'ils arrivaient.	s'ils arrivaient.
SUB. ANTÉRIEURE AU PLUS-QUE-PARFAIT	qu'ils étaient arrivés.	s'ils étaient arrivés.
SUB. POSTÉRIEURE AU CONDITIONNEL	qu'ils arriveraient.	s'ils arriveraient.

Note :
- Dans le passage du style direct au style indirect, d'autres changements peuvent s'opérer, par exemple sur les pronoms personnels, les déterminants, les pronoms possessifs ou les adverbes de temps et de lieu :
  *Régine, tu as ton manteau ici ? - Il lui a demandé **si elle** avait **son** manteau **là-bas**.*

10 – La subordonnée participiale

Elle a pour noyau un verbe au participe présent ou passé, simple ou composé, dont le sujet (ou thème, dans ce cas) **est différent de celui de la principale.** Aucun mot subordonnant ne l'introduit et elle occupe la fonction de complément circonstanciel du verbe de la proposition principale (de temps, de cause, de condition ou de concession).

CAUSE	PARTICIPE PRÉSENT	*L'hiver finissant, les arbres commençaient à bourgeonner.*
CONDITION	PARTICIPE PASSÉ	*Mon compte en banque bien rempli, je me laisserais aller.*
CONCESSION	PARTICIPE PASSÉ	*Toute chance de le retrouver en vie écartée, nous étions déséspérés.*
TEMPS	PARTICIPE PASSÉ	*Les victuailles triées, on les a distribuées aux hommes de troupe.*

Notes :
- La proposition subordonnée participiale est généralement séparée de la principale par une virgule. Il est courant qu'elle la précède, même si elle peut aussi se placer après la principale.
- Une proposition participiale peut avoir des structures plus simples et explicites en tant qu'équivalents :
  Comme *l'hiver finissait… -* **Si** *mon compte en banque était bien rempli… -* **Comme** *toute chance de le retrouver en vie avait été écartée… -* **Une fois qu'**on eut trié les victuailles…

B – Les constituants de la phrase
(autour du nom et du verbe)

V – LES DÉTERMINANTS

Le nom, principal constituant de la phrase avec le verbe, est généralement précédé de déterminants, formant avec ceux-ci et, éventuellement avec ses qualifiants, un groupe nominal qui peut être sujet de la phrase ou complément du verbe. Les déterminants s'accordent en genre et en nombre avec le nom qu'ils précèdent. On entend par déterminant tous les articles et les adjectifs déterminatifs.

11 – Les articles

Ils peuvent être définis, indéfinis ou partitifs.

	MASCULIN SINGULIER	FÉMININ SINGULIER	MASCULIN ET FÉMININ PLURIEL
DÉFINIS	le / l'	la / l'	les
INDÉFINIS	un	une	des
PARTITIFS	du / de l'	de la / de l'	des

Notes :
- Précédés des prépositions *à* et *de,* les articles définis masculins singuliers et pluriels se contractent : ***au, aux, du, des.***
- Il ne faut pas confondre la contraction *du* et l'article partitif *du* ; dans l'exemple qui suit, le premier est un partitif et le deuxième une contraction : *Si tu veux **du lait**, ne prends pas le lait **du chat**.*
- Les articles indéfinis singuliers (*un / une*) sont aussi les adjectifs numéraux de l'unité.

12 – Les adjectifs déterminatifs

Ils peuvent être numéraux (cardinaux ou ordinaux), indéfinis, possessifs, démonstratifs, interrogatifs ou exclamatifs.

NUMÉRAUX CARDINAUX	un(e), deux, trois, quatre, cinq, six, sept, huit, neuf, dix…
NUMÉRAUX ORDINAUX	premier(ère), deuxième, troisième, quatrième, cinquième…
ADJECTIFS INDÉFINIS	chaque, un(e) autre, le / la / les même(s), tout(e) (le) / (la), tous / toutes les, plusieurs, quelques, un(e) certain(e), certain(e)s, divers(es), différent(e)s, n'importe quel(s) / quelle(s)
ADJECTIFS POSSESSIFS	ma, mon, mes, ta, ton, tes, sa, son, ses, notre, nos, votre, vos, leur, leurs
ADJECTIFS DÉMONSTRATIFS	ce, cet, cette, ces
INTERROGATIFS / EXCLAMATIFS	quel, quelle, quels, quelles

VI – LES QUALIFIANTS OU MODALISATEURS

Les qualifiants ou modalisateurs sont facultatifs contrairement aux déterminants, généralement obligatoires devant le nom. Les adjectifs qualificatifs modifient le nom ; les adverbes modifient le verbe, le groupe verbal, un adjectif ou la phrase dans sa totalité.

13 – L'adjectif qualificatif

Il s'accorde en genre et en nombre avec le nom qu'il accompagne. Selon la place qu'il occupe au sein du groupe nominal, et selon sa mobilité, l'adjectif qualificatif peut être : épithète apposé, ou, s'il est introduit par un verbe d'état (*être, paraître, sembler, devenir…*), attribut.

ÉPITHÈTE	*Le **petit** garçon préfère les ballons **rouges**.*
ADJECTIF APPOSÉ (OU ÉPITHÈTE DÉTACHÉ)	*Le garçon, **impatient**, est parti de là.* ***Épuisé**, il arrêta son travail avant l'heure.*
ATTRIBUT	*Ce candidat est **sincère**.*

Notes :
- L'attribut se rapporte généralement au sujet mais peut aussi se rapporter au COD (par l'intermédiaire de verbes comme *trouver, nommer, appeler…*) : *Nous trouvons ce candidat **sincère**. Nous le croyons **sincère**.*
- Employés comme adjectifs, les participes exercent les mêmes fonctions que ceux-ci et s'accordent en genre et en nombre avec le nom qu'ils accompagnent.

13.1 – La place de l'adjectif épithète

Il se trouve à côté du nom qu'il qualifie, généralement après, sauf quelques exceptions comme *beau, grand, petit, long, vieux*… Il arrive aussi qu'on place un épithète devant le nom pour le mettre en relief ou pour le distinguer d'un autre placé après : *Elle portait une robe **rouge** ce jour-là. - Elle portait une **vieille** robe ce jour-là. - Elle portait une **merveilleuse** robe ce jour-là. - Elle portait une **élégante** robe **rouge** ce jour-là.*

Note :
• Il arrive que des adjectifs changent de signification en changeant de place : *C'est un **grand** homme. - C'est un **homme grand**.*

13.2 – Le degré de l'adjectif qualificatif

Il varie en fonction des adverbes comparatifs qui le précèdent, selon trois nuances : supériorité *(plus)*, infériorité *(moins)* ou égalité *(aussi)*. L'adjectif est alors suivi de la conjonction *que,* qui introduit le deuxième terme de la comparaison (complément du comparatif ou subordonnée comparative). En employant un article défini devant le comparatif, on obtient une forme superlative relative (associée ou non à un groupe de comparaison introduit par la préposition *de*).
Le superlatif absolu est formé par un adverbe d'intensité précédant l'adjectif.

COMPARATIF	ÉGALITÉ	*Ce deuxième texte est **aussi** drôle **que** le premier.*
	SUPÉRIORITÉ	*Cette lecture est **plus** longue **que** ne l'était l'autre.*
	INFÉRIORITÉ	*Ce texte est **moins** ennuyeux **que** l'autre.*
SUPERLATIF	SUPÉRIORITÉ	*Ce tableau est **le plus** beau (de l'exposition).*
	INFÉRIORITÉ	*Cette histoire est **la moins** drôle (de toutes).*
SUPERLATIF ABSOLU		*Ce tableau est **très / extrêmement / fort**… beau.*

Note :
• Les adjectifs *meilleur, pire, moindre, majeur, mineur, antérieur, postérieur* sont comparatifs ; les adjectifs *richissime* et *rarissime* sont superlatifs. Ils n'admettent donc pas d'être précédés d'adverbes comparatifs ou d'intensité.

14 – Les adverbes

Ce sont des mots (ou locutions) invariables qui modifient ou précisent le sens d'un verbe, d'un adjectif, d'un autre adverbe ou d'une phrase. On peut les classer d'après leur sens : adverbes de circonstance ou d'opinion, adverbes de discours.

14.1 – Les adverbes de circonstance

Ils peuvent être de lieu, de temps, de quantité ou d'intensité, de manière.

LIEU	ici, là, loin, près, ailleurs, dedans, dehors, partout, au-dessus, là-haut…
TEMPS	hier, demain, aujourd'hui, jamais, souvent, toujours, tôt, tard, tout de suite…
QUANTITÉ / INTENSITÉ	beaucoup, peu, assez, trop, autant, presque, très, si, tant, tellement, tout, à peine…
MANIÈRE	bien, mal, plutôt, debout, ensemble, vite, mieux, lentement, doucement, à tort, au hasard…

Note :
• De nombreux adverbes de manière (mais pas exclusivement ceux-ci) sont formés sur l'adjectif correspondant, soit le féminin (+ *-ment : doucement*) ; soit le masculin terminé en *-ant* (*-amment : couramment*) ou en *-ent* (*-emment : prudemment*), ou le masculin terminé en *-i* (+ *-ment : joliment*) ou en *-u* (*-ûment : assidûment*) ; et dans quelques exceptions, on trouve la terminaison *-ément : aveuglément, profondément*.

14.2 – Les adverbes d'opinion

Ils peuvent être d'affirmation, de négation ou de doute.

AFFIRMATION	oui, si, certainement, effectivement…
NÉGATION	non, ne, nullement, aucunement…
DOUTE	peut-être, sans doute, probablement…

14.3 – Les adverbes de discours

Ils peuvent être de liaison, d'exclamation, d'interrogation ou de comparaison.

LIAISON	d'abord, ensuite, enfin, cependant, pourtant, en revanche…
EXCLAMATION	que, comme, combien
INTERROGATION	où, quand, comment, combien, pourquoi
COMPARAISON	plus, moins, aussi, autant, mieux, de même…

VII – LES REMPLAÇANTS, LES REPRÉSENTANTS

Le rôle de remplacement ou de représentation d'un élément de la phrase (généralement le nom) est assuré par la catégorie grammaticale des pronoms. Il existe différents types de pronoms : les pronoms personnels, les indéfinis, les démonstratifs, les possessifs (pour les relatifs, voir plus loin VIII-17, et pour les interrogatifs, voir I-2.3 ci-dessus).

Le pronom peut servir de remplaçant à un élément de la phrase, son antécédent. Mais il peut également ne pas avoir d'antécédent, auquel cas on le dit « pronom nominal » (comme certains pronoms personnels, indéfinis ou interrogatifs).

15 – Les pronoms personnels

Ils désignent les interlocuteurs et les êtres ou choses dont on parle. Pour les premières et deuxièmes personnes, il s'agit de pronoms nominaux (sans antécédent), pour les troisièmes, il s'agit de pronoms représentants (avec antécédent). Pour toutes les personnes, les pronoms personnels ont des **formes atones** (ou conjointes) et des **formes toniques** (ou disjointes).

15.1 – Les formes atones des pronoms personnels

Toujours liées au verbe, elles le précèdent. Ces pronoms peuvent remplir les fonctions de sujet, de COD ou de COI.

SINGULIER	SUJET	COD	COI
1re PERSONNE	je	me	me
2e PERSONNE	tu	te	te
3e PERSONNE	on		
MASCULIN	il	le	lui
FÉMININ	elle	la	lui
RÉFLÉCHI		se	se
NON ANIMÉ		en	en, y

PLURIEL	SUJET	COD	COI
1re PERSONNE	nous	nous	nous
2e PERSONNE	vous	vous	vous
3e PERSONNE			
MASCULIN	ils	les	leur
FÉMININ	elles	les	leur
RÉFLÉCHI		se	se
NON ANIMÉ		en	en, y

Notes :
• S'il y a un seul pronom, il précède le verbe, sauf à l'impératif affirmatif : *Donne à manger au chat, puis **fais-le** sortir.*
• S'il y a plusieurs pronoms, ils suivent l'ordre suivant :

COD / COI	COD	COI	
me, te, se, nous, vous, se	le, la, les	lui, leur	en, y

*Je **la lui** ai montrée hier soir.*

Si le verbe est à l'impératif affirmatif, l'ordre est différent :

COD / COI	COD	COI	
le, la, les	me / moi, te / toi, lui, nous, vous, leur	en, y	

*Donnez-**nous-en**.*

15.2 – Les formes toniques des pronoms personnels

Elles sont séparées du verbe et peuvent remplir différentes fonctions : renforcement du sujet, COI ou CC (complément circonstanciel). Elles peuvent s'employer seules ou après des impératifs, des prépositions, des présentatifs ou des comparaisons.

	SINGULIER	PLURIEL
1re PERSONNE	moi	nous
2e PERSONNE	toi	vous
3e PERSONNE MASCULIN	lui	eux
FÉMININ	elle	elles
RÉFLÉCHI	soi	soi

16 – D'autres pronoms

Représentants ou nominaux, ils ont le rôle de démonstratifs, de possessifs, d'indéfinis, d'interrogatifs ou de relatifs.
Note :
• Pour les relatifs, voir plus loin VIII-17, et pour les interrogatifs, voir I-2.3.

16.1 – Les pronoms démonstratifs

Ils désignent des êtres ou des choses présents dans le discours. Ils peuvent être masculins, féminins ou neutres, et avoir une forme simple ou composée.

MASCULIN SINGULIER	celui	celui-ci, celui-là
FÉMININ SINGULIER	celle	celle-ci, celle-là
NEUTRE	ce (c')	ceci, cela (ça)

MASCULIN PLURIEL	ceux	ceux-ci, ceux-là
FÉMININ PLURIEL	celles	celles-ci, celles-là

Notes :
- Le pronom neutre *ce* entre dans la composition du présentatif *c'est* et de l'interrogatif *est-ce que...*
- Les pronoms démonstratifs simples peuvent être suivis de la préposition *de* ou bien de pronoms relatifs ; on les appelle alors démonstratifs relatifs (voir VIII-17.3) : *ce qui, ce que, celui qui, celle dont,* etc.

16.2 – Les pronoms possessifs

Remplaçants de noms ou de groupes nominaux, ils expriment l'appartenance. Ils s'accordent en genre et en nombre avec le nom qu'ils représentent.

	MASCULIN SINGULIER	FÉMININ SINGULIER	MASCULIN PLURIEL	FÉMININ PLURIEL
1re PERS. SINGULIER	le mien	la mienne	les miens	les miennes
2e PERS. SINGULIER	le tien	la tienne	les tiens	les tiennes
3e PERS. SINGULIER	le sien	la sienne	les siens	les siennes
1re PERS. PLURIEL	le nôtre	la nôtre	les nôtres	les nôtres
2e PERS. PLURIEL	le vôtre	la vôtre	les vôtres	les vôtres
3e PERS. PLURIEL	le leur	la leur	les leurs	les leurs

16.3 – Les pronoms indéfinis

Ils peuvent être représentants ou nominaux. Ils permettent d'exprimer des nuances de détermination ou de quantité, indiquant la pluralité ou la singularité, la totalité ou la nullité, la différence ou la ressemblance.

INDÉTERMINATION SINGULARITÉ RESSEMBLANCE DIFFÉRENCE	quelqu'un, quelques-un(e)s, quelque chose, n'importe qui /quoi / lequel... l'un(e), les un(e)s le / la même, les mêmes l'autre, les autres, autre chose, d'autres, un autre
QUANTITÉ TOTALE NULLE PARTIELLE DISTRIBUTIVE	tout(e), tous, toutes personne, nul(le), rien, aucun(e) certain(e)s, plusieurs, la plupart chacun(e)

VIII – LES MOTS SUBORDONNANTS

17 – Les pronoms relatifs

Leur rôle est de rattacher une proposition subordonnée à un nom (ou pronom) de la proposition principale. Ils ont des formes variables et invariables.
Note :
- *Qui, que, quoi, lequel...* peuvent être relatifs ou interrogatifs selon le contexte (voir I-2.3).

17.1 – Les relatifs invariables

Ils ont des formes simples et peuvent être représentants (la plupart du temps) ou nominaux (dans quelques cas). Au sein de la subordonnée relative, ils peuvent remplir les fonctions de sujet, de COD, de COI, de complément circonstanciel ou de complément de nom ou d'adjectif, selon les cas ; leur fonction dans la phrase est donc différente de celle de leur antécédent. (voir aussi IV-7)
Note :
- Les pronoms *qui, quoi* et *où*, employés sans antécédent, peuvent ainsi être nominaux :
  Qui m'aime me suive. - On a de quoi passer l'hiver. - Où tu iras, j'irai.

17.2 – Les relatifs variables

Ils ont des formes composées qui s'accordent en genre et en nombre avec l'antécédent. À l'intérieur de la proposition relative, ils remplissent diverses fonctions (sujet, COI, complément circonstanciel ou de nom) et peuvent être précédés de prépositions (donnant lieu, dans certains cas, à des contractions).

lequel laquelle lesquels lesquelles	avec à → auquel à laquelle auxquels auxquelles	avec de → duquel de laquelle desquels desquelles

*Le travail **auquel** vous vous consacrez est très noble. - Prenez ce couloir **au bout duquel** vous trouverez son bureau. - Je ne comprends pas la raison **pour laquelle** on s'est réunis ce matin.*

Note :
• Ne pas confondre *dont* et *duquel*. Les deux remplacent un complément introduit par *de* mais *duquel* s'utilise avec une locution prépositionnelle :
> *J'ai emprunté le livre **dont** tu m'as parlé. - C'est le tableau **au milieu duquel** le peintre s'est représenté.*

17.3 – Les démonstratifs relatifs

Ils sont formés d'un pronom démonstratif simple (variable ou non) et de pronoms relatifs invariables. Le démonstratif sert d'antécédent au relatif, dont la forme dépend de la fonction qu'il occupe dans la subordonnée.

ce	qui, que, dont prép. + **quoi**	*Le directeur lui a communiqué ce que le conseil avait décidé... ce qui l'a révolté, ce dont il se méfiait... ce à quoi il avait déjà pensé lui-même.*
celui	qui	*Ce costume ira à celui qui est le plus grand.*
celle	que	*Ta prochaine partenaire est celle que tu vois s'échauffer là-bas.*
ceux	dont	*On a fait une collecte pour ceux dont la maison a brûlé.*
celles	où	*On a déjà loué les chambres, celles où on avait dormi.*

Note :
• Les démonstratifs relatifs participent souvent à des tournures présentatives de mise en relief :
> *Ce **qui** le dérangeait, c'était le manque de ponctualité.*

18 – Les conjonctions

Ce sont des mots invariables qui servent d'outils de liaison, soit par simple coordination, soit par subordination.

18.1 – Les conjonctions de coordination

Elles servent à joindre des mots, des groupes de mots, des propositions qui ont la même fonction. Elles permettent d'énumérer des faits, de présenter des alternatives, des causes, des conséquences ou des oppositions entre les éléments qu'elles relient.

et / ni	*Les invités veulent à la fois boire et manger.* *Ils ne veulent ni boire ni manger.*
ou	*Ce client veut une maison ou un appartement au bord de la mer.*
car	*Il fut condamné à dix ans de prison car un témoin l'a reconnu.*
donc	*Un témoin l'a reconnu, donc il a été condamné à dix ans de prison.*
mais	*Tout l'accusait mais il avait un alibi solide.*
or	*Tout l'accusait, or il a été acquitté.*

Note :
• Il existe des locutions conjonctives de coordination, de nature diverse, qui jouent le rôle d'adverbes de discours :
> *par conséquent, c'est pourquoi, puis…*

18.2 – Les conjonctions de subordination

Elles servent à introduire une proposition subordonnée en la reliant à la proposition principale. Il y a un petit nombre de conjonctions simples et de nombreuses locutions conjonctives qui établissent des rapports de temps, de comparaison, de cause, de conséquence, d'opposition, de concession, de condition ou de but (voir aussi IV-8, de 8.1 à 8.4).

CONJONCTIONS	que, quand, comme, si, puisque, lorsque
LOCUTIONS CONJONCTIVES	parce que, de sorte que, bien que, après que, à condition que, afin que, même si…

IX – LES PRÉPOSITIONS

19 – Prépositions et locutions prépositionnelles

Ce sont des mots invariables permettant de relier verbes, noms, adjectifs à leurs compléments respectifs. Elles peuvent se présenter sous la forme de mots simples ou de locutions.

PRÉPOSITIONS	LOCUTIONS PRÉPOSITIONNELLES
à, dans, de, en, entre, par, pour, sans, sur, contre, devant, derrière, depuis, dès, durant, pendant, excepté, hormis, hors, malgré, parmi, sauf, selon, vers…	à cause de, à force de, afin de, à partir de, à travers, au-delà de, au-dessous de, au-dessus de, au lieu de, avant de, de manière à, en dépit de, en face de, en vue de, grâce à, hors de, loin de, jusqu'à, par rapport à, près de, quant à…

19.1 – Les prépositions *à* et *de*

Elles introduisent des compléments de verbes (COI et différents compléments circonstanciels) ainsi que des compléments de noms et d'adjectifs.

	à	de
COI	*On parle à la caissière.*	*On parle de la caissière.*
CC de lieu	*On va à la gare.*	*On vient de la gare.*
CC de temps	*On arrive à l'heure.*	*On mange de deux à quatre.*
CC de manière	*On parle à voix haute.*	*On parle d'un air sérieux.*
CC de cause	*On souffre à cause de toi.*	*On tremble de peur.*
CC de nom	*C'est un yaourt à la fraise.*	*C'est une lampe de poche.*
CC d'adjectif	*C'est difficile à comprendre.*	*Elle est fière de lui.*

19.2 – Les prépositions *par* et *pour*

Elles introduisent des compléments circonstanciels de lieu, de temps, de cause ou autres, mais avec des nuances de sens.

	par	pour
CC DE LIEU DESTINATION PASSAGE	*On passera par les Alpes.*	*On part pour l'Italie.*
CC DE TEMPS DURÉE FRÉQUENCE	*On y va deux fois par mois.*	*On partait pour un mois.*
CC DE CAUSE	*Il agit par amour.*	*C'est fermé pour travaux.*
CC DE BUT		*On se réunit pour discuter.*
CC DE MOYEN	*On se donnera des nouvelles par e-mail.*	

Note :
• Pour introduire le complément d'agent dans la forme passive, on se sert de la préposition *par* ; pour quelques verbes, on emploie *de* : *Ce tableau fut réalisé par un grand artiste. - Il est apprécié de tous.*

19.3 – Les prépositions après certains verbes

Elles peuvent varier selon les constructions habituelles des verbes, que ces prépositions introduisent des infinitifs ou des compléments.

à	*apprendre à, penser à, réussir à, s'intéresser à, se fier à, comparer à…*
de	*accepter de, décider de, risquer de, rêver de, s'approcher de, menacer de…*
par	*tenir par la main, apprendre par cœur…*
sur	*compter sur, tomber sur, donner sur le jardin…*

Les mots grammaticaux et les notions répertoriés dans cet index renvoient aux pages de grammaire des leçons du *Livre* (*à cause de* L4, p. 52) et / ou au *Précis grammatical* (*à cause de* IV-8.3) où ils apparaissent.

On trouvera ici les transcriptions des enregistrements dont le texte ne figure pas dans les leçons.

Activité 1, page 12

J'ai rêvé de l'Afrique quand j'étais enfant et j'ai voulu à vingt ans découvrir l'Afrique. Donc, je suis parti avec mon sac à dos, avec très peu de moyens, et mon pot de peinture. Et j'ai donc abordé le Sénégal, la Mauritanie. Donc j'ai traversé le désert de Mauritanie et là, bon, ben… c'est un autre aspect du monde que la ville, que Paris et ça, c'était passionnant et donc, j'ai placé mon personnage à la fois dans le désert ou dans la savane pour exprimer aussi mon désir d'aller… d'aller découvrir ailleurs. Et ensuite, bon, j'ai voulu voir l'opposé, un petit peu, la ville. Donc j'ai été à New York et là, j'ai découvert la folie des États-Unis ; c'est-à-dire ces immenses buildings, cette dimension qui nous dépasse carrément. Donc, le maximum de la ville, ça a été une image assez étonnante et là, le même corps qui avait cette importance dans la jungle, ben… devenait perdu, à la limite, au milieu de cette immense cité. Ensuite, j'ai été, bon… dans les villes d'Europe, en Italie, j'ai été en Angleterre, j'ai été à Amsterdam aussi, en Hollande… Et puis surtout le grand, grand voyage, ça a été la Chine. Et là, eh bien, j'ai peint en pleine ville, à Shanghaï et ma surprise, ça a été… tous les gens qui sont venus, qui m'ont fait comme une fête de voir que, une expression nouvelle pour eux, se faisait au milieu, comme ça, des gens, et ils m'ont apporté de la bière et tout ; et étant donné que je pouvais absolument pas communiquer avec eux par la parole, à cause de la différence de langues, eh bien, c'est le geste peint qui a servi de communication. Et là, j'ai découvert quelque chose d'extraordinaire, c'est-à-dire que, c'est vrai qu'un coup de pinceau peut aussi parler et donc, tenir lieu à la limite de conversation. Ensuite j'ai été peindre sur la Muraille de Chine, cet immense mur qui serpente, comme ça, sur la montagne, comme un immense dragon, et là j'ai marché toute une journée, à perte de vue.

Activité 3, page 12

—Je vous répondrai par un truisme : le français est une langue vivante dans tous les sens du terme. Et une langue vivante, c'est une langue qui évolue constamment, dans son vocabulaire, dans sa syntaxe, c'est une langue qui s'enrichit. D'une édition à l'autre d'un dictionnaire, on trouve des mots nouveaux qui apparaissent, des mots qui sont tombés en désuétude, qui ont complètement disparu…

—Il y a aussi un assez grand nombre de mots et l'Académie française, dont le rythme de travail est assez lent, a publié l'an dernier une liste d'ailleurs d'une centaine de néologismes venus de l'extérieur de l'Hexagone. Des mots d'origines québécoise, belge, suisse, africaine, etc.

—Je citerai un exemple de ces mots-là que nous pouvons accueillir sans aucun problème… il n'y avait pas de mot en français, par exemple, pour désigner tout le travail concernant la forêt. Les Québécois, qui sont des gens pour qui la forêt compte beaucoup, ont depuis longtemps le mot *foresterie* pour désigner, donc, tout le travail d'ingénierie qui concerne… qui concerne ce domaine.

—L'Académie française a accueilli le mot *foresterie* qui est un mot forgé de manière tout à fait claire, compréhensible, selon des règles de suffixation tout à fait faciles à comprendre. Le suffixe *-erie* est un suffixe extrêmement… extrêmement fécond en français. Il faut voir tous les jours, sur les devantures des magasins de nouveaux mots apparaître : on parle de *croissanterie* comme on a des boulangeries ; on parle même de…

—Il y a des mots affreux comme *bagagerie* ou *sweaterie* par exemple. Ça c'est un problème de néologismes. On crée des mots, on en propose, certains sont heureux, d'autres moins heureux…

Activité 4, page 12

Enfin quelques mots sur la couleur du ciel aujourd'hui, pour refermer ce journal, le temps sera maussade et les nuages pourront donner d'importantes chutes de pluie ou de grêle, vent de sud-est à ouest, assez fort à fort avec des rafales sous les grains de 70 à 90 km/h. Les températures maximales ne dépasseront pas les 4 à 6 degrés. Prudence donc, si vous prenez la route. Levez le pied et observez bien les consignes de sécurité habituelles.

ON PART EN VACANCES ?

Page 14

—Bon, alors on fait quoi… les prochaines vacances et tout ?

—Ben t'as pensé à un truc ?

—Ben… euh… Ouais… j'sais pas, moi, je ferais bien un petit… un petit truc organisé genre voyage culturel, tu vois, un peu architecture, moi, j'aime bien ou…

—Oh là là !

—Où ça ?

—Genre ?

—Où ça ? Ben j'sais pas… j'ai jamais été en Italie, ça peut être super-intéressant… Y a plein de trucs à voir… Ou…

—Mais il fait chaud l'été !

—Ouais mais, moi, je parle pas italien…

—Pis c'est cher en plus !

—Ben moi non plus, mais…

—C'est très très cher, puis il fait très chaud. Une ville…

—Ouais… ben… j'sais pas…

—L'été, c'est pénible.

—Y'a de la peinture et tout, moi j'adore ! C'est vachement beau… Et puis euh…

—Oui, enfin bon…

—C'est mieux l'hiver, ça.

—On peut déjà aussi connaître ce qu'il y a en France… On n'est pas obligés d'aller toujours à l'étranger pour découvrir la culture, je veux dire…

—À la limite, on peut aller… faire de la montagne.

—Chauvine !

—Il y a plein de choses en France, qui sont très intéressantes et qu'on connaît pas !

—Nationaliste !

—Ouais… Mais bon, en France, on y est tout le temps, quoi…

—Non, mais à la limite, moi je veux bien mais… pas for… pas pour aller voir les musées, les peintures, là tout ça… On va faire de la montagne, plutôt.

—Bah si, c'est chouette : quand t'as un guide avec toi, et tout, qui t'explique tout et tout, c'est super-intéressant !

—Mais l'été, t'as pas envie de ça. T'as envie de te reposer… t'as pas env… ou de… de te vider la tête… mais bon…

—De l'exercice plutôt.

—Moi, c'est vrai que je serais plus sur un… un trip campagne, quand même. À sortir un peu de la ville et tout ça…

—Ah oui ! La ville toute l'année !

—Voilà, ce que je dis, quoi… on va à la

montagne… On se fait une semaine de rando, là, ou deux semaines…

–Ah ouais mais ça, c'est crevant !

–Ah oui, fffff…

–Ben non, c'est bien. Ouais, bon, c'est fatiguant, mais ça…

–Mais à la montagne où ?

–Mais ça met en forme, quand même…

–Ben faut repartir à l'aventure…

–Non mais… ou dans les Pyrénées… ou dans les Alpes, quoi. Ben oui, mais c'est ça… on prend un sac…

–Et on sait pas ce qu'on va… machin…

–Alors moi, dans ce cas-là, si… Si on part à l'aventure…

–On va galérer, hé, attends… Ça va être des vacances de galérien…

–Non mais c'est marrant, c'est marrant, justement… Tu sais pas où tu vas dormir à chaque fois… chaque jour tu changes d'endroit…

–Ah non, mais si on fait ça, genre… c'est en gîte. On va pas se… planter la tente et se porter des sacs à dos de vingt kilos, quoi.

–Alors moi, ce que je vous propose, c'est un peu entre…

–Enfin, vingt kilos… oh…

–Moi, j'ai pas proposé. Je peux vous proposer quelque chose ?

–Oui, vas-y…

–Moi, mon idée c'est qu'on… qu'on en aille dans le désert… Alors, j'ai des amis qui l'ont fait, c'est… c'est vraiment super-bien… soit le désert algérien… soit le désert tunisien. Donc, y'a de la marche toute la journée pour Fred…

–Ouais, sous un soleil de plomb…

–Et en même temps, il y a des guides et… et on… on n'est pas seuls… On marche et après, on plante la tente et c'est très très très confortable, il paraît. Ils savent très très bien vivre et ils font des… des très bonnes choses à manger…

–Ah ouais, mais c'est en groupe, et tout ça ? Parce qu'alors moi, j'ai pas du tout envie d'être dans un truc en groupe.

–Ah non, pas du tout !

–Moi, rien que d'y penser, ça me donne soif, tiens. Une bière garçon, s'il vous plaît !

–Non, mais attends, c'est pas… t'es pas dans Tintin ! T'as pas soif ! T'es avec des guides qui t'amènent à manger et à boire…

–Non, mais t'as pas le choix de quoi faire, quoi, t'es obligé de marcher dans le désert…

–Ah, ben oui, c'est un trip où tu

marches, tu te vides la tête…

–Non, mais, ouais, moi je veux bien mais… l'année dernière… Moi y'a deux ans déjà, je vous avais proposé de faire de la montagne, vous aviez pas voulu. Y'a un an, vous avez pas voulu. Vous m'aviez dit : ouais, ouais, mais on en fera et tout… c'est promis, c'est promis… Puis à chaque fois, vous me faites le même coup.

–Bon, moi, pourquoi pas la montagne mais…

–Qu'est-ce qu'on fait ? Y'a…

–Ben toute façon, y'a un truc qui va pas là… c'est que j'sais pas si vous vous rendez compte : on a tous des envies différentes, donc j'sais pas comment on va faire.

–Ben moi, franchement, si ça continue comme ça, ben j'irai faire ma randonnée… de mon côté et puis voilà hein, je veux dire…

–Ouais, ben moi, j'irai dans le désert toute seule, alors. Enfin, je trouverai… une ou deux personnes…

–Non, on peut faire des compromis, mais à la fois, c'est vrai que c'est pas très conciliable…

–Ouais, mais on n'a pas du tout les mêmes envies.

–Ben on s'écrira des cartes postales… Voilà.

–Bon ben… on boit autre chose ou pas ?

–Ben ouais, je veux bien un demi.

LES VACANCES DES FRANÇAIS

(Page 14)

–C'est surtout les vacances scolaires, au moment des vacances, plutôt au printemps ; les vacances d'été également ; l'hiver étant généralement… plus réservé à des vacances ski mais organisées directement par d'autres organismes que les agences de voyages.

–Non, le comportement de… du client n'a pas… n'a pas particulièrement changé depuis… depuis ces dernières années. Il y a certainement un facteur prix qui est très important, puisque le pouvoir d'achat diminuant il est bien évident que le budget vacances est réduit d'autant. Mais les destinations sont toujours, à peu près, les mêmes qui sont demandées.

–Les vacances sont généralement plus courtes : les gens ne partent plus sur des quinze jours, trois semaines… Bon, certainement… certainement dû à un

phénomène de prix également. Euh… par contre, au niveau de… de la clientèle, bon, le troisième âge va toujours voyager mais pas en séjour… va plutôt faire du circuit en dehors des périodes scolaires, donc sur des périodes un petit peu plus creuses. Par contre on a… on a une recrudescence de demandes sur des voyages qu'on appelle des voyages « tout inclus », ce sont des séjours où les gens ne dépensent rien sur place, tout est prévu avant le départ. Donc dire que les gens dépensent plus ou moins, je ne sais pas, ils dépensent en tout cas autrement, et il faut que tout soit prévu avant le départ.

–Plus de jeunes, non, malheureusement ils sont toujours attirés par les destinations lointaines, puisque bon c'est toujours du rêve… mais il y a l'aspect budgétaire qui… qui… qui freine énormément et on a plus une clientèle de… de cadres dans les quarante, quarante-cinq ans et après une clientèle de troisième âge.

–La métropole reste de toute façon une destination qui est… qui est chère et les gens généralement se… euh… organisent eux-mêmes leurs vacances dans l'Hexagone. Par contre au niveau des Antilles, les Antilles françaises sont un peu boudées… sont un peu boudées parce que l'accueil n'est pas… n'est pas celui que l'on attend au profit de… des Antilles… qui peut… République Dominicaine, où là, effectivement, on a un personnel qui est certainement beaucoup plus… beaucoup plus à l'écoute, aux dires de nos clients, un coût qui est relativement moins important que pour les Antilles françaises, puisque le personnel n'a pas, ne représente pas les mêmes charges au niveau de… au niveau de… de… de toute la structure hôtelière. Et puis, surtout, ce que l'on fait très bien en République Dominicaine, c'est encore une fois cette formule « tout inclus » qu'on se refuse de faire sur les Antilles françaises.

–En France, la clientèle, les hôteliers français, donc les hôteliers qui se trouvent aux Antilles, en Guadeloupe, en Martinique refusent aujourd'hui de… de faire du « tout inclus » parce que… on a un niveau de vie qui est quand même beaucoup plus cher que… à Cuba ou que… en République Dominicaine.

—Le niveau de… je ne parle pas là du niveau de… ce sont les coûts des structures qui sont importantes, puisque le niveau de vie aux Antilles françaises est beaucoup plus bas que le niveau de vie en métropole. Par contre, les frais inhérents à une structure hôtelière sont tellement importants aux Antilles françaises qu'effectivement on… on n'a pas… on ne peut pas offrir les mêmes services aujourd'hui.

—Non, je pense pas, les gens… les gens dépensent effectivement moins d'argent qu'autrefois, puisque, avant, quand on partait… quand on part… quand les gens partaient en vacances, c'était vraiment le voyage de l'année… c'était l'aventure… et on partait et on dépensait… parce qu'on ét… Plus maintenant. Maintenant, les gens partent sur des séjours beaucoup plus courts, essayent peut-être de partir deux fois dans l'année, mais, effectivement, contrôlent leur budget sur place.

—Non, c'est pas l'exotisme, c'est pas l'originalité. Ils vont généralement chercher… euh… le soleil, voilà.

CHANSON *J'IRAI OÙ TU IRAS*

Page 18
Chez moi les forêts se balancent
Et les toits grattent le ciel
Les eaux des torrents sont violence
Et les neiges sont éternelles
Chez moi les loups sont à nos portes
Et tous les enfants les comprennent
On entend les cris de New York
Et les bateaux sur la Seine

Va pour tes forêts tes loups tes gratte-ciel
Va pour tes torrents tes neiges éternelles
J'habite où tes yeux brillent où ton sang coule
Où tes bras me serrent

J'irai où tu iras, mon pays sera toi
J'irai où tu iras qu'importe la place
Qu'importe l'endroit

Je veux des cocotiers des plages
Et des palmiers sous le vent
Le feu du soleil au visage
Et le bleu des océans
Je veux des chameaux des mirages
Et des déserts envoûtants
Des caravanes et des voyages comme sur les dépliants

Va pour tes cocotiers tes rivages
Va pour tes lagons tout bleu balançant

J'habite où l'amour est un village
Là où l'on m'attend

J'irai où tu iras, mon pays sera toi
J'irai où tu iras qu'importe la place
Qu'importe l'endroit
Prends tes cliques et tes claques et tes rêves et ta vie
Tes mots, tes tabernacles et ta langue d'ici
L'escampette et la poudre et la fille de l'air
Montre-moi tes édens montre-moi tes enfers
Tes nord et puis tes sud et tes zestes d'ouest

Prends tes cliques et tes claques, tes rêves et ta vie
Tes mots, tes tabernacles, ta langue d'ici
L'escampette et la poudre et la fille de l'air
Montre-moi tes édens montre-moi tes enfers

Chez moi les forêts se balancent
Et les toits grattent le ciel
Les eaux des torrents sont violence
Et les neiges sont éternelles
Chez moi les loups sont à nos portes
Et tous les enfants les comprennent
On entend les cris de New York
Et les bateaux sur la Seine

Qu'importe j'irai où bon te semble
J'aime tes envies j'aime ta lumière
Tous les paysages te ressemblent
Quand tu les éclaires

J'irai où tu iras, mon pays sera toi
J'irai où tu iras qu'importe la place
Qu'importe l'endroit
J'irai où tu iras, mon pays sera toi
J'irai où tu iras qu'importe la place
Qu'importe l'endroit…

1995, JRG/CRB MUSIC adm. par Sony Music Publ.

VOILE PASSION

Page 20
—Monsieur bonjour.
—Bonjour.
—Je vous remercie de… d'être ici aujourd'hui avec nous pour nous raconter un petit peu votre parcours professionnel. Vous êtes… australien ?
—Non, je suis irlandais.
—Irlandais. D'accord.
—Oui.
—Racontez-nous un petit peu votre parcours en tant que navigant.
—Alors, moi j'ai grandi à Dublin, qui est au bord de la mer, en Irlande et euh… j'ai navigué depuis l'âge de huit ans, dans un club nautique pas loin, *où* qui avait un super centre d'entraînement pour les jeunes, et euh… j'ai navigué… en compétition tout de suite et j'ai été fasciné par la technique de ça et euh… mon parcours après ça m'a fait passer… euh… à travers beaucoup de championnats de voile et aussi après pour faire des études d'architecture navale et de *yacht design* pour apprendre comment ça marche mieux.
—Et… qu'est ce que vous préférez ?
—Bien, la voile est magnifique, surtout la voile en compétition parce qu'y a tellement de disciplines différentes à travers la voile et moi j'aime bien…
—Et quand on est au large alors, comment on… comment on voit la terre, comment on y pense ?
—Eh bien au large surtout les régates que *j'ai fait,* ce qui est intéressant c'est que y a… y a… quarante, entre quarante et soixante bateaux en train de faire *le* même régate en même temps alors, on est seul sur le bateau mais on est souvent entouré d'autres bateaux, où y a le bonhomme à bord qui… dans exactement *le même situation* et après deux jours, on… on se sent fatigué, on a mal bouffé, tout est humide, y a encore deux jours à faire, on sait que ça va être encore plus dur. Mais on sait que le bateau à côté de nous, il a exactement les mêmes conditions, il se sent… pareil.
—Pareil. Donc y a une certaine solidarité, en fait ?
—Alors y a *un* super-solidarité entre les skippeurs, mais en même temps, en *connaissant* que lui, il a aussi du mal, ça donne plus de motivation pour essayer de le battre et de… de continuer dans ce sens-là. Comm… comment on voit la terre pendant ça ? Ben… sur ces parcours y a souvent des passages des caps ou des îles ou des bouées à passer et des choses comme ça et ce qui est intéressant, c'est… de voir le… le changement de conditions abruptes quand on arrive près de la côte ; parce que au large *ça change pas* aussi vite, mais quand on approche une pointe ou *une* cap ou quelque chose comme ça, les conditions changent très très très rapidement et euh… et ça, c'est quelque chose qui nous force *de* rester vigilants parce que bon, des fois ça passe la nuit, des fois ça passe euh… euh dans la brume des fois où c'est vraiment pfff, et euh… les sensations sont beaucoup plus fortes

quand on *rapproche la terre*, les odeurs de la terre, les odeurs des algues, le bruit de… des camions ou des voitures qui sont pas loin de la côte, surtout la nuit, surtout quand c'est calme, on voit… on entend beaucoup beaucoup de choses de très loin, et aussi euh ben les oiseaux parce qu'au large il y a pas d'oiseaux mais quand on approche la terre on entend les oiseaux et des sensations qui étaient absentes pendant une grande période.

–Et je suppose des sensations qu'on ne retrouve pas, ici…

–Ah non, les terrestres, *les terrestres il a jamais ça,* il le comprend pas, même. Et si je me souviens un grand marin qui s'appelle Jean Le Cam qui a gagné euh le premier solitaire que j'ai fait, c'est lui qui a, non *il a fait deux* je crois mais bon, pendant la remise des prix euh… y'avait un journaliste qui lui a demandé, posé une question : « Mais pourquoi vous faites ça, parce que c'est tellement dur et vous êtes complètement détruits à la fin de ça, je regarde soixante skippeurs là, et vous êtes comme des… »

–Des zombies.

–« Des zombies ». Et euh… dans un, dans une petite phrase il a tout dit, il a dit : « Vous les terrestres, *sans avoir faire,* c'est impossible *à raconter* pourquoi.

–Faut le vivre.

–C'est seul, c'est juste ces soixante-là qui ont vécu ça qui *comprend* pourquoi ils le font ».

–Hum ! Hum ! Intéressant.

EN APESANTEUR

Page 26

J'arrive à me glisser
Juste avant que les portes ne se referment
Elle me dit : « Quel étage ? »
Et sa voix me fait quitter la terre ferme
Alors
Les chiffres dansent
Tout se mélange
Je suis en tête-à-tête avec un ange

En apesanteur
Pourvu que les secondes soient des heures
En apesanteur

Pourvu qu'on soit les seuls
Dans cet ascenseur

Elle arrange ses cheveux
J'ai le cœur juste au bord des yeux
Et sans la regarder je sens la chaleur
D'un autre langage
Alors
Les yeux rivés sur les étages
Pourvu que rien n'arrête le voyage
En apesanteur
Pourvu que les secondes soient des heures
En apesanteur
Pourvu qu'on soit les seuls
Dans cet ascenseur
Dans cet ascenseur

J'arrive à me glisser
Juste avant que les portes ne se referment

En apesanteur
Pourvu que les secondes soient des heures
En apesanteur
Pourvu qu'on soit les seuls
Dans cet ascenseur
En apesanteur

Pourvu que les secondes soient des heures
En apesanteur
Pourvu qu'on soit les seuls
Dans cet ascenseur

Paroles : Alana FILIPPI
Musique : Calogero, Gioacchino MAURICI
Éditeurs : Klaxon Impek, Atletico Music © 2004

RENCONTRE D'UN AUTRE GENRE

Page 33

Il fallait que je touche le fond pour en sortir. Je m'en suis sorti en… en m'avisant qu'un… qu'un mur, extraordinaire, devant lequel j'avais passé cent fois en taxi ou en tram, à l'époque de ma splendeur, sans le voir, euh se présentait exactement comme une scène de théâtre : c'est un mur qui avait été décoré par des… des concrétions calcaires, n'est-ce pas, l'eau ruisselait d'une terrasse qui se trouvait au-dessus. Ça se présentait comme un… comme un décor surréaliste tout à fait extraordinaire et, par chance, devant ce mur le trottoir était surélevé, pour une raison que j'ignore, si bien qu'il suffisait de se mettre en face et de voir les personnages se croiser devant ce mur. On avait euh une impression de… de théâtre, enfin une chose tout à fait étonnante, alors euh je me suis je me

suis installé en face de ce mur, je n'en ai pratiquement pas bougé pendant dix jours, j'étais là avec une caméra, un appareil de photo, et je me suis fabriqué un petit théâtre avec euh les passants qui passaient devant cette espèce de fond. Et là, je sentais que j'avais une chose euh… que je pourrais vendre, je le savais, j'ai… j'ai mis mes derniers sous là-dessus et lorsque ce mur a été photographié, je suis allé le… le présenter au plus grand magazine de… de Tokyo, le *Bunge Shunju* et alors là, la… la réaction a été très très très amusante : je tenais à peine sur mes jambes, n'est-ce pas, j'étais… c'était le gros de l'été, j'étais vraiment très très sous-alimenté à ce moment-là, mais je n'en avais pas l'air puisque la chemise propre coûte dix centimes et que le bain en coûte vingt-cinq, n'est-ce pas, ce sont des luxes que même un… que même une cloche peut s'offrir… et alors, j'ai été reçu très prudemment d'abord par deux… deux jeunes personnes. On vous délègue toujours des personnages tout à fait subalternes qui ne peuvent absolument pas entraîner la décision, ni dans un sens ni dans l'autre, qui ont regardé ces photos, qui ont disparu chacun dans un sens, qui sont revenus avec deux… deux autres, un peu plus âgés, ils se sont passé ces photos, ils étaient les quatre, ils se grattaient la tête, ils poussaient de petits cris d'étonnement parce qu'après tout, ce mur, c'est un quartier dans lequel ils passaient ; ils ne l'avaient jamais vu non plus et puis ces quatre ont disparu, ils sont revenus, ensuite ils étaient huit, ensuite on était seize, presque toute la rédaction, toujours euh… avec euh… des murmures, ces photos passant, des petits sourires aimables euh… ces exclamations de surprise et puis, de fil en aiguille, euh… la décision s'est prise tout d'un coup, on ne sait jamais comment les décisions se prennent au Japon, on ne sait pas qui les prend euh… il y a une douzaine de personnes qui murmurent et puis, tout d'un coup, l'accord est fait collégialement, secrètement, et alors on est allés euh… on est allés prendre un repas solide, c'était le premier depuis très longtemps, et ces photos m'ont pratiquement payé mon billet de retour.

« Le vent des routes » de Nicolas Bouvier, une coédition Radio Suisse Romande-Éditions Zoé

AU BOUT DU FIL

Page 38

–Allô, monsieur Laurent ?

–Oui, Myriam, je vous écoute.

–Oui, bonjour…

–Bonjour.

–Écoutez, voilà, je suis vraiment désolée mais aujourd'hui je… je vais pas pouvoir venir. Alors, je sais que ça tombe très très très mal et…, je suis… je vous prie de m'excuser de vous prévenir si tard mais voilà j'ai un gros problème avec ma fille qui a 39,5°…

–Ah, oui, non, mais attendez… attendez là, Myriam. Oui, non, mais excusez-moi, mais la… la réunion est dans deux heures. Là, vous comprenez que vous m'appelez maintenant. Moi, j'ai absolument pas le temps de me retourner, là. Hein ?

–Non, mais je sais bien, monsieur. Je suis…

–Permettez-moi juste d'insister sur l'importance de cette réunion, puisque c'est quand même aujourd'hui qu'on présente les comptes d'exploitation. Moi, j'ai personne pour commenter le budget auprès du comité de direction. On a le prévisionnel à présenter. Moi, sans vous, je suis perdu, là.

–Non, mais monsieur, vous pensez bien que j'en suis vraiment confuse et que je m'excuse, mais là j'ai vraiment un impératif : c'est ma… ma petite a 39,5° de fièvre et…

–Oui, je comprends bien, oui…

–Bon, euh… Jonathan n'étant pas là aujourd'hui, il est à l'étranger. Là je suis toute seule. J'ai essayé de téléphoner à la baby-sitter et j'ai pas pu…

–Oui ?

–… La joindre. Je sais pas, j'ai laissé un message sur le portable. Alors peut-être qu'elle va me rappeler, mais bon… Pour le moment je suis vraiment coincée…

–Oui ?

–… Et en plus, il faut absolument que je prévienne le médecin et que je sois là quand le médecin passe, vous comprenez ?

–Oui, oui, tout à fait.

–Donc je… je fais *pour* mon mieux. Si la baby-sitter me rappelle, bon… bien évidemment je… je vous rappelle, mais…

–Oui. Bien sûr…

–Euh… ce que je vous propose, c'est juste par téléphone… vous donner l'état un petit peu où j'en étais, par rapport à la réunion, justement. Et puis, évidemment, vous pouvez me joindre à tout moment pendant la réunion.

–Oui… Bien sûr…

–S'il y avait quoi que ce soit et… et… je suis à la maison, quoi, je veux dire.

–Oui, oui, ben écoutez, au pire, au pire on fera ça, mais… Pensez bien que là j'ai… j'ai… j'ai quatre réunions qui s'enchaînent. Moi, j'ai pas le temps de… de m'occuper de ça. Je comptais vraiment sur vous pour… pour commenter le budget auprès du comité de direction. Alors, permettez-moi d'insister : si vraiment vous avez la possibilité de trouver une solution, euh… ça m'arrangerait beaucoup…

–Non, mais bien sûr.

–… Beaucoup, vous imaginez bien.

–Est-ce que je peux me permettre juste de vous dire, parce que j'ai… j'ai… j'ai… il y a quand même, sur mon bureau…

–Oui.

–Il y a tout le dossier.

–Oui, bon.

–Alors, euh… je sais pas si on… vous pouvez peut-être demander à Nathalie parce qu'on a… on a vu des choses ensemble…

–Peut-être, parce que vous savez très bien que pour moi, c'est du chinois… euh…

–Je sais qu'elle est au courant de certaines choses.

–Oui.

–Alors, je sais que normalement elle est pas encore arrivée là, donc c'est pour ça que je… je vois ça avec vous… Je voulais juste attirer son attention : si… si… si vous pouvez lui faire la commission… *— ceci est une question*

–D'accord.

–Euh… parce que, qu'elle s'inquiète pas, c'est normal qu'elle ne trouve pas, par rapport au calcul…

–Tout à fait, oui.

–… De la totalité des charges parce que j'ai pas pu finir de les calculer…

–Ah !

–Euh… parce que… c'est… c'est pas de ma faute mais… euh… je suis encore en attente, par rapport à des factures qui ne m'ont pas été communiquées par le département comptable.

–Bon.

–Alors, je les relance depuis quinze jours maintenant… Euh… ça doit arriver incessamment…

–Bon.

–Je ne sais pas si… dans les postes…

–Bon, écoutez, faites-moi confiance, ça va arriver très très vite. Je vais m'en occuper personnellement, ça va arriver très très vite. Bon, écoutez, Myriam, je dois vous laisser maintenant parce que faut que je parte en réunion… Essayez vraiment de faire au mieux, hein, pour être… pour être là.

–Bien sûr. Écoutez, je vous remercie beaucoup pour votre compréhension, monsieur Laurent…

–Oui, oui. Voilà.

–Merci beaucoup. Et puis je… je vous rappelle dès que j'ai du nouveau…

–Tout à fait.

–Et… et de toute façon, n'hésitez surtout pas à m'appeler, vous…

–Non, non.

–… S'il y avait quoi que ce soit.

–Très bien.

–Excusez-moi.

–À tout à l'heure. Faites au mieux. Merci.

–Au revoir, monsieur Laurent, au revoir.

DÉBAT SUR LE TRAVAIL

Page 38

–Bon, alors je vous rappelle les sujets de débat de ce matin : alors l'obligation pour un chômeur, au bout d'un certain temps de chômage, d'accepter ce qu'on lui propose même s'il croit que cet emploi ne lui convient pas ; et le contrat « Nouvelles embauches », de l'autre côté.

–Euh, il, il… il faut peut-être rappeler à vos auditeurs en quoi consiste ce Contrat « Nouvelles embauches », parce que, il est question pour l'employeur d'une mise à l'épreuve du nouveau salarié pendant deux ans !

–Tout à fait. Alors, nous avons une première réaction à ce sujet.

–Moi, je voulais vous dire que je trouve ça scandaleux. Voilà. Ce soi-disant contrat ne fera qu'augmenter la précarité, ça c'est sûr.

–Si vous permettez… d'intervenir ?

–Allez-y, je vous en prie.

–Oui, écoutez, euh… Bon, écoutez-moi, je… je pense que si on regarde les choses plus objectivement, ce n'est pas tout à fait le cas, hein, parce que ces contrats, qui ont été mis en place donc par le gouvernement sont beaucoup plus intéressants que des CDD, puisque, pour nos jeunes, ils vont… ces contrats vont déboucher sur un CDI. Et donc l'objectif que nous nous sommes donnés, est donc de débloquer les emplois.

–Non, non, mais enfin, attendez… attendez, comment vous pouvez dire une chose pareille ! Euh, je remercie l'auditrice d'avoir soulevé le problème parce que, effectivement, parlons-en : la précarité ! Vous vous rendez compte un petit peu que maintenant les salariés vont être, euh… corvéables à merci. C'est-à-dire qu'ils vont travailler dans une entreprise et ils ne vont absolument pas être assurés qu'en échange du temps et du travail qu'on leur demande, ils vont pouvoir déboucher sur un contrat à longue durée. Donc…

–Oui, alors d'ailleurs, écoutez… je crois que…

–Alors, si vous permettez, on va passer… S'il vous plaît… S'il vous plaît… On a déjà plusieurs réactions par mail. S'il vous plaît.

–On est en pleine précarité ! Vous comprenez ?

–S'il vous plaît. Alors, je vous lis une réaction qu'on a eue par mail, qui vient d'arriver à l'instant, alors : ce contrat met fin à la possibilité d'accession à la propriété. Quelle banque voudrait accorder un emprunt sur la base d'un contrat de travail de ce type ?

–Non mais, écoutez, ne… ne… ne… mélangeons pas tout, s'il vous plaît. Parce que je pense que l'accession à la propriété c'est… c'est un autre débat. Bon, est-ce qu'on peut dire que quelqu'un qui…

–Mais non, justement. On est en plein dans le vif du sujet, écoutez. Comment voulez-vous pouvoir vous engager sur des prêts ? Qui… qui… qui va accepter, d'ailleurs, de… de… de… d'engager un prêt à quelqu'un qui ne peut pas assurer d'être employé dans l'entreprise pendant des années, enfin ! Je veux dire que c'est évident qu'il y a une précarité qui va se ressentir. Et une fois de plus, le salarié va être pénalisé.

–Je crois qu'on est sur un faux débat. On est partis sur un… sur un débat par rapport… au… entre banques, solvabilité et contrats… On pourrait peut-être recentrer un petit peu le débat…

–Mais justement, notre mission, la mission que nous nous sommes donnée, nous autres, au gouvernement, c'est de pouvoir permettre aux jeunes

d'accéder le plus rapidement… d'une part au travail, par ces CDI qui, finalement associent à la fois la qualité de stages de formation…

–Tout à fait, mais alors encore une fois…

–Accéder au travail… Ne… ne… ne nous trompons pas ! Ne nous trompons pas !

–Encore une fois, la vraie question c'est…

–Non, écoutez… Écoutez… Écoutez…

–La pérennité de ces emplois est-elle garantie ?

–Mais non ! Justement, elle ne l'est pas, justement.

–Sur le long terme.

–Justement, elle ne l'est pas. Et c'est ça le gros souci. C'est là où nous nous battons et nous continuerons à nous battre, auprès des salariés, parce que… c'est, c'est pas possible, ça !

–Écoutez… écoutez… Il est évident que sur un ensemble de CDI…

–Non, mais attendez, je vous ai laissé parler, alors… laissez-moi parler, s'il vous plaît. Je vous ai laissé parler. Il faudrait quand même prendre en compte que ces fameux jeunes, qu'est-ce que vous leur proposez ? En main… Qu'est-ce que… Comment… Quelle garantie vous leur donnez ?

–Eh bien…

–Hein ? Pour cet avenir ?

–Nous leur proposons de rendr… de rentrer dans la vie active avec une possibilité de travail. Ce travail est en effet est de courte durée…

–Oui, d'accord, travail, mais dans quelles conditions ?

–Tous les jeunes qui vont se trouv…

–Quels sont les salaires ?

–Tous les jeunes qui vont se trouver dans ces… ils ne vont pas évidemment faire carrière dans la société où ils sont employés…

–Tout à fait, alors surtout…

–Il y a de toute façon une sélection naturelle, vue par l'expérience, par leur capacité d'adaptation, ils vont prouver aux gens qui les emploient…

–Et du jour au lendemain, ils pourront être remerciés par leur employeur, n'est-ce pas ?

–Justement, s'il vous plaît… Justement. À quel…

–Du jour au lendemain.

–Justement. Justement. Ma question… ma question est tout autre. Ma question est : à qui s'adressent ces nouveaux contrats ? Est-ce que ce sont des jeunes

en sortie de formation ? Est-ce que ce sont de jeunes chômeurs ? Au bout de… de combien de temps de chômage peut-on accéder à ces nouveaux contrats ? Comment va-t-on cibler le jeune qui va bénéficier de ce nouveau type de contrat ?

–Il s'agit du jeune homme, ou de la jeune fille, qui sort d'avoir fait ses études, qui sort de faculté, de l'université, qui a terminé ses études et qui veut rentrer dans le marché du travail. Ce qui n'empêche pas que, dans le cas des chômeurs de longue durée, on puisse imaginer une réinsertion dans la vie sociale, grâce à ces plans que, je vous le répète, le gouvernement et moi-même sommes heureux d'avoir mis en place.

–Très bien. Eh ben écoutez, je vous remercie beaucoup d'avoir réagi sur ce thème. On va maintenant passer à la météo, avec Myriam. Je vous remercie beaucoup d'avoir participé à cette émission. Notre prochain rendez-vous sera donc la semaine prochaine, à la même heure. À très bientôt.

Page 46

–Oh chérie, regarde, les Dubois partent en vacances ! Regarde ça, ils emmènent leur sèche-linge, leur télévision et leur machine à laver aussi…

–Oh ! Mais arrête de faire ta mauvaise langue.

–Ils sont chargés à bloc… ils arriveront même pas jusqu'au périph…

–Mais non, ils vont aux soldes de l'été. Chez *Connect*, on te reprend tout ton ancien matériel. Et demain, eux, ils partent aux Caraïbes.

–Avec les soldes, cet été, le bonheur est dans le prix avec 200 € de reprise sur tout votre ancien matériel.

–*Connect*, le meilleur ami de vos envies.

–Bonjour madame Lagarde. Vous avez rendez-vous pour votre shiatsu du lundi ? Ah ! Mais dites-moi, vous êtes toute en beauté aujourd'hui…

–Merci mon petit Francis.

–Nouvelle coupe, brushing, soins du visage, épilation, c'est pas très chou d'aller voir la concurrence !

–Mais pas du tout Francis, je suis allée à la grande semaine de la beauté.

–Tous les articles pour se sentir bien et tous les petits prix pour se sentir mieux. C'est ça, la semaine de la beauté aux Galeries du Palais.

–Galeries du Palais, vous trouvez de tout aux Galeries du Palais.

–Les enfants, venez offrir son cadeau à maman !
–Oh, comme c'est gentil, vous avez pensé à la fête des mères. Oh, mes chéris ! Oh, comme c'est joli ! Un magnifique collier… Maman adore les colliers… surtout les colliers en macaronis, ça tombe bien, maman adore les macaronis…
–Pour des cadeaux qui changent, faites plutôt confiance aux Galeries du Palais. Rendez-vous pour la fête des mères, du 17 au 28 mai aux Galeries du Palais.
–Galeries du Palais, vous trouvez de tout aux Galeries du Palais.

Leçon 4 : « La vraie vie »

LA MAUVAISE VIE

Page 57

–Dès que l'on fait le bilan de ce qui n'a pas marché, chacun d'entre nous peut aligner je crois, au fur et à mesure que la vie s'avance, un nombre impressionnant de deuils, de séparations, de manques, de choses qui n'ont pas marché et cependant, au fond, ce qui fait que la vie mérite d'être vécue, même la mauvaise vie ou surtout la mauvaise vie, c'est justement la manière dont on parvient à surmonter ces deuils, ces manques, dont on parvient à construire quelque chose à partir de là. Au fond la vie, c'est pas une succession de réussites. C'est plutôt une succession de difficultés surmontées et c'est ce qui la rend excitante.

J'étais… je voulais plaire et je voulais plaire aux adultes, je voulais plaire… en classe et donc j'avais développé une… une attitude charmante, aimable, agréable parce que j'étais… j'étais paniqué si je ne plaisais pas. […] Mais ce désir de plaire, en fait, était évidemment le… le masque ou le… ou la contrepartie chatoyante d'une angoisse profonde qui était que, en fait, je pensais que je ne pourrais jamais plaire ; euh… je ne pourrais pas plaire à mes parents, ils avaient divorcé et d'une certaine manière je n'avais pas su les retenir, moi, l'enfant.
–De votre faute ?

–Oui, d'une certaine manière, c'était de ma faute.
–C'était pas suffisamment important pour qu'ils aient fait cet effort ?
–J'étais et même s'ils avaient, comme je vous l'ai dit, trouvé un divorce à l'amiable, tout à fait… tout à fait remarquable ; je ne plaisais pas à la personne qui s'occupait de moi de tout près, qui était une gouvernante extrêmement sévère, donc ce désir d'être aimable…
–C'était un désir d'être aimé.
–En fait, était construit sur la peur de ne jamais l'être.

« Entre parentèles », interview de Frédéric Mitterand © Radio France

CRÉATION D'UN MYTHE

Page 57

Il est des vies qui s'écoulent tranquillement, sans faire parler d'elles, presque dans l'anonymat, d'autres, que l'on dit « exemplaires », parce qu'elles laissent des traces durables dans la mémoire de leurs contemporains, parce qu'elles ont imprimé les empreintes de leur passage dans les arts, les sports, les sciences… Il y en a d'autres enfin qui basculent directement, parfois même du vivant des personnes, dans le domaine du mythe… on les chérit sans même trop bien savoir pourquoi ; on déplore leur destin, quand il est tragique… Ces héros font partie de notre héritage culturel le plus intime…
Les Français, pour citer quelques exemples, ont ainsi Jeanne d'Arc, cette guerrière mi-sainte mi-renégate, morte sur un bûcher ; Mandrin, ce brigand au cœur d'or, étranglé sur la place publique. Tous deux, comme bien d'autres, surgissent de périodes reculées (et troublées) de l'histoire. Tous deux continuent à vivre dans la mémoire collective. Chaque peuple a, ainsi, des personnages qui appartiennent à sa légende et survivent au passage des siècles.
Mais qu'est-ce qui fait qu'une personne fasse irruption dans l'imaginaire collectif et se hausse au niveau du mythe ? Pourquoi des peuples se reconnaissent-ils dans une trajectoire qui incarne leurs attentes, leurs fantasmes, leurs désirs les plus intimes ?
C'est ce sujet que nous abordons aujourd'hui. Nous allons tenter d'y voir un peu plus clair en nous penchant tout d'abord sur le « cas Zidane » qui est un exemple évident et actuel de nos propos.

Un mythe, Zidane, ou « Zizou », comme on l'appelle couramment ?
Certainement ! car, sinon, comment expliquer qu'un joueur de football, que tout le monde dit discret, voire réservé, obtienne ce degré d'adhésion et soulève un tel enthousiasme de la part des foules ? Ou encore comment expliquer que c'est sa biographie qui a inspiré, mai 2005, une nouvelle collection de BD ? Enfin, comment interpréter l'ouverture sur la toile de si nombreux sites le concernant ?
La première explication du mythe Zidane, nous la trouvons sans doute dans un article de l'*Équipe* du jeudi 12 août 2004 : « Zinédine Zidane et l'équipe de France », y lit-on, « c'est une histoire passionnée et passionnelle, enrobée d'exploits, de titres et de gloire. Une histoire pourtant simple. Celle d'un gamin de Marseille qui va se construire en club et en bleu un palmarès épais comme un dictionnaire. Zizou, c'est 93 sélections avec le coq sur la poitrine et 26 buts, dont 21 ont été décisifs. À chaque fois qu'il a marqué, l'équipe de France n'a pas perdu. C'est surtout un joueur qui est entré dans l'histoire de France en inscrivant de la tête, lors de la finale de la Coupe du Monde 1998, deux buts qui le propulseront sur le toit du monde, sur un écran géant installé sur l'Arc de triomphe et dans la mémoire collective. Ce Zizou-là, la France, l'Europe, le monde vont l'aimer, l'aduler, lui qui a toujours refusé de se présenter comme un modèle d'intégration, un exemple, un guide pour la jeunesse de toutes les banlieues abandonnées ».
Nous avons là en raccourci la biographie de Zidane qui nous aide à comprendre bien des choses : issu d'une famille originaire d'Algérie, né et élevé dans une cité HLM d'un quartier périphérique de Marseille, il passe ses étés à s'entraîner avec ses copains, en bas de chez lui, dans la rue. C'est comme ça qu'il apprend à jouer, qu'il organise ses premiers tournois, qu'il rentre dans le club de son quartier. Rapidement, il participe à ses premières compétitions et on le repère… son ascension commence alors jusqu'au moment où il entre dans l'histoire en obtenant le ballon d'or, en 2000. Le mythe de Cendrillon se transforme en réalité.
Mais la biographie de Zidane n'explique pas tout. Il faut chercher dans son

caractère, dans sa personnalité, d'autres clés qui permettent de comprendre comment un enfant de l'émigration a pu obtenir une telle notoriété et être entouré d'une telle passion populaire. Des psychologues et des sociologues se sont intéressés à son cas. Que mettent-ils en valeur ?

Tout d'abord son équilibre affectif. « Très famille », il donne beaucoup d'importance aux « siens » : sa femme, ses enfants, ses parents, ses amis fidèles qui le soutiennent toujours.

Ensuite, sa capacité à construire sa carrière de toutes pièces, c'est-à-dire à prendre les décisions qui engagent sa vie en toute sérénité, à rebondir aussi après ses échecs.

Enfin, sa capacité de résistance aux pressions de toute sorte ainsi que sa faculté à écouter les autres pour tirer des leçons de leurs expériences.

Son image aussi est fondamentale : il vend bien et il sait bien « se vendre ». Il est beur et ne l'oublie pas non plus puisqu'il tente d'aider les jeunes en difficulté.

Enfin, il ne s'endort pas sur ses lauriers et joue son rôle de « patron » avec fermeté.

À ces traits de caractère et à son image, il faut aussi ajouter ses « valeurs », des valeurs qu'on lui a inculquées dès sa petite enfance. En effet, il sait s'engager quand il le juge nécessaire, comme pendant l'entre-deux tours des élections présidentielles de 2002 où il se déclare ouvertement contre le Front national. Sans aucun doute, tous ces éléments réunis ont forcé l'admiration de tous… ont permis à une génération de jeunes adolescents de se reconnaître en lui. Eh oui, les mythes existent toujours et si nous en construisons, c'est évidemment parce que nous avons besoin de héros auxquels nous identifier, auxquels croire.

Leçon 5 : « L'air du temps »

DES GOÛTS ET DES COULEURS

Activité 1, page 63

–Est-ce que vous pouvez nous dire ce que c'est que le look ?
–C'est bien s'habiller, j'sais pas, être à la mode.
–La façon dont on s'habille, voilà, ce qu'on aime et tout ça, quoi.

–C'est s'habiller en se représentant, enfin, c'est montrer ce qu'on est… J'ai des grosses chaussures, un pantalon assez large et un pull avec une capuche et un T-shirt en dessous. Tout dépend du contexte, on va pas s'habiller comme si on va à une soirée ou comme si on sort dans la rue faire son… du sport ou voilà. Tout dépend le type de la soirée aussi ; une soirée bien habillée : costard, cravates, chaussures, la totale, quoi…

–Pour moi, un look, ben… c'est un style qu'on a propre à chacun […] c'est un repère, pour quand on va acheter des vêtements, les vêtements qu'on veut, le style, une catégorie pour moi… Moi, je suis un man hybride, je mélange, je fais une symbiose un peu de tout… Voilà, je m'habille comme j'aime bien, je vais chercher un peu dans tout, ça peut…
–Y a-t-il d'autres choses qui font partie du look, comme les accessoires, par exemple ?
–Ben… les bijoux déjà,… des bagues… des bracelets… toutes sortes, les lunettes aussi parfois… ça peut… de marque…
–Mes mitaines et mon vernis… des bagues, boucles d'oreilles, bracelets… je suis une grande dépensière. Les accessoires et comment on est dans la tête, ben, pas s'habiller comme tout le monde, ou mettre la même chose que les autres, quoi : c'est… c'est dans la tête, c'est ce qu'on aime, quoi…
–Ma coiffure, naturelle, sauvage on va dire, avec du gel ou quoi…
–Pour les gothiques, ben y'a tout la… maquillage, bijoux ; pour les… les grunge, ben c'est souvent la coiffure rasta ou autre chose. Pour moi, les vêtements, c'est un accessoire, donc euh…
–Quels sont les différents looks en ce moment ?
–Y'a les grunge, y'a les classiques… ben voilà, je sais pas…
–Grunge, gothique, rony, classique.
–Grunge… y'a classique, ouais… sportif… rappeur ouais, gothique ouais gothique… rony (c'est ceux qui aiment bien les marques justement).
–Bien fringué, un truc comme ça…

Activité 2, page 63

–Est-ce que tu peux nous décrire comment tu es habillée, aujourd'hui ?
–Aujourd'hui, j'ai mis des bottes, voilà que j'ai achetées et qui me font mal, des bottes noires avec une tirette sur le côté… et elles m'arrivent jusqu'à la… presque aux genoux. Ensuite, en

dessous, j'ai un collant noir, qui est chaud.
Et j'ai des chaussettes rouges… avec des petits bords blanches, elles sont chaudes.
Ensuite j'ai une culotte mauve, à pois blanches et rouges…
Et puis j'ai une jupe que j'ai achetée 10 euros dans un magasin seconde main, qui est plutôt beige, en velours… comme ça, avec des petites… rayée, avec deux petites poches… un bouton et une tirette.
Au dessus j'ai un T-shirt… rouge, et c'est un T-shirt un peu particulier, parce que ça fait l'impression que… il y a une chemise en dessous, mais c'est pas vrai. J'ai un petit décolleté et sur le décolleté, il y a un col de chemise rayé rouge vert et blanche et pareil aux manches.
J'ai un élastique dans les cheveux et j'ai une queue de cheval, et j'ai un pull rose qui est chaud, et puis un manteau, et une chapka, et des gants, et un châle noir.
–Comment tu décrirais ta chapka ?
–Ma chapka, c'est un chapeau rond avec… le bord est blanc et c'est très très doux.

LA PUB EN QUESTION

Page 68

Oui, je suis sincère, oui, je suis sincère ; là-dessus je suis vraiment persuadé, on peut en discuter si vous voulez, que, aujourd'hui la publicité est devenue le… la religion, la nouvelle religion, que nous sommes conditionnés, manipulés, en toute impunité par des irresponsables, des abrutis surpayés, totalement cyniques, nihilistes, euh… qui ne pensent qu'au profit et qui ne réfléchissent absolument pas aux conséquences de leur immense pouvoir qui est un pouvoir antidémocratique, global, omniprésent.

Je dirais que ce type de publicité qui informe et qui dit la vérité est vraiment très très rare. Je pense qu'on pourrait chiffrer ça à 0,001 % des cas ; donc pour 99,99 –non pas francs mais pour cent– nous sommes en face de quelque chose de stupide, de répétitif, de mensonger, de raciste, de sexiste, d'humiliant, de polluant, une idéologie, en fait une nouvelle idéologie euh… qui… qui est devenue en l'absence d'autres idéologies… Dieu merci, les utopies et les barbaries du XXe siècle étant mortes, nous nous retrouvons avec une seule idéologie qui est ce bonheur artificiel, ces désirs manipulés, inventés qui, je crois, quand ils ne sont pas face à des personnes cultivées ou érudites ou… finalement nous transforment en veaux, en moutons et…

Le mode de fabrication des campagnes a été inventé dans les années 50, après la seconde guerre mondiale et la manière de travailler de Bernbach, et de Ogilvy aujourd'hui n'ont pas changé, si vous voulez. On utilise des méthodes qui sont obsolètes à mon avis et qui consistent à organiser des réunions qui… qui détruisent les idées, à demander un peu trop souvent son avis au client, à ne pas lui faire la guerre -je pense que, autrefois, dans les années 60, les publicitaires tenaient tête à leur client, ce qui n'est plus le cas aujourd'hui : ils se comportent en exécutants.

Mais effectivement la… les grandes marques aujourd'hui, bon, c'est ce que décrit aussi Naomi Klein dans *No logo,* elle montre comment les marques ont cessé de parler du produit pour parler maintenant d'un mode de vie et je ne suis pas sûr que ce soit très rassurant, en fait, parce que ça revient vraiment à imposer un schéma et on voit comment aujourd'hui les enfants et les adolescents sont très vulnérables, très perméables à ces schémas qui leur sont imposés et moi, je crois qu'il faudrait des cours à l'école de… de résistance à la publicité… bon, où on expliquerait aux enfants que ce n'est pas vrai, tout ça, et que c'est un monde imaginaire et que ce n'est pas le bonheur ; parce que je suis frappé par l'absence totale de rébellion chez mes petits frères, oui.

Conférence de Frédéric Beigbeder
à l'Institut français de Barcelone

YADÉLOU

Page 68

Y'a des p'tits loups gentils
Qui chantent dans la nuit
Y'a des gros loups méchants
Qui hurlent dans le vent
Des loups à remords
Qui hurlent à la mort
Et des grands loups cyniques
Aux babines sadiques yeah

Y'a des loups efflanqués
rebus de la société
Et des loups mal lunés qui se bouffent le nez
Y'a des loups anars, solitaires et noirs

Y'a des loups futés des loups syndiqués
Des loups y'en a y'en a des loups
Des loups y'en a partout
Des loups

Y'a des loups y'a des loups y'a des loups là
Y'a des loups partout
Y'a des loups y'a des loups y'a des loups là
Ouh ouh ouh ouh ah ah
Y'a des loups y'a des loups y'a des loups là
Y'a des loups partout
Y'a des loups y'a des loups y'a des loups là
Alléluia
Y'a des loups là
Y'en a partout
Ouh ouh ouh

Y'a des loups y'a des loups ouh ah
Y'a des loups y'a des loups là
Y'a des loups y'a des loups ouh ah
Y'a des loups y'a des loups là

Y'a des gros loups salauds
Qui bouffent les agneaux
Y'a des vieux loups aigris
Qui hurlent dans la nuit
Des loups fonctionnaires
Saturés et amers
Des jeunes loups dynamiques
Impudents et cyniques yeah

Y'a des loups dévorés d'ambitions effrénées
Des loups mal barrés qui se piquent le nez
Y'a des loups tout noirs fous de désespoir
Y'a des loups ratés des loups agités
Des loups y'en a y'en a des loups
Des loups y'en a partout
Des loups

Refrain

Y'a des loups dans les zoos
Y'a des loups chez les zoulous
Y'a des loups y'a des loups là partout
Partout
Il y a des loups jaloux
Qui se prennent le chou
Y'a des loups filous
Qui magouillent à tout va

Y'a des loups chez les zoulous
Y'a des loups chez les gros pleins de sous
Sans compter des loups hip hop
Qui s'déhanchent avec les vieux pops
Y'a des loups sur des tabourets
Qui remplissent des tas d'papiers
Des gros vilains loups dans des cartons

Qui font d'la charité bidon
Y'a des loups pleins de tics
Qui passent le soir à la télévision
Qui émettent des vibrations
À se faire péter les boulons
Des loulous au gros nez
Des loulous pleins de doigts d'pieds
Qui fabriquent des éventails
Juste pour les pays sous-développés
Et c'est tout.

« Yadélou », Castafiore Bazooka
© Lucie Production

L'AIGLE NOIR

Page 74

Un beau jour, ou peut-être une nuit,
Près d'un lac je m'étais endormie,
Quand soudain, semblant crever le ciel,
Et venant de nulle part,
Surgit un aigle noir,

Lentement, les ailes déployées,
Lentement, je le vis tournoyer,
Près de moi, dans un bruissement d'ailes,
Comme tombé du ciel,
L'oiseau vint se poser,

Il avait les yeux couleur rubis,
Et des plumes couleur de la nuit,
À son front brillant de mille feux,
L'oiseau roi couronné,
Portait un diamant bleu,

De son bec il a touché ma joue,
Dans ma main il a glissé son cou,
C'est alors que je l'ai reconnu,
Surgissant du passé,
Il m'était revenu,

Dis l'oiseau, ô dis, emmène-moi,
Retournons au pays d'autrefois,
Comme avant, dans mes rêves d'enfant,
Pour cueillir en tremblant,
Des étoiles, des étoiles,

Comme avant, dans mes rêves d'enfant,
Comme avant, sur un nuage blanc,
Comme avant, allumer le soleil,
Être faiseur de pluie,
Et faire des merveilles,
L'aigle noir dans un bruissement d'ailes,
Prit son vol pour regagner le ciel,

Quatre plumes couleur de la nuit
Une larme ou peut-être un rubis
J'avais froid, il ne me restait rien

L'oiseau m'avait laissée
Seule avec mon chagrin

Un beau jour, ou peut-être une nuit,
Près d'un lac, je m'étais endormie,
Quand soudain, semblant crever le ciel,
Et venant de nulle part,
Surgit un aigle noir,

Un beau jour, une nuit,
Près d'un lac, endormie,
Quand soudain,
Il venait de nulle part,
Il surgit, l'aigle noir…

Un beau jour, une nuit,
Près d'un lac, endormie,
Quand soudain,
Il venait de nulle part,
Il surgit, l'aigle noir…
Un beau jour, une nuit,
Près d'un lac, endormie…

« L'aigle noir », Barbara © 1970
Warner Chappell Music France

PROFESSION : DESSINATEUR DE BD

Page 80

–Vous êtes un jeune auteur de BD. Racontez-nous comment est née votre passion pour le dessin et, en particulier, pour la BD. Et quel âge aviez-vous lors de vos premières créations ?

–Euh… ben la passion pour le dessin, c'est… ça remonte à y a très longtemps. Je pense que tous les enfants dessinent. Dès qu'on est en âge de prendre un crayon et de gribouiller, on le fait. Et puis, y en a qui continuent et puis y en a qui s'arrêtent. Et moi, j'ai continué, et j'ai pris du plaisir à le faire et on m'a dit que c'était bien ce que je faisais, alors ça encourage, et puis… et voilà, ça a continué comme ça.

–Est-ce que vous pouvez définir brièvement votre propre production et ses particularités ?

–Je… Je fais plus des choses maintenant… -bon, pendant longtemps, j'ai été très science-fiction « space opera », c'est-à-dire des ambiances assez « Star wars » quoi. Mais là, depuis quelque temps, je me tourne plus vers des… des espèces de réalités parallèles, c'est-à-dire soit des uchronies… des uchronies c'est… euh… à la limite, ce sont des passés fictifs. C'est-à-dire que… on se dit… à telle époque, il s'est passé telle chose et qu'est-ce qu'aurait été le futur de cette époque si ça s'était passé comme ça… Voilà, enfin, c'est ça une uchronie, c'est… c'est un… un passé fictif. Donc en ce moment, je travaille plus dans des

ambiances visuelles proches de ce qu'on a pu voir comme images… euh… des illustrations de… de Jules Verne, par exemple, des romans de Jules Verne, donc type révolution industrielle, des… beaucoup de… de structures métalliques et de boulons, et de choses comme ça, et des technologies un peu… primitives mais qui… ça s'appelle « steam punk », ça, c'est-à-dire une… une science-fiction mais qui a un look un peu vieillot, qui a… Donc, ça c'est vraiment des… des *designs* qui me plaisent. Je suis… je suis plus tourné vers ça et… et un peu plus aussi vers… vers les personnages. Maintenant j'ai plus envie de… de… de parler un peu de… de psychologie de personnages et tout ce qui est l'environnement… la… les technologies et… créer des mondes, ça m'intéresse beaucoup, mais… faire vivre des personnages à l'intérieur, c'est ce qui… me manquait peut-être un petit peu avant et maintenant je m'occupe beaucoup plus… enfin, je m'attache beaucoup plus à faire vivre des personnages.

–Puisque nous parlons de science-fiction, de fantastique et d'imaginaire, dites-nous ce que vous avez pensé de l'irruption de cette espèce de science-fiction dans l'album d'Astérix. Vous avez trouvé ça normal ? Vous avez aimé le dernier album ?

–Je suis contre ! Non… en fait, je trouve que les… les… Astérix, depuis que c'est plus Goscinny qui fait les scénarios, c'est plus vraiment Astérix. Goscinny, il avait vraiment un génie… Et… je pense que le… d'intégrer des extra-terrestres dans Astérix, ça… c'est hors sujet. Astérix, y a une chose… bon, c'est… c'est vraiment des blagues de cour de récréation et c'est vraiment… Quand on lit Astérix, on se sent tout gamin, en train de dire, « ah et si on *serait* des Romains », « et si on *serait* des Gaulois et qu'on se *taperait* sur la gueule ». Donc, voilà, cette ambiance-là, c'est ce qui définit Astérix. Et puis il y a quelque chose… il y a des petites choses qui… qui sont de l'ordre du fantastique, comme la potion magique. Et, à part ça, y a pas énormément de choses qui sont vraiment, complètement imaginaires. Le reste, ça reste des rapports humains très… entre guillemets réalistes, si on reste toujours dans l'ambiance d'une cour de récréation. Donc, là, introduire des extra-

terrestres, je trouve que ça rentre pas dans le cadre… Je sais pas, je pense que Goscinny aurait pas fait ça. Il avait suffisamment… disons que le terrain de jeu dans Astérix est suffisamment riche pour qu'on n'ait pas besoin d'en sortir et d'aller chercher des choses… euh… aussi loin que ça. Je pense que c'est… c'est un… ouais, c'est un peu hors sujet.

VOTRE SANTÉ AUJOURD'HUI

Page 82

–Tout le monde connaît les dépendances aux substances psychoactives, comme le tabac, le cannabis ou d'autres drogues dures. Mais, docteur, une question que j'avais envie de vous poser, c'est… est-ce qu'on ne peut pas être… accro à autre chose qu'à des drogues ?

–C'est-à-dire que… oui, il faut avant tout rappeler que le cerveau est le… le premier producteur de drogues au monde, n'est-ce pas ? Parce que… il sécrète de… de nombreuses substances qui sont sources de plaisir et comme des drogues, finalement. Par exemple, les décharges d'adrénaline qui se produisent lorsqu'on joue au poker, ou à des jeux comme ça, qui excitent ; eh bien, ces décharges entraînent des phénomènes similaires à ceux provoqués par la cocaïne. Et si, dans le cas du jeu, par exemple, on s'aperçoit qu'une certaine anxiété parvient à s'apaiser, eh bien… donc il y a un véritable plaisir, n'est-ce pas, dans cet acte, eh bien la personne va chercher à répéter ce comportement et… et… afin de… de… de renouveler son plaisir et risque d'entrer dans un phénomène d'abus chronique, puis de dépendance, tout à fait assimilable en effet aux dépendances qu'on connaît avec les… dans les cadres de toxicomanies classiques, bien entendu.

–Oui, oui, oui, bien sûr. Alors, et vous, en tant que sociologue intéressée par les comportements issus des nouvelles technologies, euh… que dites-vous de ces nouvelles dépendances ?

–En effet, on parle de plus en plus de cybériens et même de cyberaddictifs. Ce sont ces accros de la connexion qui maintenant passent des heures et des heures en ligne. Alors, avec le développement du monde virtuel, c'est sûr qu'une question se pose : le monde virtuel n'est-il pas en train de se substituer au monde réel et d'apparaître plus disponible, plus facile à vivre et à supporter que le monde réel ? Le Web, cette toile d'araignée invisible devient une sorte de… de… de refuge pour ceux qui n'arrivent pas à s'exprimer, qui cherchent à nier leurs problèmes relationnels.

–Oui, mais comment reconnaît-on parmi les internautes le moment où… où justement ils deviennent… cyberaddictifs ?

–C'est-à-dire que, d'une façon générale, les addictions comportementales sont moins visibles… Mais on va retrouver cependant les mêmes symptômes de dépendance que dans les grands cas de toxicomanie, comme je vous le disais tout à l'heure. Les grands cyberaddictifs répondent finalement aux critères de la catégorie des joueurs pathologiques. C'est-à-dire qu'il y a une similitude de comportements. Certains de leurs comportements présentent des caractères tout à fait addictifs : avidité, dans le cas du jeu, ou curiosité excessive, dans le cas des mondes virtuels, extrême plaisir, besoin de renouveler ce plaisir, de le répéter, n'est-ce pas, comme une forme d'orgasme finalement… euh… euh… addictif des toxicos… dépendance, répétition des actes et surtout une forme de perte de contrôle général, n'est-ce pas… Le jeu devient la seule préoccupation. Et alors, on a tendance à augmenter la durée, et comme une dose, à chaque fois il en faut plus et on ne peut plus y mettre un terme.

–Oui, en fait, toute la vie tourne autour de ça.

–Ah c'est une entropie complète… On est entraîné dans un siphon sans fond.

–Vous savez, en fait… en gros, les points communs de toutes les conduites addictives sont la perte de contrôle et la recherche de sensations et de plaisir. L'existence de cette vraie addiction peut détruire les relations personnelles et de travail de ces utilisateurs obsessionnels, en les amenant à une désinsertion socioprofessionnelle.

–Oui, alors, justement, j'aimerais vous faire entendre le témoignage d'un internaute qui nous a contactés par mail et… et qui a finalement accepté qu'on le joigne au téléphone pour nous parler de son cas, de vive voix.

–Allô ?

–Oui.

–Oui, vous m'entendez ?

–Oui. Bonjour, monsieur.

–Oui. Bonjour, madame.

–Je vous remercie d'avoir accepté de témoigner. Voilà. Nous sommes là, nous vous écoutons.

–Ben, écoutez… Moi, j'ai… j'ai commencé en fait… au départ par prendre goût aux forums hein, et à ce qu'on appelle les « chats ». Et puis, bon, avec le temps ça a pris des… ben… des proportions incontrôlables. Je suis passé ensuite aux jeux de rôles en ligne. Et la connexion m'accaparait pendant des heures, des nuits entières et ça a fini par devenir ma… ma seule occupation. Bon alors inutile de vous dire que j'ai perdu mon travail, et que ben ma vie familiale a été détruite. Donc je me suis alors connecté à des groupes de thérapie en ligne et… jusqu'au jour où mon thérapeute m'a demandé si… si j'étais prêt à lui envoyer mon modem par la poste. Ben, je lui ai répondu, tout en majuscules : « Absolument pas ! » Et je me suis déconnecté.

–Vous savez, comme… comme… vous permettez ? Comme la fonction de penser est plus importante chez les cyberaddictifs que l'expression orale, n'est-ce pas, la thérapie doit se donner comme objectif la restauration de la parole afin de rétablir des relations humaines.

–Oui, tout à fait. Je suis entièrement d'accord.

–Parce que finalement il est très paradoxal que des thérapeutes prétendent agir en ligne ! Personnellement, c'est quelque chose qui me choque. Mais enfin, bravo à vous de l'avoir invité à vous en parler…

–Oui, en tout cas, je vous remercie. Je remercie cet auditeur qui… qui a accepté de témoigner. Et puis j'accepte votre « bravo » et je le retiens comme mot de la fin. Voilà. Merci à vous deux d'être venus vous joindre à nous pour ce débat.

–Merci à vous.

–Je vous en prie.

Leçon 7 : « Le vivre ensemble »

ÉCOLE ET PRÉVENTION

Page 86

–Dans la formation que vous avez conçue, est-ce que vous employez des termes tels que : « citoyenneté », « solidarité », « responsabilité » ?

–Je dirais que, pour eux, les termes de « citoyenneté » ou de « solidarité », c'est pas forcément évident. Le respect, par exemple, ça a beaucoup d'écho pour eux, c'est-à-dire que c'est un mot qu'ils emploient énormément. Après, ce qu'on a à faire nous, c'est aussi leur demander de définir ce qu'ils entendent par respect, parce que là, on s'aperçoit qu'on n'a pas du tout la même définition euh… du respect. Par exemple… que ce soit une fille ou un garçon, ils peuvent dire : « Ben voilà, si ma copine parle à un autre garçon, elle me manque de respect ». Donc là où nous on lit « contrôle des relations sociales », eux, ils parlent de respect. Donc c'est aussi essayer de… d'identifier quelles sont les limites du respect de soi-même et des autres et euh… distinguer une demande d'exclusivité de… de ce que c'est une notion de respect, par exemple. Donc c'est important de faire définir. Par contre, « citoyenneté » et « solidarité », euh… je pense que « citoyenneté », nous, on n'en parle pas vraiment. Par contre, dans la méthode, je pense qu'on essaye de… de… de leur proposer de… de… d'avoir un comportement citoyen. Au niveau de la solidarité, effectivement, euh… on… on essaye de les faire réfléchir sur la possibilité de solutions solidaires à des problèmes. Et c'est pas évident parce que… on s'aperçoit qu'en fait, ils ont pas… ils ont très difficilement recours à des solutions de solidarité non violentes. La solidarité dans la violence, elle existe, hein, « je me fais agresser par quelqu'un, moi je viens avec tous mes copains pour casser la gueule à celui qui m'a agressé », bon. Mais la solidarité non violente, elle est très difficile parce que c'est vraiment, quand même la loi du plus fort qui prime à cet âge-là, globalement.

–Est-ce que vous abordez la notion « d'intégration » dans cette formation ?

–Non, j'en parlerais pas comme ça. C'est-à-dire que, à mon sens, le concept « d'intégration », il est vraiment fourre-tout, donc il veut tout dire et rien dire. Et c'est vraiment des concepts dangereux à utiliser. Donc, quand on parle d'intégration, est-ce que la question c'est : est-ce que je repère des différences de comportement en fonction des origines des enfants… et là je dirais que… c'est-à-dire que je m'adresse à eux… dans ce qui peut les rassembler, mais aussi en tant qu'individus singuliers. Euh… après, si par intégration on entend euh… s'intégrer en tant que citoyen dans la société, là je pense qu'effectivement, on peut être dans le sujet. Je pense que d'ouvrir des espaces de parole où on donne la parole aux adolescents et où on leur reconnaît une valeur, ça peut concourir à une prise de conscience du fait qu'on peut être citoyen, voilà, à travers la discussion, à travers le fait d'assumer des positions qui… qui sont propres euh… voilà, ça permet effectivement peut-être d'accéder à une dimension citoyenne en même temps que… on accède à la dimension de sujet, tout simplement, je pense.

–Est-ce que les adolescents que vous rencontrez ont déjà peur de l'avenir, de leur avenir ?

–Fffff… Au collège, non, ils sont pas vraiment… Enfin, en tous cas, on parle pas vraiment de projection dans le futur. C'est vrai qu'on est dans le présent et ils ont aussi… alors là, je parle pas sur un plan professionnel ou social, mais au niveau de la relation aux autres, déjà, ils ont une image assez idéalisée de la vie adulte. C'est-à-dire qu'ils disent : « oui, effectivement, on n'est pas parfait, on est… on agresse les autres, on n'arrive pas à se comprendre, à s'entendre, mais tout ça c'est parce que… on a quatorze ans ou quinze ans et quand on aura dix-huit, on n'aura plus ce problème-là ». Donc c'est vrai que… là, on peut aussi rappeler que la réflexion autour du respect de l'autre et du respect de soi-même, c'est… c'est pour la vie, quoi, hein, donc…

–Vous êtes optimiste sur la portée de votre action ?

–Je pense… il faut… il faut avoir des grandes ambitions, mais des visées assez modestes. Euh… oui, moi je… je crois à ce que je fais, bien sûr. Mais, je pense pas que parce qu'on intervient une fois, ou deux fois, ou trois fois, les comportements vont nécessairement changer. Par contre, je pense qu'on introduit des questions qui sont nouvelles pour eux et je pense que cette réflexion, ils vont la mener, voilà. Donc je pense que, effectivement, ça va changer des choses… dans leur façon de voir, pas forcément dans… leurs actions. Bon, j'espère… mais… Voilà.

GENS D'AILLEURS, GENS D'ICI

Page 93

–Notre émission d'aujourd'hui est consacrée à la présence croissante de citoyens anglais dans de nombreux villages du sud de la France. Commençons par quelques extraits d'un magazine de la rédaction de France Inter, *Interception*.

–Oh Mirepoix, c'est très spécial. C'est pour ça que je pense, les Anglais l'adorent, avec les couverts, avec *toutes* ces trucs *médiévales*, c'est très joli pour les photos, pour les amis qui viennent pour prendre des photos.

–Ça c'est magnifique. On est en train de se promener…

–… sous les couverts…

–Sous le marché couvert avec des… des poutres apparentes, superbe !

–Oui, on se demande comment *ils se tiennent* mais… *ils se tiennent*. C'est… et partout des magasins de toute sorte, des magasins de mode, des agences de voyages, des petits cafés, des…

–Un p'tit tea-room, là-bas !

–Un petit tea-room, oui, *anglaise* qui vient d'ouvrir aussi, il y a quelques mois.

–Alors vous étiez, Cheryl, parmi les premières arrivées en Ariège. Ça a bien changé, là !

–Quand on est descendus dans l'Ariège il y avait déjà quelques Anglais mais c'est vraiment depuis deux, trois ans que ça a tellement changé. Et je pense que les Anglais qu'on a… au début, les Anglais qui sont venus dans cette région, c'étaient des gens qui ont beaucoup voyagé ; par exemple, on connaissait quelqu'un qui dirigeait une plantation de caoutchouc en Malaisie, on connaît un courtier maritime qui venait de Hong-Kong, on a vu des gens qui étaient des juges en Angleterre et qui sont venus ici, des diplomates de… d'Afrique du Sud… Et maintenant, c'est… c'est presque… tout le monde vient ici parce que, je pense, il y a eu beaucoup d'articles dans les magazines et à la télé, et des émissions radio, des émissions de télévision qui ont fait que les gens ont découvert Mirepoix et ses environs et ils ont décidé de venir ici. En Angleterre, vous savez, les maisons ont beaucoup augmenté, les prix des maisons, alors y'a des gens qui ont vu la maison doubler, tripler, quadrupler en quelques années et puis ils sont à la préretraite ou ils sont à la retraite, ils peuvent vendre la maison en

Angleterre, ils *peut* acheter quand même ici quand même *un* petite maison ou même quelque chose de plus grand pour la moitié de ce qu'ils ont vendu la maison en Angleterre. Et puis comme ça, ils ont un peu d'argent pour vivre…

–Ici vous vous êtes adaptés, tout de suite, ou ça a tâtonné ?

–Non ça prend du temps parce que c'est vrai que c'est pas *le même vitesse de la vie,* ça passe différemment ici. C'est… il faut être cool, il faut être patiente avec les formalités, *toutes* les papiers qu'il faut remplir, toutes les personnes qui vous *ditent* « Ah ! Mais non, il faut attendre parce que ça, c'est pas possible aujourd'hui ; la personne qui s'occupe de ça *c'est* pas là, il faut revenir ». Ceci cela, euh…, il faut tout changer et ça, c'est pas évident, même les choses qu'on allait faire, les courses entre midi et 14h, il faut réaliser que à midi tout ferme. C'est… ici, on respecte la vie, on respecte les horaires, on respecte plus la vie d'une famille ou des gens.

–Mais, Rona, vous savez que votre petite Sophie va grandir en disant : tout va *bien*, en disant : je veux du *pain*, avec un terrible accent du Sud.
Oui, je sais, je sais. Oui, elle va dire : *demain*, *pain*, *vin*. Oui, je sais, mais on n'a pas *de* choix.

« Le midi à l'heure anglaise »,
Interception © Radio France

–Pour finir notre émission, nous sommes allés laisser traîner notre micro dans un petit village du Midi où beaucoup d'Anglais retapent des maisons dernièrement. Écoutez les points de vue des habitants du village, très « couleur locale »…

–Alors, ça avance, ces travaux ?

–Faut bien. Ils disent qu'ils sont pressés de voir la maison terminée.

–Plus nos jeunes quittent le pays, plus des étrangers nous arrivent.

–Oh, j'ai pas à me plaindre, moi. Ils font marcher le commerce. Et l'épicière et le boulanger sont ravis aussi.

–Oui, mais nous autres on est de moins en moins nombreux. J'ai pas envie de devenir une « minorité couleur locale », comme ils disent à la télé.

–Mais avec toutes ces maisons à retaper, on manque pas de travail. Sans compter qu'ils sont pas regardants sur les prix.

–Ah, ça, peuchère !

–Ils paient bien mieux que les Parisiens, avec leurs résidences secondaires, qui croient qu'ils peuvent tout avoir pour presque rien.

–D'accord, il y a de plus en plus de clients pour les produits de la ferme. Nous aussi, on fait nos petites affaires avec eux, mais quand même, moi…

–On est tous d'accord, alors. Pis, c'est amusant, en soirée, ça parle anglais autant que français dans le bistrot. Oh, et puis, peuchère, la bière, elle coule à flots…

–Oui, mais quand même. On ne se sent plus chez nous. On dirait qu'on est là pour amuser le touriste. C'est quoi ? C'est le parc d'attractions ?

–Oh, mais non !

–Hé, comment tu disais tout à l'heure ? Comment t'as dit ? « Minorité couleur locale ».

–C'est ça.

–Et c'est ben vrai que ça fait con.

–J'ai pas envie qu'on me lance des cacahuètes. Je les prends sur le comptoir. J'ai pas besoin qu'on me les lance, moi.

–Marcel ! Marcel !

–Allez, c'est ma tournée ! Je vous en ressers un ?

Page 95
LE VISAGE EN FEU

J'arrive à un carrefour, Le feu était au rouge.
Il n'y avait pas de voitures,
Je passe !
Seulement, il y avait
Un agent qui faisait le guet.
Il me siffle.
Il me dit :
-Vous êtes passé au rouge !
–Oui ! Il n'y avait pas de voitures !
–Ce n'est pas une raison !
Je dis :
Ah si ! Quelquefois, le feu est au vert…
Il y a des voitures et…
Je ne peux pas passer !
Stupeur de l'agent !
Il est devenu tout rouge.
Je lui dis :
–Vous avez le visage en feu !
Il est devenu tout vert !
Alors, je suis passé !

« Le visage en feu » in *Sens-dessus dessous* tiré de l'ouvrage de Raymond Devos

ENTENDU À LA RADIO
Page 99

–Il est 17 heures. Voici tout de suite les infos.

–Cinquième nuit de violence en Seine-Saint-Denis après la mort de deux jeunes, électrocutés dans un transformateur EDF de Clichy-sous-bois. La nuit dernière, une soixantaine de véhicules et de nombreux locaux ont encore été incendiés dans le département. Les tensions ont gagné les villes voisines de Bondy, Neuilly-sur-Marne ou Le-Blanc-Mesnil mais aussi d'autres départements de la banlieue parisienne comme le Val-d'Oise, les Yvelines, la Seine-et-Marne.

–Hier matin, dans le RER à Garges-Sarcelles, une jeune femme a été violentée par six voyous armés de couteaux. Le premier mobile de l'agression semble être le vol. Ces six voyous ont molesté la jeune maman, lui ont pris son sac, sa carte de crédit, son argent liquide et ses papiers d'identité. Ils se sont ensuite acharnés sur elle, lui coupant une mèche de cheveux avec un couteau, lacérant son tee-shirt et son pantalon ; lui maintenant la tête au sol, ils l'ont griffée de la pointe de leurs couteaux. Les six hommes sont toujours activement recherchés par la police. Cette affaire survient quelques jours après la diffusion des chiffres concernant les actes de violence en région parisienne. Au cours des six premiers mois de l'année, 135 actions ont été commises et 375 menaces répertoriées. Les nombreuses réactions d'indignation sont unanimes et condamnent ces actes odieux.

–Plus près de nous, le festival de la Côte d'Opale pour sa quatrième journée accueille ce soir au théâtre de Calais Michel Legrand pour un récital intitulé « Piano solo ». Difficile de suivre Michel Legrand tant sa carrière est un tourbillon de musique : auteur, compositeur, arrangeur, chanteur, chef d'orchestre, producteur, l'homme est partout, dans le cinéma, la chanson, le jazz, le classique, en Europe et aux États-Unis. Star internationale, musicien insatiable, la diversité du parcours de Michel Legrand demeure unique. Il interprétera ce soir, à 20h30, au piano, ses plus belles musiques de film, « Un été 42 », « Les parapluies de Cherbourg », « Yentl »,

et des extraits de son nouvel album « Hommage à Claude Nougaro ». À 73 ans, ses apparitions sur scène sont plutôt rares alors ne vous privez surtout pas de ce plaisir !!!

–Une chatte disparue dans le Wisconsin, aux États-Unis, a été retrouvée près d'un mois plus tard à Nancy, dans l'est de la France, après avoir traversé l'Atlantique dans un conteneur. Emily s'est échappée à la fin du mois de septembre de la maison de ses propriétaires à Appleton et a erré jusqu'à un centre de distribution portuaire. Elle s'est alors trouvée embarquée dans un conteneur à destination de la Belgique. La chatte a finalement été retrouvée par des ouvriers d'une usine de Nancy un mois après sa disparition. Elle a pu être identifiée grâce à ses tatouages. La compagnie américaine Continental Airlines a proposé de rapatrier Emily aux États-Unis en lui offrant une place en « classe affaires ». Le voyage Paris-New-York aura lieu ce jeudi, après un mois de quarantaine en France.

–Après la pub, vous retrouverez Sophie Lamarche pour DVC.

–Nicole et Henri, suite à la plainte déposée par vos enfants pour ennui chronique et week-end nuls à répétition, le tribunal vous condamne à 40 ans ferme de weeks-ends réussis.

–Hourra ! Ouais ! Ouais ! Super ! C'est super !

– Pour cela, le jury vous encourage vivement à rester dans la région avec consultation obligatoire, chaque vendredi, de notre site Internet.

–Eh oui, ici, il y a tout ce qu'il faut pour passer un week-end géant en famille. Alors, oubliez l'ennui et les bouchons ! Et sur notre site, trouvez tout ce qu'il vous plaît pour préparer votre week-end.

–Alors, là, c'est le salon, très bien exposé. Sa cheminée en marbre. Ici, c'est la chambre, très grande. Et là, la salle de bains avec sa superbe… Dites, mademoiselle, il a l'air de vous plaire ce F3…

–Oui, oui, ouiiiiii !

–La tentation, c'est si bon avec les shampoings et après-shampoings nature Florale. Du 1er juillet au 31 août 2005, succombez chaque jour au jeu des sept péchés capillaires et gagnez de nombreux week-ends. Dites : « Nature Florale ! »

–« Nature Florale » : l'extase à l'état pur !

UN AUTEUR DE ROMANS NOIRS S'EXPLIQUE

Page 99

Et donc puisqu'on me disait que j'étais un auteur de romans policiers, je me suis dit : « bon, ben je vais… je vais m'amuser avec les… les lois du genre » et je… c'est là que j'ai commencé à utiliser le fait divers. C'est-à-dire que j'étais tombé sur un gros entrefilet dans un journal qui racontait une histoire de… d'entasseur d'ordures. Y'a souvent des gens qui, un beau jour, descendent pas la poubelle de chez eux, un jour, deux jours, trois jours, deux semaines, quinze jours, six mois et donc au bout d'un certain temps leur appartement se transforme en espèce de décharge privée, avec tous les problèmes que ça pose, et généralement, évidemment ce sont des gens un peu séniles ou bien débiles mentaux qui se laissent aller à une espèce de… de dégénérescence, comme ça, pour finir par vivre au milieu des ordures.

Et là, le fait divers que j'avais trouvé, c'était au contraire un couple d'employés de banque, Monsieur et Madame, qui habitaient un pavillon dans un petit lotissement et qui partaient tous les matins au travail dans leur petite voiture. Tout allait bien et puis… ils avaient une vie sociale totalement inexistante, enfin, privée, ils avaient pas un cercle d'amis, si vous voulez. Et la seule personne qui aurait pu être amenée à pénétrer chez eux finalement, c'était le… le type qui venait relever l'électricité ou le gaz ; et comme ils habitaient un pavillon, c'était dans le garage et donc il rentrait pas directement dans leur appartement et finalement, comme il venait, obligatoirement, de façon régulière, il a fini par sentir l'odeur et il a donné l'alerte. Et là, on est rentré chez eux et on a découvert un monde complètement fou, c'est-à-dire que l'appartement était… rempli d'ordures du sol au plafond, vraiment, et ils avaient creusé des espèces de tunnels étayés par des planches pour pouvoir circuler malgré tout jusqu'à un petit balcon et ils vivaient comme ça et ce qui était fascinant dans cette histoire, c'est que… enfin, ils étaient retranchés dans l'entrée de chez eux parce que y'avait, là ils étaient acculés… y'avait plus de… d'issue et je pense certainement ils ont lancé une espèce

d'appel au secours pour que… parce qu'ils arrivaient plus à s'en sortir et donc on a vidé toutes les ordures de chez eux et ils ont repris le cours de leur vie, totalement normal, sans pouvoir expliquer ce qui s'était passé.

Et moi, si vous voulez, quand je me promène le soir dans une ville et que je vois tous les… toutes les fenêtres allumées comme ça avec une espèce de petit… petite ouverture vers des vies privées, vers la vie privée des gens plutôt, je peux pas m'empêcher de me dire « Bon, j'en vois deux-trois mille, là, allumées… quelque part y'a un monstre mais, où il est ? » « J'aimerais bien le savoir et donc, je me suis dit : « Voilà, là, il y a une histoire vraiment intéressante » et donc j'ai écrit un roman qui s'appelait *La Bête et la Belle*, qui racontait…, c'est une histoire d'entasseur d'ordures, en compliquant l'affaire, puisque le personnage est un jeune enseignant passionné de trains électriques ; et alors les trains électriques, évidemment, ça prend beaucoup de place parce qu'il a des grandes maquettes chez lui. Et donc, l'histoire du roman, c'est que le…, enfin pas seulement mais… le… les ordures viennent menacer le terrain qu'occupe le train électrique et donc dans sa tête ça… ça opère une symbolique très forte et il faut qu'il lutte pour préserver son train électrique contre les sacs d'ordures. Et derrière les sacs d'ordures, enfin il faudrait que vous lisiez le roman…

Conférence de Thierry Jonquet à l'Institut français de Barcelone.

DÉMÉNAGEURS DISTRAITS

Page 104

France 1947. Paris s'est transformé en désert et bien des Parisiens profitent du « pont » pour aller faire un tour à la campagne, surtout ceux qui ont des moyens suffisants pour avoir une automobile. C'est le cas de M. Martin, collectionneur passionné, rentier malgré son jeune âge, heureux mortel devant l'éternel. M. Martin est donc parti pour quelques jours et Mme Michalon, l'aimable concierge, en profite pour prendre l'air sur le pas de la porte. Soudain une voiture de déménagement stoppe devant le jardinet qui précède l'immeuble. Trois hommes en bleu de travail et maillot de corps, les bras couverts de tatouages, sautent de la cabine et se dirigent vers Mme

Michalon. Portant la main à leur casquette en guise de salut, ils s'informent sans autre formalité :
—M. Martin, c'est bien ici ?
—Oui, réplique la concierge, mais il est absent pour quelques jours. C'est à quel sujet ?
—Il est absent ? fait d'un air très ennuyé celui qui a l'air du chef d'équipe, c'est bizarre, parce qu'on vient lui livrer une armoire ancienne.
—Une armoire ancienne ? Il ne m'a parlé de rien du tout et il ne m'a laissé aucune instruction.
—Ah, il aura oublié, fait le chef, c'est bien M. Martin qui collectionne les objets d'art ?
—Oui, absolument.
—C'est embêtant, nous n'allons pas faire le voyage pour rien, reprend le déménageur, et en plus, s'il ne trouve pas son armoire quand il rentre, il va certainement faire du pétard.
Mme Michalon hésite, ne sait que faire, s'approche du camion de déménagement. À l'intérieur, une splendide armoire normande toute sculptée, enveloppée de couvertures, semble attendre une décision. Mais, après tout, puisque ces hommes sont là avec ce magnifique meuble, elle pense qu'elle peut bien les laisser installer leur colis dans l'appartement situé au troisième étage.
Quelques minutes plus tard, Mme Michalon ouvre, avec ses clés, l'appartement de M. Martin et les déménageurs, qui ahanent sous l'effort, installent l'armoire normande dans le vestibule de l'appartement dont chaque pièce est décorée de vitrines remplies de bibelots ou de livres de prix. Mme Michalon se fend même d'un joli billet en guise de pourboire pour ces déménageurs si sympathiques. Puis elle referme soigneusement les deux battants de la porte d'entrée et, depuis le hall de l'immeuble, regarde le camion s'éloigner tandis que nos trois costauds lui font un petit signe de la main.
Mais, en fin d'après-midi, Mme Michalon voit revenir le camion et le chef d'équipe, l'air un peu embarrassé, vient lui dire :
—Ma p'tite dame, c'est encore nous, figurez-vous qu'il y a eu une erreur d'adresse. L'armoire de M. Martin, eh bien, elle n'était pas pour votre locataire mais pour un autre Martin, lui aussi collectionneur de belles choses, mais qui habite à l'autre bout de l'avenue.

Comme il ne voyait pas son meuble arriver, il a téléphoné à la société et c'est là qu'on s'est aperçus de la méprise.

Si ça ne vous dérange pas trop on va refaire la manœuvre en sens inverse. Mme Michalon prend un air un peu pincé, va chercher les clés de M. Martin et remonte au troisième étage pour ouvrir à nouveau l'appartement. Les déménageurs entourent à nouveau l'armoire sculptée de couvertures et très rapidement font réintégrer au beau meuble le camion qui attend en bas. Puis ils démarrent, non sans que Mme Michalon se soit fait restituer le bon pourboire dont elle les avait gratifiés au premier voyage.

Deux jours plus tard, quand M. Martin, le locataire de Mme Michalon, regagne son appartement, il a la fâcheuse surprise de constater que de nombreux objets de valeur ont disparu de chez lui. L'explication ne tarde pas.

Dans l'armoire livrée « par erreur » se dissimulait un « cambrioleur ». Une fois dans la place il ne lui reste plus qu'à sortir du meuble et à faire main basse sur tout ce qui est facilement escamotable. Il sait qu'il a plusieurs heures devant lui et, au fur et à mesure qu'il dérobe objets ou livres précieux, il s'arrange pour que ces prélèvements ne soient pas visibles au premier coup d'œil.

Puis, il se réinstalle avec son butin dans l'armoire sculptée dont il referme les deux battants sur lui et il attend. Quand les faux déménageurs -car, bien sûr, il ne s'agit en aucun cas des employés d'une société ayant pignon sur rue- se présentent pour rectifier leur « erreur », le voleur repart à l'intérieur de l'armoire, un peu plus lourde qu'à l'arrivée. C'est d'ailleurs cette scène mémorable que Louis Jouvet et Jeanne Marken interprétaient dans *Copie conforme*, le film de Jean Dréville.

« Les déménageurs distraits » de Pierre Bellemare.

Leçon 9 : « Ces objets du désir »

LA FORME DES LIQUIDES

Page 111

–La chimie a à voir avec les bulles et les mousses qui nous concernent aujourd'hui, ainsi que l'eau. Bulles d'air, bulles d'eau, de gaz, de savon, de mousse, que sais-je ? Buller, ne rien faire, coincer la bulle, buller en expliquant les bulles ? Ah non, sûrement pas ! Y'a beaucoup beaucoup de travail derrière. C'est ce qui nous intéresse aujourd'hui : la bulle, la mousse sont des objets de recherche, à part entière, et nous allons en parler avec Dominique Langevin et David Quéré.

–Moi, c'est les surfaces des liquides depuis… depuis fort longtemps.
–Ah ! Qu'est-ce qu'on appelle justement… ça, c'est intéressant ! C'est… c'est quoi, les… les surfaces des liquides ? Que l'on comprenne bien : c'est… c'est quoi ? C'est quand ça se mélange, quand ça se mélange pas, enfin, c'est… ?
–Alors, ben quand vous avez un verre d'eau par exemple…
–Oui, ce qui est le cas, là.
–Vous allez avoir l'eau qui… qui le remplit, et puis vous allez avoir une surface.
–Oui.
–Et vous voyez que cette surface, en fait, elle est plane, et c'est parce que… alors comment vous dire ? Je vais pas rentrer dans des choses trop trop compliquées, mais euh… vous avez une quantité qui définit, qui va définir cette surface qui s'appelle la tension superficielle, et qui est l'énergie de la surface, et le… bon : vous savez que tous les systèmes aiment minimiser leur énergie, ils essaient de trouver une…
–Les hommes également.
–Voilà, et c'est pour ça que le liquide va essayer d'avoir la surface la plus petite possible, et c'est pour ça que la surface est plane ; vous prenez une bulle ou une goutte, ça va être une sphère, parce que c'est aussi la forme qui va avoir une surface la plus petite possible.
–D'accord, donc là, là, David Quéré, ça rejoint aussi vos… vos études, parce que vous vous intéressez donc à l'eau, vous vous intéressez donc aux gouttes.
–Oui et… et c'est vrai ; ce que dit Dominique est… est vrai, et même vrai au-delà de ce qu'on pourrait imaginer, c'est-à-dire que pour tout le monde la goutte de pluie qui tombe est atrocement déformée par la… la… la friction de l'air qui est… qui est… qui est autour d'elle, pourtant c'est pas vrai. C'est-à-dire que justement parce que le… la goutte cherche à mettre le moins possible de ses constituants à sa surface, elle va rester sphérique en dépit de sa chute ; c'est très impressionnant de voir des films euh… faits à la caméra rapide de la pluie. On y voit ces petits objets millimétriques, à vrai dire à peine perceptibles à l'œil, au point que l'œil a inventé cette fable que… ça serait des sortes de larmes qui sont en train de tomber du ciel, mais pas du tout, ce sont des sphères parfaites pour la raison qu'elle a dite, c'est-à-dire pour satisfaire une surface minimum.

« Tout s'explique » © Radio France

BROCANTEURS, CHINEURS, ANTIQUAIRES ET AUTRES…

Page 111

–Vous êtes organisateur de brocante. Quelle différence y a-t-il entre une brocante et un vide-grenier ?
–La brocante c'est plus… euh… un problème de collectionneur, de… voire de professionnel. Le vide-grenier, c'est plus une vente de produits d'occasion. Le vide-grenier, c'est plutôt vendre les vaisselles de la grand-mère… vendre les… les brocantes, c'est vendre des collections euh… diverses.
–Est-ce qu'il y a des gens qui en profitent pour vendre des choses dont ils ne vont plus se servir, comme le landau ou le berceau du bébé par exemple ?
–Oui, bien sûr. Oui, ça, c'est le pur vide-grenier. Au départ, c'était ça l'esprit du vide-grenier. C'était euh… de vendre… de vendre le… le produit dont on se sert plus, de vendre ce qu'on a retrouvé chez les grands-parents… la grand-mère qui… Il faut déblayer l'appartement, il faut déblayer la maison et on récupère toutes… Alors, c'est là où se mélangent vide-grenier et brocante parce que des fois dans les maisons de la grand-mère, on trouve des choses qui ne sont pas des trucs de vide-grenier mais qui seraient bien… Et là, c'est… c'est le jeu des chineurs… d'aller trouver dans les vide-greniers des éléments de brocante.
–Des choses… genre… draps, torchons, vieux vêtements… on en trouve encore dans ces vide-greniers ?
–Ouais. On trouve aussi beaucoup de… de… de personnes qui vendent des vêtements d'enfant trop petits. Ça se vend, à condition que ce soit des vêtements de marque… Ça se… Il y a un marché qui se fait, vraiment

important quand même, ça marche bien. Euh… mais c'est peut-être plus des vêtements encore actuels, qui sont simplement… pas usés mais trop petits pour les enfants et qui vont aller à une vente d'occasion, en fait.

–Peut-on parler de plaisir ? Est-ce qu'il y a un véritable engouement pour les vide-greniers, une sorte de « virus » du vide-grenier ?

–Sûrement. Bien sûr. C'est une ambiance… c'est… c'est quelque chose d'extraordinaire. C'est… c'est une ambiance qu'on ne retrouve à aucun autre endroit. C'est… c'est… c'est quelque chose… c'est un rapport… un rapport entre les promeneurs, les acheteurs, les vendeurs… c'est… c'est… on peut pas expliquer cette ambiance… c'est quelque chose qui se retrouve que là et je pense que, quand on y a goûté un petit peu, en dehors du plaisir de jouer à la marchande pour certains, parce qu'ils sont pas commerçants et pour une fois, ils se… il se transforment en commerçants… et c'est le vieux jeu de… de l'enfant, de dire « on joue à la marchande » ou « au marchand » et… Mais c'est… ça va au-delà de ça, ça va… c'est… c'est une ambiance, c'est un climat, c'est un jeu.

–Ah, tout à fait ! C'est… c'est cette ambiance de… de… Les gens, entre les vendeurs et les acheteurs et… On se connaît de vue et il y a une espèce de complicité parce que les vendeurs finissent par vous connaître un petit peu… Ils savent que vous cherchez tel ou tel objet, ou chose… Et alors, ils se doutent que, par exemple, tel dimanche ils vont exposer à tel endroit… ils vous le mettent un peu de côté. « Tiens ! Je vous ai gardé ça ! » C'est une complicité… Ça plaît, ça plaît pas, mais c'est… Et puis, comme c'est un jeu permanent entre « je vends », « t'achètes », c'est une complicité. C'est à qui achètera le moins cher et à qui vendra le plus cher. Donc, c'est vraiment un jeu.

–Et vous, vous collectionnez quelque chose ?

–Je collectionne les petits sujets qui représentent un accordéon, quel qu'il soit, les animaux, la grenouille qui a un accordéon, la coccinelle, qui soit jolie, moche, de mauvais goût, tout ce qu'on peut imaginer, mais tout ça rentre dans la collection. Et quelquefois je me fais un malin plaisir, plus ils sont moches, plus je les aime. Et… les… les

instruments de musique et entre autres, les accordéons. Mais en fait d'autres instruments aussi. Et… je veux dire… en presque 40 ans de… de marchandage, de chine sur les brocantes, j'ai eu quand même le plaisir d'avoir des objets, des instruments rarissimes ou extrêmement beaux.

MANIES ET SUPERSTITIONS

Page 117

–Bon, ben alors, c'est quoi ce film qu'on va voir ?

–Mais c'est ma mère qui m'a dit… je t'ai déjà dit à la maison… c'est un super film… Ça fait deux semaines qu'elle m'en parle et il va bientôt partir de l'affiche, là.

–Bon, bon, d'accord… les films de ta mère… bon, bref !

–Ah ben, sympa… C'est agréable, ça !

–Attends, je vais… je vais vérifier mes messages.

–Encore ! Ah, non, pas le portable !

–Quoi, encore ? Écoute, c'est pas… Je peux vérifier mes messages, quand même.

–Oui, mais c'est tous les quarts d'heure ! Tu vas pas avoir des… des coups de fil tous les quarts d'heure.

–Bé… On sait jamais ! Je veux dire… Autant que je vérifie avant d'entrer dans le cinéma…

–Ça peut attendre deux heures. T'as déjà vérifié il y a dix minutes.

–Mais, écoute, mais je ne sais pas, moi. Pourquoi tu me reproches toujours des choses ? Je veux dire, est-ce que je t'embête, moi, avec tes TOC et tout ça ?

–Mes TOC ? Ça va pas ? T'es malade, ou quoi ?

–Oui, avant de partir au cinéma, il a fallu que tu vérifies trois fois si on avait fermé le gaz. C'est pas croyable, quand même !

–Ben, évidemment, c'est hyper dangereux, c'est pas comme un message téléphonique, enfin !

–Mais non… Mais je… Ben si, ça peut être important un message téléphonique, qu'est-ce que tu crois ?

–Oh ! Mais c'est pas grave ! On a tous des petites manies. Faut pas s'énerver comme ça, quoi !

–Mais qui c'est, celui-là ?

–Je t'entends parler, là. Tu dis ça, mais… Moi, c'est pareil, quand j'étais gamin, je rentrais chez moi de l'école, je comptais les marches… Bon, ben ça fait de mal à personne. Tu vois, on a tous de petits de petits trucs, comme

ça, j'ai un pote au boulot, c'est pareil, il est super bordélique, il est tout le temps en retard partout, chez lui, c'est le boxon mais, sur son bureau, au boulot, c'était toujours les stylos super alignés, machin, et si tu lui bougeais d'un millimètre, il crisait, quoi… Donc…

–Ben peut-être, d'accord, mais je veux dire, est-ce que… est-ce que tu engueules ta copine parce qu'elle regarde ses messages ? Hein, mademoiselle, est-ce qu'il… vous embête ?

–Non, mais, c'est fréquent, ce genre de truc. Moi, j'avais une copine qui devait toujours se brosser les dents, trois fois avant de partir, sinon elle avait l'impression qu'elle était pas propre. C'est des… chacun a ses petits trucs, quoi !

–Ah là là, c'est incroyable !

–C'est pas très grave, il faut vivre avec.

–Ben, tu vois alors ? Tu vois des TOC, des trucs médicaux super-graves partout. Moi, je dis juste que t'as cette manie du portable qui est super… aussi folle que la manie du gaz.

–Ben oui, ben d'accord. Chacun ses manies. Mais c'est pas moi qui t'ai reproché en premier l'histoire du… du gaz… Je veux dire…

–Oui, mais bon, moi, au moins, quand je sors de la maison, le gaz, c'est fini. Toi, le portable, tu l'as tout le temps sur toi. Donc, c'est… c'est jamais fini.

–Oui, mais à la maison, j'ai le fixe… de téléphone.

–Non, mais je pense… c'est aussi un besoin de… un besoin de contrôle, aussi, sur sa vie, parce que c'est vrai que… j'sais pas, c'est peut-être difficile de se dire que… que… on contrôle rien. Donc, ça permet aussi de… de… j'sais pas, de… d'avoir des repères, quoi.

–Le portable ?

–Le portable, ou le gaz, ou la brosse à dents, ou les crayons…

–Ou les petits rituels, quoi, qu'on a, comme ça, pour… ouais, pour jalonner un petit peu sa… Ouais, pour contrôler, c'est vrai ! Ben… où tu regardes… il y a plein de petites superstitions, même que… qui sont généralisées : les échelles, pas passer dessous…

–Les chats noirs…

–Les chats noirs… Tous ces trucs-là… Bon, c'est un peu ridicule, quoi, mais ça fait aussi partie de… de comment on est ensemble… et puis de… Tant que ça t'empêche pas de vivre, c'est pas bien grave, quoi.

—Oui, ça c'est vrai, j'avais des amis qui faisaient du bateau… Et c'était des… des gars anars, donc, voilà quoi : antireligion, antisuperstition dans la théorie et c'est vrai que dès qu'il s'agissait du bateau, ils appliquaient toutes les superstitions liées à ça… Donc, par exemple… par exemple il fallait pas dire « lapin » sur le bateau parce que… ils allaient faire naufrage après, euh… tu pouvais pas allumer ta… ta cigarette à une bougie parce que tu tuais un marin, etc. quoi…
—Ah bon !
—Ouais, ouais, ouais…
—Je connais ça aussi.
—Oui, oui… Moi, je trouve ça complètement dingue !
—Ah bon ?
—Oui.
—T'es pas du tout superstitieux, toi, peut-être ?
—Ah non !

LE CHAT BOTTÉ

Page 118

Je travaille au « Chat Botté »
Dans le centre-ville,
Je vends l'hiver et l'été,
des mules en reptile
C'est mon destin je suppose,
J'ai quinze ans d'maison,
Ça sent pas toujours la rose,
C'est le reblochon
Dans le cas de cette fillette
Qui tend son pied droit,
Son prénom doit être Berthe,
Pointure 43.
Il est l'heure de mon sandwich
Mais je n'ai plus faim
Asphyxié par une péniche,
Telle sera ma fin.

On ne veut plus les quitter
Quand on les enfile
Essayer c'est adopter
Les mules en reptile

Je surveille au « Chat Botté »
Derrière mes lentilles,
Au rayon des nouveautés,
Une longue fille,
Elle regarde les savates
Et puis finalement
Elle me dit qu'elle convoite
Les mules en serpent.
Elle me confie son pied nu
Comme à une sœur.
Il est fin, petit, menu,
Bref, sans épaisseur.
Je le respire, je le flaire,
Enfin je le hume,

Je voudrais mettre sous verre
Ce qui le parfume.

On ne veut plus les quitter
Quand on les enfile
Essayer c'est adopter
Les mules en reptile

Jamais eu au « Chat Botté »
Cette démangeaison,
Cette envie de bécoter
En quinze ans d'maison,
Je repousse l'idée sotte,
L'idée saugrenue,
L'idée d'proposer la botte
À cette inconnue,
La fille s'enfuit
Quand soudain le carillon
Annonce la nuit
Et pareille à Cendrillon,
Me laissant désappointé,
La mule à la main,
Elle s'enfuit du « Chat Botté »,
Passe son chemin.

On ne veut plus les quitter
Quand on les enfile
Essayer c'est adopter
Les mules en reptile

J'me faufile dans la réserve
J'entrouvre la boîte,
Tout le parfum que conserve
la pantoufle droite
Me traverse les narines,
Dilate mon cœur,
Me réchauffe la poitrine
Comme une liqueur.
Moi qui avais le bourdon,
J'ai la chair de poule,
Et même la chair de dindon
Quand j'éteins l'ampoule,
Il me semble être avec elle,
Elle à mes côtés,
Je rêve d'une vie nouvelle
Loin du « Chat Botté ».

On ne veut plus les quitter
Quand on les enfile
Essayer c'est adopter
Les mules en reptile

On ne veut plus les quitter
Quand on les enfile
Essayer c'est adopter
Les mules en reptile
Le chat botté, Thomas Fersen
© Éditions Bucéphales

LES OBJETS ET VOUS

Page 118

Bonjour, aujourd'hui, les objets et vous, comme je vous le disais, l'utilisation, le rapport que vous avez avec eux au quotidien et depuis toujours, depuis votre doudou à votre ordinateur portable, ces rapports d'ailleurs ont-ils changé avec le temps ? Racontez-nous… Quand vous étiez petits, vous arracher votre nounours pour un tour en machine, c'était un véritable drame familial, souvenez-vous… Et puis aujourd'hui, vous ne pouvez pas vous passer de votre agenda électronique par exemple, sans lui, vous êtes complètement perdu(s).
Est-ce que vous êtes accros aux objets ? Et si c'est le cas, à quel genre d'objets, hypertechnologiques peut-être ou ceux qui transportent avec eux une charge affective que vous leur avez attribuée : objets de famille, objets que vous avez chinés, objets ramenés de voyages. L'inventaire n'est pas exhaustif, bien sûr, je compte sur vous pour le compléter.
« Les objets et vous » © Radio France

PLAISIR ET BONHEUR

Page 123

—Quelle serait, quelle est pour vous la définition du plaisir, par rapport à celle du bonheur ?
—Le plaisir c'est plus ponctuel, c'est… c'est… ça peut intervenir dans des moments où on est pas heureux, on peut avoir des moments de plaisir euh parfois ça se prolonge un petit peu, mais je crois que c'est plus ponctuel. C'est des choses qui arrivent qui sont un peu inattendues euh… et qui vous mettent dans un état de plénitude. Par contre, le bonheur c'est un état qu'on essaye de… d'atteindre, qu'on essaye de conserver, qu'on essaye de trouver mais qui n'entraîne pas nécessairement… vraiment la notion de plaisir. Si on a des petits plaisirs c'est les petits bonheurs du jour mais on peut avoir une journée sans grands plaisirs et avoir quand même une journée de plénitude, heureuse, toute simple. Pour moi, c'est plutôt ça la différence.
—Qu'est-ce qu'un petit plaisir ?
—Un petit plaisir, c'est un rayon de soleil, c'est mes fleurs qui poussent, c'est mon chat qui passe, c'est quelqu'un que je revois et que j'aime bien, enfin c'est ça les petits plaisirs, puis alors y'a les grands plaisirs, c'est de partager des

choses plus inattendues plus… des vacances, des… des… des…, je sais pas, des visites euh voir une exposition qu'on aime, un spectacle, une soirée entre amis, euh… le plaisir de manger, le plaisir d'aimer, enfin tout ça, euh alors que le petit bonheur ça peut être beaucoup plus, ça nécessite moins de choses, c'est les petites choses du quotidien, je trouve.

–Le distinguo entre le plaisir et le bonheur ? Euh… le bonheur, c'est une abstraction, évidemment, euh, ce n'est pas un état d'être, le bonheur est toujours passé, il ne se perçoit pas au moment où l'on est heureux, bon, on est *rarissimement* en conscience d'être heureux, euh… en fait on se souvient de moments heureux, plutôt que d'être heureux, bon. Et tandis que le plaisir, ça, je peux vous en parler en tant que gastronome, en tant que… Je vais vous raconter une histoire et d'autres plaisirs qui n'ont pas à voir forcément avec la chair mais… mais le… le plaisir de côtoyer un ami, un texte, euh… une exposition, un paysage, enfin les… là où les sens sont mis en émoi, réellement, concrètement. Ça ce sont des vrais moments de plaisir.

Le moment de bonheur, c'est beaucoup plus diffus, euh… moins perceptible euh… on le côtoie comme quand on a vu le TGV passer. On en sent le souffle encore mais on se souvient pas des passagers qu'il y avait dans le train, quoi…

PLAISIR DU CHANT

Page 129

–Qu'est-ce qui vous a poussé à chanter dans une chorale ? C'est le plaisir de chanter ?

–Ben… effectivement, le plaisir de chanter c'est, je crois, la première… la première chose. Pour chanter dans une chorale, il faut avoir envie de chanter… sous sa douche, par exemple, le matin. Moi, je ne maîtrise aucun instrument de musique. J'ai essayé différents instruments mais avec un succès assez… assez limité. Et à un moment donné, je me suis dit que la meilleure façon de pratiquer la musique, avec d'autres, pour le plaisir de chanter, mais aussi pour le plaisir de partager quelqu'un avec d'autres gens, eh bien, c'était peut-être de… d'aller dans une chorale, parce que, s'il y a un instrument que je maîtrise un petit peu, c'est… c'est ma voix, sans… sans avoir

besoin d'un travail technique de plusieurs années, j'arrive à peu près à sortir des notes. Et c'était aussi une façon d'être, un petit peu, en écho, si je peux dire, de l'activité musicale de ma fille à ce moment-là. Voilà, donc ça fait une dizaine d'années que j'ai commencé cette chorale, au conservatoire du 13e arrondissement.

–Et c'est vrai que, très… très souvent, il y a bien un bon quart, sinon un tiers des choristes qui est venu dans ce chœur grâce à leurs enfants qui étaient au conservatoire. Les autres étant des amis qui sont venus assister à un concert et qui ont été… je ne dirais quand même pas fascinés, mais qui ont trouvé que c'était très intéressant. Donc, vive les enfants qui nous amènent à la musique !

–Alors, je vais vous présenter Hélène, qui est notre professeur de solfège, et avec laquelle on a décidé de former un petit chœur de façon à se…

–Bonjour.

–Alors, j'aimerais bien savoir, d'ailleurs, Hélène, tu ne m'as jamais dit ce que…

–Grand moment.

–…ce que représentait le chant pour toi et comment tu étais, d'ailleurs, venue à… chanter.

–Alors, bon. En fait, moi, je suis tombée dedans. C'est comme Obélix… J'ai chanté toute petite, j'ai été dans une maîtrise à Radio France et… j'ai cru ne pas avoir fait de choix, quand à dix-huit ans je me suis dit « oh là là, mais bon, finalement, je fais de la musique, j'ai toujours fait de la musique, donc je vais continuer à faire de la musique parce que je sais pas faire autre chose… ». Mais, je crois que… non, non, c'est un véritable choix et que… Je pense que chanter, c'est un mode d'expression, c'est… pour moi, c'est vital ; à la limite, je dirais que je souhaite à tout le monde de pouvoir… de pouvoir connaître ce mode d'expression et… Et voilà, le transmettre, c'est une autre des facettes de… de tout ça, puisque je trouve que c'est indispensable… puisque je trouve que c'est formidable de chanter, évidemment j'ai envie de transmettre ce bonheur-là et… et d'échanger… Et plus il y a de occasions et des façons différentes de travailler, parce que je travaille vraiment un peu… j'ai vraiment pas mal de facettes différentes : je peux travailler corporellement, je peux travailler sur des partitions, je peux travailler… Tout

s'imbrique, je pense. Et il s'agit de faire de la musique et de… pour son bien-être personnel, et je pense que c'est ça le… la principale chose que j'ai envie de dire… Pour développer aussi une connaissance de soi. Je pense que c'est un travail, enfin, le chant, c'est pas juste « je chante, comme ça, sous ma douche »… C'est bien de chanter sous sa douche, mais… euh… je pense qu'il y a des tas d'autres choses… à faire que sous sa douche. Et euh… il y a un travail… c'est… c'est le travail de l'être humain, quoi, de… de se découvrir soi-même à travers sa propre voix, son corps… euh… sa pensée… c'est… Voilà, c'est la richesse de… de l'être humain, je dirais.

Aux marches du palais
Aux marches du palais
Y'a une tant belle fille, lonla
Y'a une tant belle fille

Elle a tant d'amoureux
Elle a tant d'amoureux
Qu'elle ne sait lequel prendre, lonla
Qu'elle ne sait lequel prendre

C'est un p'tit cordonnier
C'est un p'tit cordonnier
Qui a eu la préférence, lonla
Qui a eu sa préférence.
C'est en la lui chaussant
C'est en la lui chaussant
Qu'il lui fit sa demande, lonla
Qu'il lui fit sa demande.

LES ADOS ET LE SENS DE LA VIE

Page 130

Il faut aller vite et consommer, vite et consommer. Or cette culture de consommation ne nous donne, ne nous donne pas le temps de donner du sens aux choses et le sens, c'est un facteur de résilience capital. C'est-à-dire que la drogue est un… symptôme de la culture de consommation. Et beaucoup d'enfants, parfois bien élevés, avec un gentil papa, une gentille maman, une belle maison, arrivent à l'adolescence, ils ne savent pas qui ils sont, et ils se mettent à l'épreuve pour avoir la preuve de ce qu'ils sont. Et les épreuves qu'ils s'infligent sont souvent des épreuves terrifiantes, comme la drogue ou comme la prise de risque absurde. Donc c'est nous qui n'avions pas su faire une analyse sémiologique assez poussée et maintenant on sait que… on est la seule culture à avoir supprimé les rituels d'intégration des adolescents.

Toutes les cultures ont inventé des rituels d'intégration, toutes. Or nos progrès, le scénario, scénario, mise en scène théâtrale des rituels d'intégration est toujours le même : tu es un enfant, tu as 12 ans, 13 ans, selon la culture, tu es... et le sexe, tu es un enfant, on va t'emmener dans la forêt. Tu auras peur mais on va pas t'abandonner, on va t'entourer, avec des mots magiques, avec des comportements qui vont te protéger et tu vas côtoyer la mort, comme dans un traumatisme mais tu seras plus fort que la mort, puisque nous on va te dire les formules magiques qu'il faut dire pour triompher de la mort et quand tu reviendras, tu seras initié et désormais ta parole sera celle d'un adulte, tu auras ta place dans le monde des adultes, on écoutera ce que tu diras. Toutes les cultures ont inventé des scénarios analogues avec des mises en scène différentes, mais c'étaient des scénarios qui avaient la même, le même, la même scénographie. Or notre culture a amélioré le développement de la petite enfance, grâce aux progrès techniques, les enfants sont mûrs beaucoup plus tôt, les filles ont une puberté bien plus précoce que dans les pays pauvres, les filles sont complètement métamorphosées, elles se développent beaucoup plus vite que les garçons maintenant ; seulement l'autonomie sociale est follement retardée, c'est à dire que la puberté, l'appétence sexuelle arrivent de plus en plus tôt et l'autonomie sociale, la possibilité de réaliser un couple sexué et sexuel en toute liberté arrive de plus en plus tard. C'est-à-dire que maintenant, on devient vraiment autonome à la fin de notre adolescence, c'est-à-dire vers 50-60 ans.

Conférence de Boris Cyruulnik à l'Institut français de Barcelone.

LA DOMINATION MASCULINE

Page 130

Il y a des devoirs, y'a des charges, il faut faire l'homme, voilà. Être un homme, c'est être un enfant qui joue à l'homme. Alors évidemment, c'est puéril et ça attendrit les femmes. Voilà, la... la domination, donc il s'agit pas aussi de dire que... que les dominants sont malheureux aussi. Il faut dire : il y a un coût, il y a un coût de la domination, voilà ça coûte... ça coûte, et la virilité, ça coûte, ça coûte. Et alors, et c'est important aussi pour un mouvement de libération. Bon, peut-être qu'il faut prendre en compte ce coût. Il faut avec... le métissage etc... il faut aussi abaisser le coût pour les hommes, leur dire « votre virilité, aïe aïe aïe ! », toute façon, c'est foutu. Voilà, foutu pour foutu, bon, pas la peine de mourir debout ! » Voilà ! Bon, l'idée donc que la... que la masculinité est une charge, je crois, c'est quelque chose de très, très important, quoi ! Et c'est important à mettre dans un modèle complet, un modèle complet de la division du travail entre les sexes.

Bien sûr, les hommes ont le beau rôle, ils ont le beau rôle, voilà, mais ce beau rôle a aussi un coût, voilà, et qu'il ne faut pas oublier. Et c'est peut-être une des choses que, dans la négociation d'une nouvelle relation entre les sexes, on peut peut-être faire comprendre aux hommes que ça leur coûte et que... ils pourraient lâcher là-dessus. Voilà, ça peut... ça peut se négocier !

Conférence de Pierre Bourdieu à l'Institut français de Barcelone.

Leçon 4, page 50

Ces éléments d'explication vous permettront d'interpréter vos réponses au *test de l'île.*

1. L'île, c'est vous tel(le) que vous vous sentez au moment de faire le test.

–Si vous avez choisi a), c) ou h), vous voulez vous isoler, vivre un moment de réflexion, peut-être pour faire le point ou pour prendre des décisions sans vous laisser influencer par les autres.

–Si vous avez choisi d), f) ou g), vous aimez l'échange, vous êtes sociable, et vous avez besoin des autres.

–Si vous avez choisi b) ou e), vous vous sentez tourné(e) vers les autres, et capable de donner sans contrepartie.

2. L'arbre symbolise la famille.

Selon votre description, vous pouvez interpréter votre rapport à la famille : besoin de racines ? Relations harmonieuses (fleurs) ? Enfants (fruits) ? Famille élargie (arbre épanoui) ou famille vécue comme un prolongement (arbre effilé vers le haut) ? Sentiment d'appartenir à un clan (nombreuses branches, feuillage dense) ?

3. Le lac symbolise la vie.

Peut-être avez-vous décidé de faire le tour du lac, pour le découvrir et l'observer tranquillement sous tous ses aspects ; ou préférez-vous vous asseoir, à le regarder et vous habituer au mouvement de ses eaux ? Ou bien voulez-vous le traverser, pour le faire vôtre directement, à la nage, prenant les choses « à bras le corps », ou dans une barque, en vous protégeant ? C'est votre vie et c'est vous qui décidez !

4. La clé symbolise la sexualité.

À vous d'interpréter.

5. Le coffre, c'est votre vie intérieure.

Il est peut-être rempli d'or et de pierres précieuses : cela peut signifier que votre vie intérieure est très riche… ou que vous êtes un peu idéaliste ! Si vous y avez trouvé des boîtes de conserves, c'est au contraire que vous êtes proche du réel et de la vie pratique. Contient-il des cartes anciennes ? Vous vous interrogez sur ce qui vous a conduit(e) jusque là. Et si vous avez imaginé qu'il est plein d'objets anciens, c'est probablement la marque de votre attachement au passé, à ce que vous ont transmis vos ancêtres. Ne vous inquiétez pas si le coffre est vide : vous êtes dans un moment réceptif, prêt(e) à recevoir ce qui passera à votre portée.

6. Le bateau vous indique ce que vous attendez des autres.

a) Vous avez vécu une expérience, en avez fait le tour et êtes prêt(e) pour d'autres rencontres.

b) Vous n'aimez pas la solitude, et vous hésitez avant de vous décider.

c) Vous vous tenez à vos décisions, et savez faire preuve d'indépendance.

d) Vous savez tirer un parti positif de toutes les situations.

… et n'oubliez pas qu'un test vous propose des orientations que vous devez interpréter…

Leçon 7, page 86

Réponses :

Athénée : 2. Emprunt au français de Belgique. *Babouner :* 2. « *Il baboune dans son coin* ». *Cabinard :* 3. *Dadiner :* 3. Hybridation du français *dandiner* et du lingala (langue bantoue parlée en République démocratique du Congo, et dans une moindre mesure en République centrafricaine) *dinda,* rebondir. « *Une femme charmante doit dadiner* ». *Deuxième bureau :* 1. « *Il est chez son deuxième bureau* ». *Estomac :* 1. *Fend-l'air :* 3. « *Quel fend-l'air ! On ne peut pas croire à ses histoires* » (Région de Neuchâtel). *Minette :* 1. « *Faire minette* ». *Mouiller des petits Nègres en or :* 3. *Permanisation :* 2. *Sans-confiance :* 2. « *Au Tony Bar, tenue correcte exigée, sans-confiance s'abstenir* ». *Souper canadien :* 3. *Tais-toi :* 1. *Vingt-deux mille :* 3. La France métropolitaine est réputée être à 22 000 km. *Zique :* 1. D'où : « *cheveux en ziques* », hirsutes.

Dépôt légal : janvier 2009 - N°d'éditeur : 10157463
Imprimé en France par I.M.E. - 25110 Baume-les-Dames